Dietmar Herrmann

Effektiv Programmieren in C

Aus dem Programm
Computerliteratur

Tabellenkalkulation in C
von B. Eichinger-Wieschmann

Probleme und Lösungen mit Turbo Prolog
von D. Herrmann

Programmieren mit Turbo Basic
von M. Böhmer

**Ex-C-ellent. Das Microsoft-Handbuch für den
fortgeschrittenen C-Programmierer**
von A. Hansen — Ein Microsoft Press/Vieweg-Buch

Effektiv Programmieren in C

von D. Herrmann

Turbo Prolog — Einführung in die Anwendung
von K. Justen

Programmieren mit FORTH
von C. K. McCabe

Das vollständige System „VolksFORTH" auf Diskette für IBM PC
und Atari ST erhältlich

Microsoft QuickBASIC — Toolbox für Programmierer
von J. C. Graig — Ein Microsoft Press/Vieweg Buch

Vieweg

Dietmar Herrmann

Effektiv Programmieren in C

Eine Einführung in die Programmiersprache

Friedr. Vieweg & Sohn   Braunschweig / Wiesbaden

CIP-Titelaufnahme der Deutschen Bibliothek

Herrmann, Dietmar:
Effektiv programmieren in C: eine Einführung
in die Programmiersprache / Dietmar Herrmann. –
Braunschweig; Wiesbaden: Vieweg, 1989
ISBN 978-3-528-04655-2   ISBN 978-3-322-83933-6   (eBook)
DOI 10.1007/978-3-322-83933-6

Unix ist ein Warenzeichen der AT & T Bell Laboratories, MS-DOS und Quick C der Microsoft Corporation, Turbo C der Borland International Inc., IBM der International Business Machines, COMP der Compaq Computer Corportation, dBASE der Ashton-Tate Corporation und Lotus 1-2-3 der Lotus Development Corporation.

Das in diesem Buch enthaltene Programm-Material ist mit keiner Verpflichtung oder Garantie irgendeiner Art verbunden. Der Autor und der Verlag übernehmen infolgedessen keine Verantwortung und werden keine daraus folgende oder sonstige Haftung übernehmen, die auf irgendeine Art aus der Benutzung dieses Programm-Materials oder Teilen davon entsteht.

Der Verlag Vieweg ist ein Unternehmen der Verlagsgruppe Bertelsmann.

Vorwort

C hat sich in den letzten Jahren als die wichtigste höhere Programmiersprache herausgestellt. Im Microcomputer-Bereich sind praktisch alle großen Standardprogramme wie dBASE, Lotus und auch das neue Betriebssystem OS/2 in C geschrieben. Die neue Generation von C-Compilern, die den WEITEK-Coprozessor unterstützen, erreichen an einem mit 25 MHz getakteten 80386-Rechner fast die Rechnerleistung einer VAX. Auch in den großen Rechenzentren, die bisher überwiegend Fortran oder Cobol eingesetzt haben, wird zunehmend C verwendet. An Minicomputern und Workstations dominierte schon immer UNIX und damit auch C.

Dieses Buch soll zeigen, daß C eine universelle Programmiersprache ist, die für die verschiedensten Zwecke - nicht nur für die Systemprogrammierung - geeignet ist. Wie vielseitig einsetzbar C ist, wird insbesondere in drei Themenbereichen ausführlich dargestellt.

Zum ersten wird gezeigt, daß sich in C die vielfältigsten **Algorithmen** elegant und präzise darstellen lassen. Die hier aufgeführten Algorithmen erfassen Themen aus Kalenderrechnung, Finanz-Mathematik, Operations Research, Suchen und Sortieren, intelligente Problemlösung, Zufallszahlen und Simulationen.

Ein zweites Ziel war, zu demonstrieren, in welch einfacher Weise in C alle wichtigen **Datenstrukturen** implementiert werden können. Es werden statische Datentypen wie Vektoren, Polynome, Matrizen, Polarkoordinaten, komplexe Zahlen besprochen wie auch die dynamischen Typen Stacks, verkettete Listen und Binärbäume behandelt.

Als drittes wird aufgezeigt, wie zweckmäßig sich in C die wichtigsten **Programmierprinzipien** formulieren lassen. Ausführlich werden die grundlegenden Verfahren wie Iteration, Rekursion, Teile-und-Herrsche-Prinzip, Backtrakking, Branch & Bound und Simulationen besprochen.

Dieses Buch, das aus Aufzeichnungen für Lehrerfortbildungen hervorgegangen ist, wendet sich nicht an Computer-Neulinge. Es setzt vielmehr voraus, daß der Leser weiß, was ein Bit und Betriebsystem ist, wie ein Programm abläuft und welche Aufgabe ein Compiler hat. Das Buch will kein Lehrbuch sein, dazu müßte es sich mehr auf einen formalen Standpunkt stellen. Es bietet aber eine breite Darstellung der grundlegenden Eigenschaften von C.

Da C sicher keine Programmiersprache ist, die man durch Lesen von Syntaxregeln lernt, enthält das Buch mehr als 160 Programme, bei deren Ausführung der Leser die Eigenheiten von C am Bildschirm selbst erfahren kann. Anlaß zur eigenen Aktivität sollen die ca. 30 eingestreuten Übungsaufgaben geben, für die am Ende des Buches jeweils ein vollständiger Lösungsvorschlag gemacht wird.

Eine Vielzahl von Abbildungen erleichtern das Verständnis des jeweiligen Problemkreises.

Für Leser, die den Quick C-Compiler von Microsoft bzw. den Turbo C-Compiler von Borland einsetzen wollen, werden die Funktionen der Compiler und deren Menütechnik in den Kapiteln 17 und 18 ausführlich geschildert. Zahlreiche Bildschirm-Hardcopys veranschaulichen die Darstellung.

Neu ist die generelle Verwendung von ANSI C-Regeln in den Programmen des Buches. Die wichtigsten Änderungen der ANSI C-Norm gegenüber dem Standard von Kerninghan & Ritchie sind in einem Anhang zusammengefaßt. Beide Compiler gestatten bereits weitgehend ANSI C kompatible Programme zu schreiben, die auch auf einem UNIX-Rechner laufen. Die einzige Ausnahme davon ist das Kapitel 16 über die Systemprogrammierung in MS-DOS, die natürlich nicht mit ANSI C-Befehlen möglich ist. Darauf aber zu verzichten, würde C die Würze nehmen.

Alle vollständigen Programme des Buchs sind auf Diskette erhältlich und können mit beiliegender Karte beim Verlag bestellt werden.

Mein Dank gilt dem Vieweg-Verlag und seinem Lektorat Computerliteratur und Software für die Hilfestellung bei der Druckaufbereitung und natürlich für die Herausgabe dieses Buches. Herrn Chris Holland danke ich für die Überlassung seines Hardcopy-Programms "Foto", mit dem alle Abbildungen von Kapitel 17 und 18 gefertigt wurden.

Anzing, im Mai 1989   Dietmar Herrmann

Inhaltsverzeichnis

1 Ein Überblick

1.1 Die Geschichte von C

Keep C powerful, simple and elegant!

KERNINGHAN[18]

Die Entstehung von C erfolgte simultan zur Entwicklung des Betriebssystems UNIX. In den Jahren 1969-72 schrieb Ken THOMSON in den AT&T-BELL-Laboratories mit Hilfe von Dennis RITCHIE ein Betriebssystem (die erste Version von UNIX) für den Rechner DEC PDP-7 von Digital Equiment. Dazu entwickelte Thomson die Programmiersprache BCPL (Basic Combined Programming Language) von M.Richards (1967) weiter und nannte sie B. B war wie BCPL für Systemprogrammierung gedacht; daher war der einzige verwendete Datentyp das Maschinenwort. Bei der Einführung der DEC PDP-11 1972 stellte sich das Problem, wie man das Betriebssystem am einfachsten an die Architektur der neuen Maschinen anpassen sollte. Da die PDP-11 nunmehr auch Zeichen, Ganz- und Fließkommazahlen unterstützte, war klar, daß B um dieses Datentypkonzept erweitert werden mußte. Das Resultat dieser Erweiterung war C, wie die neue Programmiersprache nun folgerichtig genannt wurde.

Bereits 1973 wurde C zusammen mit UNIX von Western Electric an Universitäten und Colleges abgegeben. Obwohl zunächst für die PDP-11 maßgeschneidert, wurde der C-Compiler 1975 von S.JOHNSON auf andere Maschinen umgeschrieben. Die Zahl der UNIX-Installationen wuchs sehr schnell, 1975 erschien die Version 6 und 1979 Version 7. Die letztgenannte Version ist unter der neuen Numerierung V die momentan aktuelle Fassung, die von der Open Software Foundation, dem Zusammenschluß zahlreicher Firmen unter der Federführung von AT&T, endgültig festgeschrieben werden soll.

Die erste Standardisierung erfuhr C durch das 1978 erschienene Buch "The C Programming Language" (Übersetzung [17]) von B.KERNINGHAN und D.RITCHIE (allgemein unter dem Kürzel K & R populär), das jahrelang den Standard für C festschrieb. In der Folgezeit gewann C immer mehr Bedeutung in anderen Betriebssystemen und wurde an fast allen Rechnern implementiert - vom Microcomputer (unter CP/M) an bis hin zur CRAY-2.

Seit 1983 setzte das ANSI-Institut (American National Standard Institute) eine Arbeitsgruppe zur Standardisierung von C ein. Die folgenden Prinzipien hatte P.J.PLAUGHER 1985 in einem Seminar für die Weiterentwicklung von C aufgestellt:

(1) Existierender Code ist wichtig, nicht irgendeine Implementierung!

(2) C kann portabel sein!

(3) C kann nicht portabel sein!

(4) Bewahre den Geist (spirit) von C!

Am 9.November 1987 sollte schließlich nach weltweiten Verhandlungen der Entwurf X3J11/87-211 [2] vorgelegt werden. Dieser Termin konnte nicht eingehalten werden, nachdem im Dezember 1987 noch einmal 20 wichtige Änderungsvorschläge vorgelegt wurden.

Obwohl er seit Jahren nur Beobachter war, griff D.RITCHIE zu diesem Zeitpunkt aktiv in die Kommiteearbeit ein. Der Hauptstreitpunkt war die Compiler-Direktive **volatile**, die verhindern sollte, daß der Wert einer Systemvariablen durch eine Compiler-Optimierung eventuell geändert wird. RITCHIE schlug die das Gegenteil bewirkende Direktive **noalias** vor, die eine beliebige Compiler-Optimierung erlauben sollte. In der Aprilsitzung 1988 wurde dann noalias schließlich fallengelassen.

Da bis zur Septembersitzung 1988 keine neuen Einwendungen gekommen sind, wurde einstimmig der Beschluß gefaßt, die vorliegende Norm als entgültig zu verabschieden. Das Schlußdokument wird nun im Frühjahr 1989 erwartet. C ist dann nach Pascal die zweite, nicht von einem Kommitee erdachte Programmiersprache, die eine internationale Norm erhält. Das von N.WIRTH entwickelte **Pascal** wurde bereits 1980 standardisiert durch die Norm ANSI-X3J9/80. Diese Norm wurde weltweit gültig durch ISO-DIS-7185 (International Standard Organisation), in Deutschland speziell durch die DIN-Norm 66256.

Ebenso ist zu erwarten, daß der ANSI C-Entwurf unverändert als ISO- und DIN-Norm übernommen wird. In England ist der ANSI C-Entwurf bereits vor den USA akzeptiert worden. Die British Standard Institution (BSI) verwendet den von Thomas HALL (Vizepräsident des ANSI C-Kommitees) herausgegebenen (nicht offiziellen) Compilertest "Plum Hall validation suite for C", der jeden C-Compiler auf ANSI C-Konformität testet. Auch die nationalen Normenbehörden von Italien (IMQ) und Frankreich (AFNOR) haben inszwischen den Plm-Hall-Test akzeptiert.

1.2 C als Programmiersprache

> *Provide an ambigous and machine-inde-*
> *pendent definition of the language C [2]*

C ist wie Fortran, Pascal u.a. eine höhere Programmiersprache im Gegensatz zu den Sprachen auf Assemblerebene. C ist jedoch wesentlich maschinennäher als Ada oder Modula-2, da es den Zugriff auf Bits, Bytes und Adressen erlaubt. Im Vergleich zu anderen Sprachen, wird es manchmal mit FORTH auf eine Stufe gestellt.

Wie alle höheren Programmiersprachen unterstützt C das Datentypen-Konzept wie Pascal, Ada oder Modula-2. Jedoch ist C wesentlich flexibler und erlaubt jede sinnvolle Datentyp-Konversion. Es kennt eine universelle Ausgabefunktion, die den Ausdruck aller einfachen Datentypen ermöglicht. In Modula-2 benötigt man dazu bereits sechs verschiedene Funktionen, nämlich WriteCard, WriteInt, WriteString, WriteReal, Write und WriteLn. Ein C-Compiler führt keine rigorose Prüfung der Indexgrenzen und Typenverträglichkeit durch, wie es z.B. ein Pascal- oder Modula-2-Compiler tut. Es ist in C sogar möglich, Prozeduren mit einer variablen Zahl von Parametern zu schreiben, was in Pascal undenkbar wäre. Dieser größeren Freiheit steht die größere Verantwortung des Programmierers gegenüber. Die in C steckende **Philosophie** beschrieb Kerninghan wie folgt:

C retains the basic philosophy that programmers know what they are doing; it only requires that you state your intentions explicitly.

Die folgende Richtlinien stammen aus Kreisen des ANSI C-Kommitees:

(1)   Vertraue dem Programmierer!

(2)   Hindere den Programmierer nicht in seiner Arbeit!

(3)   Halte den Sprachumfang klein und einfach!

(4)   Laß nur einen Weg zu, um eine bestimmte Aufgabe zu tun!

(5)   Mache es schnell, auch wenn das Programm nicht immer garantiert portabel ist!

C kann als blockstrukturierte Sprache bezeichnet werden, obwohl strenggenommen zur Blockstruktur auch gehört, daß innerhalb einer Prozedur oder Funktion eine weitere definiert werden kann. Aber immerhin gilt diese Blockstruktur für Variable. C kennt ferner die wichtigsten Kontrollstrukturen wie die FOR, WHILE und DO-WHILE-Schleifen und die Alternativen IF und SWITCH. Die Sprunganweisung ist zwar erlaubt, kann aber im Gegensatz zu Basic und Fortran vermieden werden.

Die grundlegenden Komponenten von C-Programmen sind die Funktionen. Neben der leichten Wartbarkeit fordert das Software-Engineering auch die Modularität einer Programmiersprache. C unterstützte von Anfang an das Konzept der gesondert compilierbaren Funktionen, so daß umfangreiche Software-Projekte in kleinere, überschaubare Teile gegliedert und jeweils einzeln realisiert werden können.

Obwohl damit C eigentlich alle wichtigen Anforderungen an eine Programmiersprache erfüllt, gibt es doch eine ganze Reihe von Professoren, die C als Programmiersprache kritisch gegenüberstehen. Ihr Hauptvorwurf ist, daß C eine zu hohe Disziplin des Programmierers voraussetzt, damit er nicht völlig unleserliche Programme schreibt. Weiter wird vorgeworfen, daß die Blockstruktur in C nicht streng eingehalten wird, da neben Funktionen auch die symbolischen Konstanten global sind.

Bemängelt wird auch insbesondere die Umgehung des Datentyps-Konzept. So gibt es keine BOOLEschen Variable und durch den Zugriff auf Adressen wird die Typenprüfung umgangen. Hinzu kommt, daß durch die UNION-Struktur eine mehrfache Interpretation der Daten ermöglicht wird. Kritisiert wird ferner, daß Nebeneffekte möglich sind, d.h. durch eine Wertzuweisung an eine Variable oder durch Pointermanipulation ist es möglich, den Wert einer zweiten Variablen zu ändern. Von den meisten Informatik-Professoren wird C gerade noch als UNIX-Hilfsmittel akzeptiert. Bezeichnend ist das Zitat von GHEZZI und JAZAYERI (1982):

Altough C is not in any sense a superior language, there are many tools in the system that combine with C to make for an excellent program development environment. ... It is no exaggeration to say that the best thing about the language C is that it comes with the UNIX system.

Diese Argumente gehen natürlich am Sinn und Zweck von C vorbei. C ist nicht, wie z.B. Pascal, für Lehr- oder zu didaktischen Zwecken konzipiert worden. C ist, wie auch z.B. APL, ähnlich wie die Symbolik der höheren Mathematik für den Erfahrenen gedacht, der sich damit kurz und prägnant ausdrücken will.

1.3 Die Bibliotheksfunktionen

Ein weiterer Grund, warum sich C heute bei Software-Entwicklern großer Beliebtheit erfreut, ist die Portabilität. Es ist möglich, bei Vermeidung von implementationsabhängigen und nicht dokumentierten Eigenschaften, Programme zu schreiben, die sowohl auf einem IBM-PC, wie auf einer VAX oder einer CRAY-2 laufen. Möglich wurde dies durch das Konzept der Einbeziehung einer Bibliothek in C. Diese Bibliothek enthält die maschinenabhängigen Teile von C, z.B. die Ein- und Ausgabe-Funktionen printf() bzw. scanf(), die Speicherbelegungs-Funktionen malloc() und die mathematischen Funktionen wie sin() usw. Der C-Neuling ist meist sehr erstaunt zu erfahren, daß es in C keinen Befehl zum Bildschirm Löschen gibt und daß er, zum Vergleich zweier Zeichenketten, erst eine Funktion laden muß.

Die Deklarationen dieser Bibliotheksfunktionen sind, nach Bereichen zusammengefaßt, in den sog. Header-Dateien zu finden. Diese Header-Dateien werden durch die Include-Anweisung

```
#include <math.h>
#include <string.h>
```

im Quellcode erfaßt und beim Compilieren mit eingeschlossen. Sie stellen damit die Schnittstelle vom Programm zu den Maschinenroutinen dar. Die beim Compilieren eines Programms bzw. eines Moduls entstehende Datei heißt der Objekt-Code. Alle Objekt-Codes werden zusammen mit den benötigten Bibliotheksfunktionen vom Linker zu einem in einem Betriebssystem, z.B. MS-

DOS, ausführbaren Programm zusammengebunden (vgl. Abb.1.1). Während Objekt-Codes stets vollständig eingebunden werden, werden aus der Bibliothek nur die benötigten Routinen mit Hilfe von relativen Adressen entnommen. Dadurch erhält man in C einen kurzen und schnell ausführbaren Code.

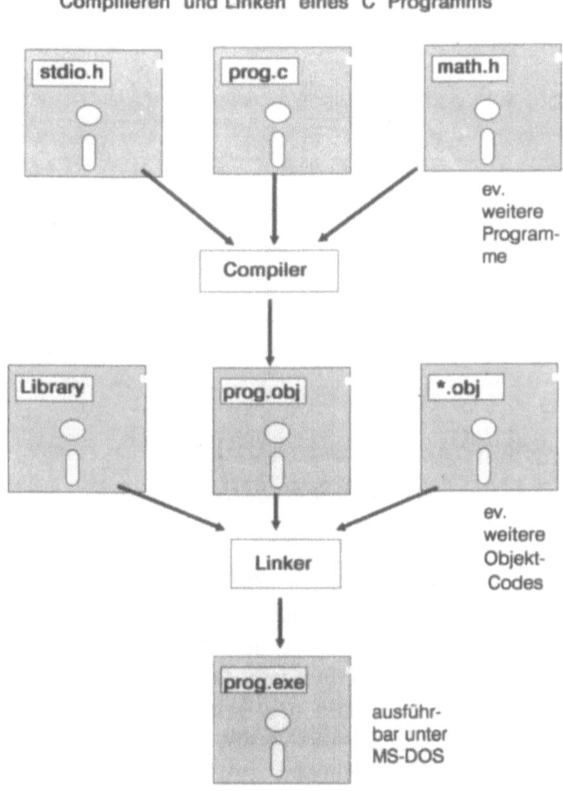

Abb.1.1 Compilieren und Linken

1.4 Die Speichermodelle

Der adressierbare Speicher wird von C prinzipiell in vier Bereiche aufgeteilt:

(1)   Der unterste Speicherbereich enthält den **Code**, d.h. das Quellprogramm.

(2)   Darüber sitzt der **Data**-Bereich, in dem die vorinitialisierten Variablenwerte getrennt sind von den noch nicht initialisierten.

(3)   Darüber befindet sich der **Heap**. Im Heap wird z.B. Speicherplatz für Pointervariablen mit Hilfe von Speicherbelegungsfunktionen wie malloc() alloziert.

(4)   Der oberste Speicherbereich heißt **Stack**. Im Stack werden insbesondere
        Funktionen und rekursive Prozeduren abgearbeitet. Außerdem werden
        hier die Registerwerte des Prozessors zwischengespeichert.

Speicherbelegung von C

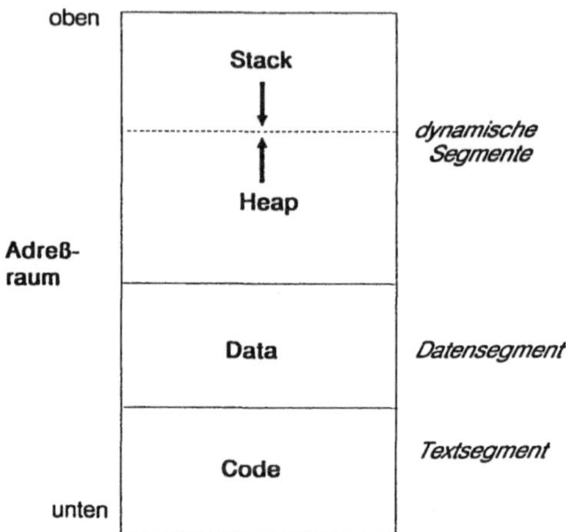

Abb.1.2 Speicherbelegung

Obwohl der Prozessor 8086 insgesamt einen Speicherbereich von 1 MB (Me-
gaByte) adressieren kann, kann er gleichzeitig nur direkt auf Segmente von 64
KB (KiloByte) zugreifen. Eine Adresse aus dem gesamten Adreßraum besteht
somit aus zwei 16-Bit-Adressen. Die erste Adresse liefert das Segment und die
zweite die relative Adresse innerhalb des Segments, Offset genannt. Damit der
Compiler die Adressierung ausführen kann, muß festgelegt werden, wieviele
Segmente der Code- bzw. Data-Bereich umfaßt. Die Anzahl der festgelegten
Segmente kennzeichnen das sog. Speichermodell. Neuere C-Compiler unter-
stützen die folgenden Speichermodelle:

(1)   Im Speichermodell **Small** umfassen Code und Data je ein Segment. Da
        die Adreßrechnung entfällt, erhält man hier die schnellste Programm-
        ausführung.

(2)   Im Modell **Medium** ist der Data-Bereich auf ein Segment beschränkt,
        nicht jedoch der Code.

(3)   Umgekehrt zum Modell Medium umfaßt der Code im Modell **Compact**
        ein Segment, nicht dagegen der Data-Bereich.

(4)   Im **Large**-Modell können sich Code und Data über mehrere Segmente
        erstrecken. Einzelne Felder sind aber auf 64 KB beschränkt.

(5)   Das **Huge**-Modell gleicht dem Large-Modell, jedoch ist die Beschrän-
        kung von einzelnen Feldern auf 64 KB aufgehoben.

Neben den erwähnten Speichermodellen bietet Turbo-C noch das **Tiny-Modell**, bei dem Code und Data gemeinsam auf ein Segment beschränkt sind.

1.5 Aufbau eines C-Programms

Ein C-Programm besteht prinzipiell aus folgenden Teilen

(1) Durch die Include-Anweisungen werden externe Dateien in den Quelltext einbezogen oder Schnittstellen zur Compiler-Bibliothek geschaffen.

(2) Mit den define-Anweisungen werden symbolische Konstante und Macros definiert.

(3) Variablen und Datentypen, die vor dem Hauptprogramm deklariert werden, kennzeichnen globale bzw. externe Variable bzw. Datentypen, die allen Teilen des C-Programms zugänglich sind.

(4) Das Hauptprogramm main() steht meist vor den übrigen Funktionen. Jedes C-Programm darf nur eine main-Funktion aufweisen, gleichgültig aus wievielen Unterprogrammen es besteht.

(5) Es folgen die übrigen Funktionen des Programm, darunter die externen Funktionen.

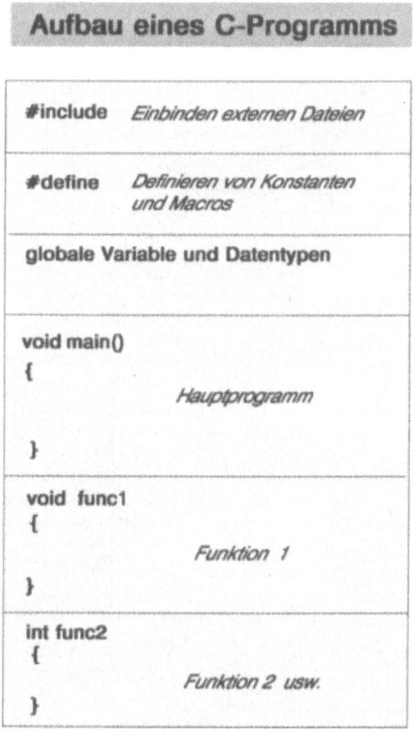

Abb. 1.3 Aufbau eines C-Programms

Als Beispiel wird betrachtet:

```c
/* muster.c */

#include <stdio.h>

#define TAUSEND 1000

void main()  /* Hauptprogramm */
 {
  void oktal(),hexadezimal();

   printf("Dezimalsystem : %5d\n",TAUSEND);
   oktal(TAUSEND);
   hexadezimal(TAUSEND);
   }

void oktal(int x)    /* Funktion 1 */
   {
   printf("Oktalsystem :   %5o\n",x);
   }

void hexadezimal(int x) /* Funktion 2 */
   {
   printf("Hexadezimalsystem : %X\n",x);
   }
```

2 Syntax

Die Syntax einer Programmiersprache zählt stets zu den etwas trockenen Kapiteln eines Buches. Die Kenntnis der Syntax aber ist unerläßlich, um korrekte Programme zu schreiben und die Arbeitsweise des Compilers zu verstehen. Gerade in C, das sich durch eine Vielzahl von Operatoren, eine Kurzschreibweise und eine spezielle Interpretation von Ausdrücken wesentlich von anderen Programmiersprachen unterscheidet, ist die genaue Kenntnis aller "Grammatikregeln" der Sprache wichtig.

2.1 Zeichen

> *Das Zeichen ist das sinnlich*
> *Wahrnehmbare am Symbol.*
>
> WITTGENSTEIN

Ein C-Programm besteht aus einer Folge von Zeichen (englisch *character*). Dazu zählen

Kleinbuchstaben	a,b,c,d,...,z
Großbuchstaben	A,B,C,D,...,Z
Ziffern	0,1,2,3,4,5,6,7,8,9 (dezimal) 0,1,2,3,4,5,6,7 (oktal) A,B,C,D,E,F (hexadezimal) a,b,c,d,e,f (hexadezimal)
Sonderzeichen	+ = _ - ( ) * & % $ # ! | < > . , ; : " ' / ? { } ~ \ [ ] ^
Nichtdruckbare Zeichen	Leerstelle, \n (Neue Zeile),\t (Tabulator)

Die beiden letzten Symbole zählen als ein Character, obwohl sie aus 2 Zeichen bestehen.

Ebenfalls als ein Character zählen die neu von der ANSI C-Norm eingeführten *Trigraphs*:

```
Trigraph        Ersatz für
??=                 #
??(                 [
??)                 ]
??<                 {
??>                 }
??/                 \
??!                 |
??-                 ~
??'                 ^
```

Sie sind als Ersatzzeichen gedacht für die (nationalen) Tastaturen, die nicht alle Sonderzeichen unterstützen.

2.2 Bezeichner

> *Der Name ist durch keine Definition wei-*
> *ter zu zergliedern. Er ist ein Urzeichen.*
>
> WITTGENSTEIN

Bezeichner sind eindeutige Namen für alle Objekte eines Programms, z.B. Variablen, Schlüsselwörter, Funktionen, Sprungmarken usw.

Ein **Bezeichner** besteht aus einer beliebigen Folge von Buchstaben, Ziffern und dem Sonderzeichen "_" (englisch *underscore*), wobei das erste Zeichen keine Ziffer sein darf. Gemäß der ANSI C-Norm, sind Bezeichner, die mit "_" beginnen, dem Betriebssystem vorbehalten. Nach dieser Norm haben Bezeichner 31 gültige Zeichen. Das bedeutet, daß zwei Bezeichner nicht unterschieden werden können, wenn sie in den ersten 31 Buchstaben übereinstimmen. Bezeichner für externe Funktionen haben nur 6 signifikante Buchstaben. Gültige Bezeichner sind

```
a
x0
zaehler
einkommen
karl_der_grosse
zins1988
_time        /* nur System */
```

Ungültig sind

```
nord-west        /* Minus nicht erlaubt */
ludwig II        /* keine Leerstelle */
3dim             /* keine Ziffer am Anfang */
ludwig.2         /* kein Punkt */
```

Im allgemeinen wird in C zwischen Groß- und Kleinschreibung unterschieden.

```
anna
ANNA
Anna
anNa
aNna
```

sind somit lauter verschiedene Bezeichner.

2.3 Schlüsselwörter

Einige Bezeichner haben in C spezielle Bedeutung und sind daher als **Schlüsselwörter** reserviert. Es gibt davon 32:

```
auto       break     case      char      const
continue   default   do        double    else
enum       extern    float     for       goto
if int     long      register  return
short      signed    sizeof    static    struct
switch     typedef   union     unsigned void
volatile   while
```

Neu davon sind nach der ANSI C-Norm

```
const      enum      signed    void      volatile
```

Der Microsoft C-Compiler hat zusätzlich noch die Schlüsselwörter

```
cdecl      far       fortran   near      pascal
```

Turbo C benützt zusätzlich noch

```
asm        cdecl     far       huge      near      pascal
_cs        _ds       _es       _ss
```

Auch die Namen der *Standardfunktionen* wie sqrt, sin, cos usw. sollten nicht als Bezeichner verwendet werden, da solche Namen dann nicht mehr eindeutig sind. Die Anzahl der Schlüsselwörter in C ist klein im Vergleich z.B. zu Ada. Die Mächtigkeit der Programmiersprache C zeigt sich an den ca. 300 Bibliotheksfunktionen, die in neueren MS-DOS Versionen implementiert sind.

2.4 Operatoren

Ein **Operator** ist eines der folgenden Zeichen

```
!        ~        ++       --       +
-        *        /        %        <<
>>       <        <=       >        >=
==       !=       |        &        ^
&&       ||       =        +=       -=
*=       /=       %=       >>=      <<=
&=       ^=       |=       ?:       ,
[]       ()       .        ->
```

Wie man sieht, haben fast alle der oben aufgeführten Sonderzeichen als Operator eine besondere Bedeutung (siehe Abschnitt 9 Operatoren).

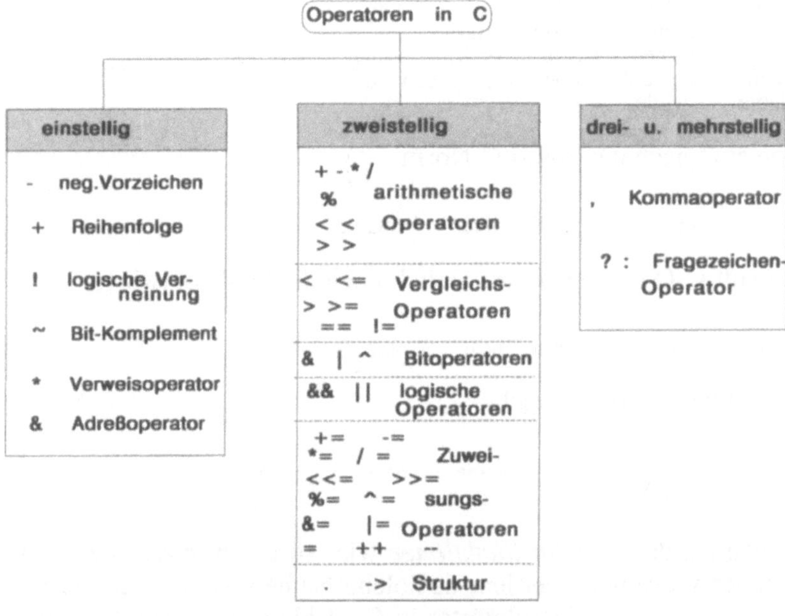

Abb. 2.1 Operatoren

Am bekanntesten sind die arithmetischen Operatoren

```
+        -        *        /        %
```

wobei die ersten drei Zeichen auch noch andere Bedeutungen haben. So wird das Minuszeichen z.B. auch als negatives Vorzeichen benützt.

Auch andere Zeichen, wie z.B. das Prozentzeichen, treten in verschiedenen Bedeutungen auf

```
j = a % b;              /* Modulo-Operator */
printf("%d",j);         /* Formatzeichen für Ausgabe */
```

Einmal dient es zur ganzzahligen Restbildung (*Modulo*-Rechnung), zum anderen auch als Formatzeichen bei Ein- und Ausgabefunktionen. Auch die Stellung der Operatoren ist nicht immer eindeutig

```
a+ +
```

bedeutet etwas anders als

```
+ +a
```


2.5 Konstante

Konstanten gibt es von jedem Datentyp. So ist

17	eine ganzzahlige Konstante
17.0	eine reelle (oder Gleitkomma-)Konstante

Zahlkonstanten müssen jedoch nicht im Dezimalsystem stehen. Erlaubt ist ebenso das **Oktal**-(Achter-)System wie das **Hexadezimal**-System zur Basis 16.

Oktalzahlen werden durch eine vorangestellte Null, Hexzahlen durch ein vorangestelltes "0x" gekennzeichnet. So ist

```
17        dezimal
017       oktal (= 15 dezimal)
0x017     hexadezimal (= 23 dezimal)
```

Spezielle Konstanten sind die **Escape**-Sequenzen (Steuerzeichen), die besondere Bedeutung haben, wenn sie in einem String vorkommen

```
\'        Hochkomma
\"        Anführungszeichen
\\        Schrägstrich
\ddd      dezimale Konstante
\xddd     hexadezimale Konstante
\a        alert (Glocke)
\b        backspace (ein Zeichen nach links)
\f        form feed (Seitenvorschub)
\n        neue Zeile
\r        return (Zeilenvorschub)
\t        Tabulator
\v        vertical tab (Zeile nach unten)
```

Die Steuerzeichen \v und \f wirken nur am **Drucker**, nicht jedoch am Bildschirm.

Textkonstanten können Zeichen oder Zeichenketten sein:

```
"007", "4711"
"Fehlermeldung"
```

Zeichen und Zeichenketten der Länge 1 werden unterschieden:

```
'a','A'   Buchstaben a,A
"a","A"   Zeichenkette der Länge 1
```

Von der Möglichkeit, einer Konstanten einen symbolischen Namen zu geben, sollte Gebrauch gemacht werden

```
#define SIEDEPUNKT 100
#define MWST 14
#define PI 3.14159265L
#define FEHLERMELDUNG "falsche Parameter"
```

Diese Konstantennamen - meist in Großbuchstaben geschrieben - erhöhen die Lesbarkeit eines Programms deutlich. Außerhalb können solche Programme leichter geändert werden, da im Fall einer Änderung, z.B. des Mehrwertsteuersatzes, nur der Wert der entsprechenden Konstanten modifiziert werden muß. Diese symbolischen Namen werden vor dem Compilieren durch den Präprozessor durch ihren Zahlenwert bzw. durch Textsubstitution ersetzt.

Neu gemäß der ANSI C-Norm ist die Möglichkeit explizit eine Konstante zu jedem Datentyp zu vereinbaren. Dies erfolgt mit Hilfe des Schlüsselworts **const**.

```
const int maxint = 32767;
const float wurzel_2 = 1.4142135623;
const char *str = "Hello, world";
```

Die Konstanten-Vereinbarung verhindert, daß einer Zahl- oder Zeichenkettenkonstante zur Laufzeit des Programms ein neuer Wert zugewiesen wird.

2.6 Zeichenketten

Eine **Zeichenkette** (englisch *string*) ist eine Folge von Zeichen, die von zwei Anführungszeichen " " eingeschlossen ist. Enthält die Zeichenkette auch Ziffern, so heißt sie *alphanumerisch*. Schließt ein String ein Anführungszeichen ein, so muß ihm ein "\" (englisch *backslash*) vorangehen. Gültige Zeichenketten sind

```
"Karl_der_Grosse"
"Romeo & Julia"
"Sein Name war \"Caesar\""
"    "       /* String mit Leerstellen */
""           /* leerer String */
```

Nach der ÁNSI C-Norm kann eine Zeichenkette (nach einer Verkettung) höchstens 509 Zeichen haben.

2.7 Kommentare

Ein **Kommentar** ist ein erläuternder Text, den der Programmierer seinem Programm als Verständnishilfe mitgibt. Ein solcher Kommentar wird durch die Zeichen "/* */" begrenzt.

```
/* Kommentar */   /* 2.Kommentar */

/* Ein Kommentar
kann auch über
mehrere Zeilen gehen */
```

Nicht zu übersehen ist ein Kommentar der Form

```
/*****************************
*     Kommentar mit Rahmen           *
*****************************/
```

Kommentare dürfen im allgemeinen jedoch nicht verschachtelt werden, d.h. kein Kommentar darf einen anderen einschließen. In Turbo-C gibt es zwar eine spezielle Compileroption, die verschachtelte Kommentare erlaubt; dies sollte man jedoch aus Gründen der Übertragbarkeit vermeiden. Da Kommentare für die Maschine keine Bedeutung haben, werden sie - wie alle Leerstellen - beim Compilieren aus dem Quellcode entfernt.

2.8 Trennzeichen

Mit Hilfe von **Trennzeichen** (Seperatoren) werden Bezeichner, Ausdrücke und Schlüsselwörter getrennt.

Als Trennzeichen dienen die Sonderzeichen

```
[     ]     (     )     {     }
*     ,     :     =     ;     #
```


2.9 Tokens

Ein **Token** ist die kleinste Einheit eines C-Programms, das der Compiler als grammatikalische Einheit erkennt. Dies kann sein ein(e)

```
Satzzeichen
Operator
Bezeichner
Konstante
Schlüsselwort
Zeichenkette
```

Token werden entweder durch Seperatoren (siehe oben) oder auch durch Leerstellen getrennt. Daher dürfen Bezeichner und Schlüsselwörter keine Leerstellen enthalten, da sie sonst nicht vom Compiler als solche erkannt werden.
Dagegen ist es möglich, Bezeichner zu wählen, in denen Schlüsselwörter enthalten sind.

```
integer            /* erlaubt */
elsewhere          /* erlaubt */
```

Bei einer Aneinanderreihung von Operatoren, muß beachtet werden, daß der
Compiler die Token eventuell anders liest, als vom Programmierer gedacht.
Der Ausdruck

$$i+++j$$

wird vom Compiler als

$$(i++)+(j)$$

gelesen. Falls der Ausdruck anders interpretiert werden soll, z.B. als

$$(i)+(++j)$$

muß eine entsprechende Klammer gesetzt werden.

2.10 Ausdrücke

Verknüpft man einen Operator mit der seinem Typ entsprechenden Anzahl von
Variablen oder Konstanten, so erhält man einen **Ausdruck** (englisch *expression*)

```
a + b   /* arithmetischer Ausdruck */
x = 2
x == 1  /* Boolescher Ausdruck */
3*x + 5
```

Allgemein wird ein Ausdruck in C definiert durch folgende Liste:

Bezeichner
Konstante
Zeichenkette
Ausdruck(Ausdruck)
Ausdruck[Ausdruck]
Ausdruck.Bezeichner
Ausdruck->Bezeichner
einstelliger Ausdruck (mit -,~,!,*,&)
zweistelliger Ausdruck (mit zweistelligem Operator)
dreistelliger Ausdruck (mit ? Operator)
Zuweisungs-Ausdruck (mit ++,--)
(Ausdruck)
(Datentyp)Ausdruck (Cast-Operator)

Wie man an dieser Aufzählung sieht, sind die in C möglichen Ausdrücke sehr vielfältig. Spezielle Ausdrücke sind die arithmetischen; sie enthalten nur die arithmetischen Operatoren, Bezeichner und Konstanten. In anderen Programmiersprachen haben Ausdrücke, in denen Vergleichsoperatoren vorkommen, besondere Bedeutung; sie werden BOOLEsch genannt (nach dem Mathematiker George BOOLE 1815-1864). Nur solche BOOLEschen Ausdrücke haben dort einen Wahrheitswert; d.h. sie sind entweder wahr oder falsch. In C dagegen hat jeder Ausdruck einen Wert und kann damit den Programmablauf beeinflußen. Der Ausdruck

```
x = 7;
```

z.B. hat den Wert 7, wie man mittels

```
printf("%d",x=7);
```

nachprüfen kann. C kennt nicht den Datentyp der Booleschen Variablen. Vielmehr wird jeder Ausdruck, der ungleich Null ist, als **wahr** und jeder Ausdruck vom Wert Null als **falsch** angesehen.

Nach der ANSI C-Norm darf ein Ausdruck maximal 32 Klammerebenen enthalten.

2.11 Anweisungen

Eine **Anweisung** (englisch *statement*) in C gehört zu einer der folgende Gruppe

```
Wiederholungsanweisungen:
        FOR-Anweisung
        WHILE-Anweisung
        DO-WHILE-Anweisung
Bedingte Anweisungen:
        IF-Anweisung
        SWITCH-Anweisung
Sprunganweisungen:
        GOTO-Anweisung
        BREAK-Anweisung
        CONTINUE-Anweisung
RETURN-Anweisung
Verbundanweisung
Leere Anweisung ";"
Ausdruck;
CASE-Anweisung
default-Anweisung
label-Anweisung
```

Eine Wertzuweisung wie

```
x = 2;
```

ist eine spezielle Anweisung der Form "Ausdruck;". Alle Anweisungen, außer der *Verbundanweisung*,

```
{ }
```

müssen mit einem Strichpunkt abgeschlossen werden. Daher folgt

```
x = 2  /* ist ein Ausdruck */
x = 2; /* ist eine Anweisung */
```

Was auffällt, ist die Tatsache, daß keinerlei Aus- und Eingabe-Anweisungen aufgeführt wurden. Die Ein- und Ausgabe ist nicht eigentlicher Bestandteil der Programmiersprache C.

Gelingt z.B. die ganzzahlige Eingabe von Tag, Monat, Jahr mittels

```
scanf("%d.%d.%d",&tag,&monat,&jahr);
```

so hat dieser Ausdruck den Wert 3. Die erfolgreiche Eingabe des Datums kann somit getestet werden durch

```
if (scanf("%d.%d.%d",&tag,&monat,&jahr)==3)
```

3 Einfache Datentypen

*Die ganzen Zahlen hat der liebe Gott
gemacht, alles andere ist Menschenwerk.*

KRONECKER

3.1 Der int-Typ

Der einfachste Datentyp ist der der **Ganzzahl** (engl. *integer*). Bei den meisten
16-Bit-Rechnern werden int-Zahlen durch ein Rechnerwort implementiert und
haben somit eine 16-Bit Darstellung. Berücksichtigt man, daß ein Bit davon zur
Speicherung des Vorzeichens benötigt wird, lassen sich

$$2^{15} = 32768$$

verschiedenen Zahlen darstellen. Unter Einbeziehung der Null lassen sich damit
die positiven Zahlen 0 bis 32767 darstellen. Zusammen mit den negativen Zahlen ergibt sich für int-Zahlen der Wertebereich

-32768 bis 32767

Das Überschreiten dieses Bereichs heißt Integer-*Overflow* und führt **nicht** zu
einer Fehlermeldung des Compilers. Zählt man 32767 um eins weiter, erhält
man das sinnlose Ergebnis

-32786

Diese eigenartige Rechnung erklärt sich aber, wenn man zur Binärdarstellung
des Rechners übergeht. In Binärdarstellung sind die ersten 15 Bit von 32767
gesetzt

32767 = 01111111 11111111

Beim Weiterzählen wird das nächste Bit - hier also das Vorzeichenbit- gesetzt.
Das aber ist die interne Darstellung von

-32768 = 11111111 11111111

Analog erhält man beim Overflow 32767 als Differenz, wenn -32768 um eins verringert wird. Der Sachverhalt läßt sich mit folgendem Programm nachvollziehen:

```
/* ovrflow.c */

void main()
{
int i1 = 32767;
int i2 = -32768;

printf("%d um eins vermehrt ergibt %d\n",i1,i1+1);
printf("%d um eins vermindert ergibt %d\n",i2,i2-1);
}
```

Die Anweisung

```
int i1 = 32767;
```

ist eine in C übliche Kurzform für eine gleichzeitige Deklaration und Initialisierung einer Variablen. Sie ist also gleichbedeutend mit

```
int i1;
i1 = 32767;
```

Zur Ausgabe der int-Variablen i1,i2 dient hier die Bibliotheksfunktion printf(). Der Formatparameter "%d" gibt an, daß die Ausgabe dezimal erfolgen soll. Die Ausgabe im Oktal- bzw. Hexadezimalsystem erreicht man durch den Formatparameter "%o" bzw. "%x". Zur Demonstration dazu dient der Programmausschnitt:

```
void main()
{
int i=32254;

printf("Dezimal = %d\n",i);
printf("Oktal = %o\n",i);
printf("Hexadezimal = %x\n",i);
}
```

Es ergibt sich die Ausgabe:

```
Dezimal = 32254
Oktal = 76776
Hexadezimal = 7dfe
```

Wie schnell die Grenze des Integer-Overflows erreicht wird, zeigt das folgende
Programm:

```
/* ovrflow2.c */

void main()
{
int i,sum,grenze;

sum = 0;
grenze = 500;   /* Overflow bei 256 */

for (i=1; i<=grenze; i++)
  sum += i;
printf("Summe = %d\n",sum);
}
```

Für die Summe der Zahlen 1 bis 500 ergibt sich hier die unsinnige Summe von
-5822. Der Overflow findet bereits beim Summanden 443 statt. Es liegt in der
Verantwortung des Programmierers, daß ein Integer-Overflow nicht stattfindet.
Durch Wahl eines anderen Datentyps, z.B. long int, kann die Overflowgrenze
zwar hinausgeschoben werden, aber sie bleibt prinzipiell bestehen.

3.2 Der unsigned-int-Typ

Will man verhindern, daß das 16. Bit einer int-Zahl als Vorzeichenbit verwendet wird, deklariert man die Zahl als vorzeichenlos (engl. *unsigned*).

```
unsigned int x;
```

Mit 16 Bit können insgesamt

$$2^{16} = 65536$$

Zahlen dargestellt werden. Unter Einbeziehung der Null ergibt sich der Wertebereich der unsigned-Zahlen

$$0 \text{ bis } 65535$$

Die unsigned-Zahlen entsprechen den natürlichen Zahlen in der Mathematik
und werden daher in Modula-2 CARDINAL-Zahlen genannt. Das Rechnen verläuft entsprechend zu den int-Zahlen. Die Overflowgrenze liegt hier bei 65535.
Die Standardausgabe erfolgt über den Formatparameter "%u", z.B. mittels

```
printf("%u",x);
```

3.3 Der char-Typ

Der zweite grundlegende Datentyp ist der Typ des Zeichens (engl. *character*).
Da Zeichen maschinenintern durch 8 Bit ($=1$ Byte) codiert werden, gibt es hier

$$2^8 = 256$$

Möglichkeiten. Obwohl ein Vorzeichen bei Zeichen nicht plausibel erscheint,
führt man ebenfalls ein Vorzeichenbit ein, damit der char-Typ kompatibel zum
int-Typ wird. Damit erhält man für Zeichen den Wertebereich

$$-128 \text{ bis } 127$$

Der in C verwendete Zeichensatz und seine Numerierung im Bereich 0 bis 127
ist durch den sog. ASCII-Code *(American Standard Code for Information Inter-
change)* gegeben. Der ASCII-Zeichensatz ist wie folgt gegliedert (vgl. Abb. 3.1
ASCII- Tabelle)

```
Zeichen 0..31        Steuerzeichen (nichtdruckbar)
Zeichen 32..47       Sonderzeichen !,",#,$,%,&,#,(,),*,+,-,/
Zeichen 48..57       Ziffern 0..9
Zeichen 58..64       Sonderzeichen :,;,<,=,>,?,@
Zeichen 65..90       Großbuchstaben A,B,C,..,Z
Zeichen 91..96       Sonderzeichen [,\,],^,_,'
Zeichen 97..122      Kleinbuchstaben a,b,c,..,z
Zeichen 123..127     Sonderzeichen {,|,},~
```

Bezüglich dieser Numerierung sind alle Zeichen geordnet; d.h. sie können mittels Vergleichsoperatoren verglichen werden. Es gilt z.B.

$$\text{'A'} < \text{'B'} \qquad \text{da } 65 < 66$$
$$\text{'a'} >= \text{'A'} \qquad \text{da } 97 >= 65$$
$$\text{'0'} < \text{'A'} \qquad \text{da } 48 < 65$$

Wegen

```
ASCII('a')-ASCII('A') = 32
```

kann ein Kleinbuchstabe, der kein Umlaut ist, durch Erhöhung seiner ASCII-
Nummer um 32 in einen Großbuchstaben verwandelt werden.

Extended ASCII Character Code

Ch	Nr	Ch	Nr	Ch	Nr	Ch	Nr	Ch	Nr	Ch	Nr	Ch	Nr	Ch	Nr	Ch	Nr	Ch	Nr	Ch	Nr
	0	☺	1	☻	2	♥	3	♦	4	♣	5	♠	6	•	7	◘	8	○	9	◙	10
♂	11	♀	12	♪	13	♫	14	☼	15	►	16	◄	17	↕	18	‼	19	¶	20	§	21
▬	22	↨	23	↑	24	↓	25	→	26	←	27	∟	28	↔	29	▲	30	▼	31		32
!	33	"	34	#	35	$	36	%	37	&	38	'	39	(	40	)	41	*	42	+	43
,	44	-	45	.	46	/	47	0	48	1	49	2	50	3	51	4	52	5	53	6	54
7	55	8	56	9	57	:	58	;	59	<	60	=	61	>	62	?	63	@	64	A	65
B	66	C	67	D	68	E	69	F	70	G	71	H	72	I	73	J	74	K	75	L	76
M	77	N	78	O	79	P	80	Q	81	R	82	S	83	T	84	U	85	V	86	W	87
X	88	Y	89	Z	90	[	91	\	92	]	93	^	94	_	95	`	96	a	97	b	98
c	99	d	100	e	101	f	102	g	103	h	104	i	105	j	106	k	107	l	108	m	109
n	110	o	111	p	112	q	113	r	114	s	115	t	116	u	117	v	118	w	119	x	120
y	121	z	122	{	123	|	124	}	125	~	126	⌂	127	Ç	128	ü	129	é	130	â	131
ä	132	à	133	å	134	ç	135	ê	136	ë	137	è	138	ï	139	î	140	ì	141	Ä	142
Å	143	É	144	æ	145	Æ	146	ô	147	ö	148	ò	149	û	150	ù	151	ÿ	152	Ö	153
Ü	154	¢	155	£	156	¥	157	₧	158	ƒ	159	á	160	í	161	ó	162	ú	163	ñ	164
Ñ	165	ª	166	º	167	¿	168	⌐	169	¬	170	½	171	¼	172	¡	173	«	174	»	175
░	176	▒	177	▓	178	│	179	┤	180	╡	181	╢	182	╖	183	╕	184	╣	185	║	186
╗	187	╝	188	╜	189	╛	190	┐	191	└	192	┴	193	┬	194	├	195	─	196	┼	197
╞	198	╟	199	╚	200	╔	201	╩	202	╦	203	╠	204	═	205	╬	206	╧	207	╨	208
╤	209	╥	210	╙	211	╘	212	╒	213	╓	214	╫	215	╪	216	┘	217	┌	218	█	219
▄	220	▌	221	▐	222	▀	223	α	224	ß	225	Γ	226	π	227	Σ	228	σ	229	µ	230
τ	231	Φ	232	Θ	233	Ω	234	δ	235	∞	236	φ	237	ε	238	∩	239	≡	240	±	241
≥	242	≤	243	⌠	244	⌡	245	÷	246	≈	247	°	248	∙	249	·	250	√	251	ⁿ	252
²	253	■	254		255																

EXTENDED ASCII CHARACTER CODE

Abb. 3.1 Extended ASCII-Code

3.4 Der unsigned-char-Typ

Da unter den ersten 128 ASCII-Zeichen kein Platz mehr war für nationale Zeichensätze wie auch für Graphikzeichen, wurde der ASCII-Code erweitert auf insgesamt 256 Zeichen, nämlich

>   0 bis 255

Damit man diesen Wertebereich (ohne Vorzeichen) erhält, wurde in der ANSI C-Norm aus Kompatibilitätsgründen der unsigned-char-Typ eingeführt. Alle druckbaren Zeichen des erweiterten ASCII-Zeichensatzes erhält man mit folgendem Programm:

```c
/* ascii.c */

void main(void)
{
int ch;
printf("\t\t Extended ASCII Character Set\n");
for (ch=30; ch <= 255; ch++)
    printf("%3d %-4c",ch,ch);
}
```

In einer Schleife durchläuft die int-Variable ch die Wertemenge 30 bis 255. In der Ausgabeanweisung wird durch die Formatanweisung "%d" als int-Wert bzw. durch "%c" in ihren entsprechenden ASCII-Wert ausgegeben.

3.5 Der short-int-Typ

Derselbe Wertebereich, den eine char-Variable annehmen kann, nämlich

-128 bis 127

ist nach der ANSI C-Norm auch für den Datentyp short int gedacht. Entsprechend soll der Typ unsigned short int die Wertemenge vom Typ unsigned char tragen:

0 bis 255

Die Compilerversionen Microsoft-C 5.0 und Turbo-C 2.0 unterstützen hierin die ANSI C-Norm noch nicht. Bei beiden Compilerversionen wird der Typ short int als int behandelt und somit mit 16 Bit codiert. Der Datentyp short int stimmt also bei den obengenannten Compilerversionen daher noch mit dem int-Typ überein.

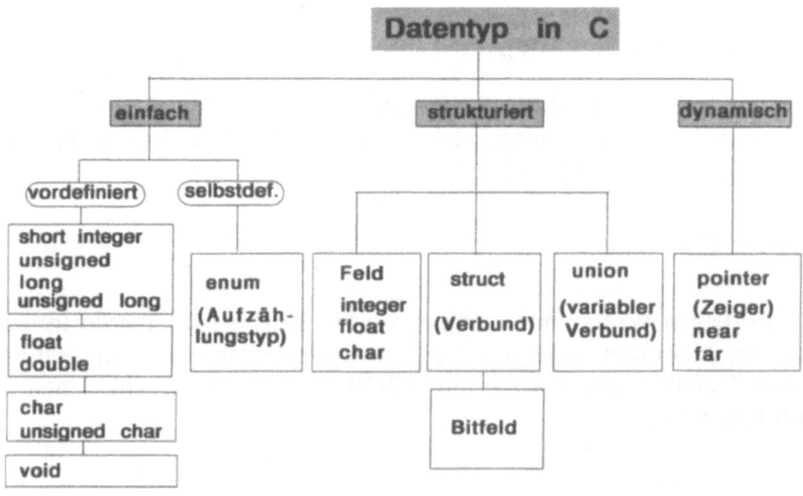

Abb.3.2 Datentypen in C

3.6 Der float-Typ

Den dritten grundlegenden Datentyp stellt die reelle bzw. die **Gleitpunkt-Zahl** (englisch *float*) dar. Eine Deklaration für float-Variable wäre z.B.

```
float x,y,pi = 3.141593;
```

Für Gleitpunktzahlen gibt es zwei Darstellungsmöglichkeiten, die durch den Formatparameter der printf()-Funktion gewählt werden

(1) Festkomma-Darstellung
Beispiel:
$$pi = 3.141593$$

Hier sind eine Vorkomma-, und 6 Nachkommastellen gegeben. Die Festkomma-Darstellung auf n Stellen insgesamt, davon m Nachkommastellen erfolgt durch den Formatparameter "%n.mf". Werden die Parameter n bzw. m nicht gesetzt, so wird für m der Defaultwert 6 gewählt. Die ANSI C-Norm schreibt nämlich für float-Typen eine 6-stellige Genauigkeit vor

(2) Gleitkomma- oder Exponential-Darstellung
Beispiel:
$$pi = 3.141593e0$$

Die Ziffer hinter dem "e" bzw. "E" (für Exponent) gibt die entsprechende Zehnerpotenz an. Somit bedeutet

1.23456e7	$1.23456 \cdot 10^{7}$	oder	12345600
1.23456e-4	$1.23456 \cdot 10^{-4}$	oder	0.000123456

Die Ausgabe in Exponential-Darstellung erhält man durch den Formatparameter "%e".

(3) Wahlweise Darstellung

Soll von der Festkomma- bzw. Exponential-Darstellung stets die kürzere Form gewählt werden, so muß der Formatparameter auf "%g" gesetzt werden.

Bei 16-Bit-Maschinen werden zur Darstellung von float-Typen 2 Maschinenworte, d.h. 32 Bit oder 4 Byte verwendet. Davon dienen meist 24 Bit zur Speicherung der Gleitzahlen (*Mantisse* genannt), 7 Bit für den Zehnerexponenten und 1 Bit für das Vorzeichen. Dies ergibt für float-Typ den Wertebereich

$$3.4 \cdot 10^{-38} \text{ bis } 3.4 \cdot 10^{38}$$

und bei gesetztem Vorzeichenbit

$$-3.4 \cdot 10^{38} \text{ bis } -3.4 \cdot 10^{-38}$$

Wird dieser Bereich überschritten, kommt es zum Overflow, der aber im Gegensatz zum Integer-Overflow einen Laufzeit- (engl. *Runtime*)-Fehler hervorruft. Dies läßt sich testen mit folgendem Programm:

```
/* ovrflow3.c */

void main()
{
float x = 1.235678e0;
int i;

for (i=1; i<=40; i++)
  {
  printf("%e\n",x);
  x *= 10.0;
  }
}
```

Das Programm wird durch einen Laufzeit-Fehler beendet, nachdem x den Wert

$$x = 1.235678e38;$$

überschritten hat. Entsprechend kommt es beim Unterschreiten des Wertebereichs zum *Underflow*. Hier erfolgt kein Runtime-Error, sondern die Variable wird Null. Dies läßt sich wieder testen mit

```
/* undflow.c */

void main()
{
float x = 1.235678e0;
int i;

for (i=1; i<=40; i++)
  {
  printf("%e\n",x);
  x /= 10.0;
  }
}
```

Zu beachten ist, daß wegen der endlichen Mantissenzahl die Rechengenauigkeit prinzipiell beschränkt ist. Brüche (außer 1/2 oder 1/4 usw.) oder reelle Zahlen können niemals **genau** dargestellt werden. Deswegen ist es also im allgemeinen nicht sinnvoll, zwei Gleitkommazahlen auf Gleichheit zu prüfen

```
if (x==y)/* i.a. falsch */
```

Besser wäre es, den Betrag der Differenz auf eine kleine Schranke, z.B. 1.0e-7 zu prüfen

```
if (fabs(x-y)<1.0e-7)
```

Für float-Variablen wird der Betrag von der Funktion fabs() geliefert wird. Das Programm

```
/* float1.c */

/* Reinfälle mit float-Arithmetik */

void main()
{
float x=0.0;

while (x != 1.0) /* richtig while (x<= 1.0) */
  {
  printf("%f\n",x);
  x += 0.1;
  }
}
```

liefert eine Endlos-Schleife, da die Abbruchbedingung x==1 wegen der beschränkten Genauigkeit niemals erfüllt ist.

Insbesondere bei numerischen Prozeduren muß die begrenzte Rechengenauigkeit stets berücksichtigt werden.

3.7 Der long-int-Typ

Da der Wertebereich des int-Typs sehr begrenzt ist, enthält C den Datentyp der long-integer-Zahlen mit 32 Bit (bei 16 Bit-Maschinen). Da ein Bit wieder das Vorzeichen aufnimmt, gibt es somit

$$2^{31} = 2.147.483.648$$

Möglichkeiten (vgl. Abb. 3.3). Der Wertebereich des long int-Typs ist damit

-2.147.483.648 bis 2.147.482.647

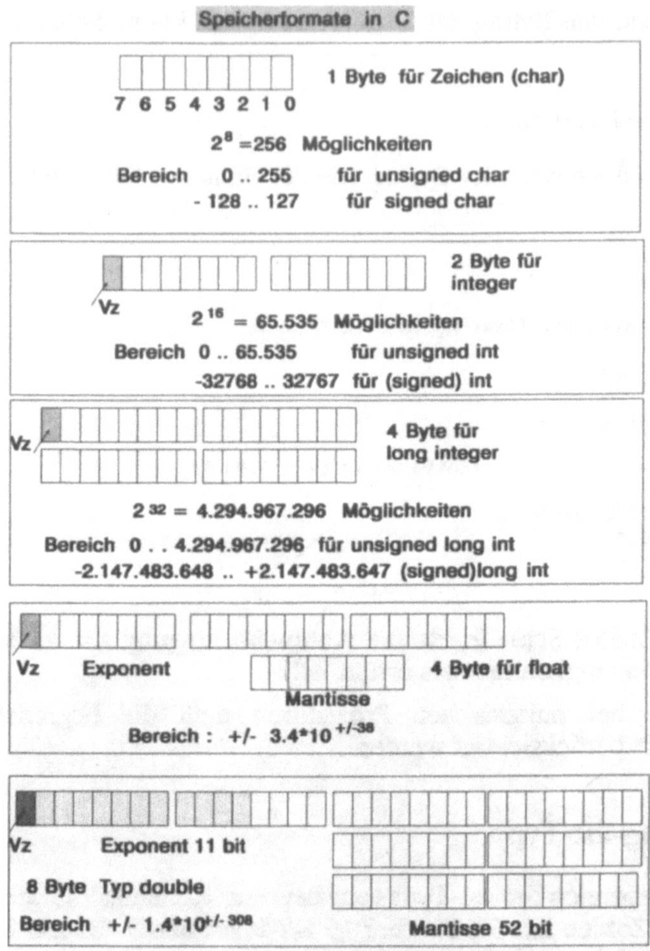

Abb. 3.3 Speicherformate

Dieser Ganzzahlbereich dürfte für die meisten Anwendungen ausreichen. Eine mögliche Deklaration ist

```
long int i,j; /* oder */
long i,j;
```

Auftretende Konstanten können durch das Anhängen des Zeichens "L" als long-Typ gekennzeichnet werden:

```
#define ZEHN_HOCH_5 100000L
i *= 10L
```

Die Standardausgabe von long-Variablen erfolgt wieder mit der printf()-Funktion; der entsprechende Formatparameter ist " %ld"

```
printf("%ld",i);
```

Als Beispiel sollen einige Werte der Fakultätsfunktion n! berechnet werden. Sie ist definiert als das Produkt aller Zahlen von 1 bis n.

$$n! = 1 \cdot 2 \cdot 3 \cdot 4 \cdots n$$

```
/* fak.c */

void main()
{
long int fak=1;
int i;
printf(" Fakultätsfunktion\n");
printf("------------------\n");
for (i = 1; i<=12; i++)
  {
  fak *= i;
  printf("%2d! = %ld\n",i,fak);
  }
}
```

Die Ausgabe

```
 Fakultätsfunktion
------------------
  1! = 1
  2! = 2
  3! = 6
  4! = 24
  5! = 120
  6! = 720
  7! = 5040
  8! = 40320
  9! = 362880
 10! = 3628800
 11! = 39916800
 12! = 479001600
```

zeigt, daß bei dieser schnell wachsenden Funktion bereits bei 13! der long-int-Overflow erreicht wird. Eine Compilermeldung beim Overflow erfolgt wie beim int-Typ nicht.

3.8 Der double-Typ

Ebenso wie bei den int-Zahlen, gibt es bei Gleitpunktzahlen den **doppelt genauen** Datentyp (englisch *double*). Die früher mögliche Bezeichnung long float wird durch die ANSI C-Norm abgeschafft. Der double-Typ wird auf 4 Maschinenworten, d.h. auf 8 Bytes (= 64 Bit) gespeichert. Davon nehmen 52 Bit die Mantisse, 11 Bit den Zehnerexponenten und 1 Bit wieder das Vorzeichen auf (vgl. Abbildung 3.1). Damit wird die von der ANSI C-Norm geforderten 12-stellige Genauigkeit erreicht. Der Wertebereich ergibt sich zu

$$1.7 \cdot 10^{-308} \text{ bis } 1.7 \cdot 10^{308}$$

Entsprechend ist der Wertebereich im Negativen

$$-1.7 \cdot 10^{308} \text{ bis } -1.7 \cdot 10^{-308}$$

Eine mögliche Deklaration von double-Variablen ist

```
double x,y = 3.1415926535;
```

Die Standardausgabe erfolgt wie bei den anderen einfachen Datentypen mittels der printf()-Funktion. Der Formatparameter ist "%lf". Sollen, bei m Stellen insgesamt, n Nachkommastellen ausgegeben werden, so setzt man

```
printf("%m.nlf",y);
```

Ebenso wie beim float-Typ ergibt der Formatparameter "%e" bzw. "%g" die Gleitkomma- bzw. Exponential-Darstellung. Die Zahl

```
y = 0.00123456789;
```

wird durch

```
printf("%.7f\n",y);
printf("%.7e\n",y);
printf("%.7g\n",y);
```

wie folgt ausgegeben

```
0.0012346
1.2345679e-003
0.0012345679
```

Man beachte die Rundung auf der letzten Nachkommastelle. Beim Verlassen des Wertebereichs gilt das für float-Variablen Gesagte. Beim Overflow kommt es zu einem Runtime-Fehler, beim Underflow wird die Variable zu Null.

Die Verwendung eines double-Typs liefert nicht immer ein genaueres Ergebnis als ein float-Typ, wie man eigentlich annehmen sollte. Dies zeigt das bekannte Benchmark:

```
/* savage.c */

/* Benchmark für C-Compiler */
#include <math.h>
```

```
void main()
{
float a=1.0;
int i;

for (i=1; i<25000; i++)
  a = tan(atan(exp(log(sqrt(a* a)))))+1.0;
printf("%10.10f\n",a);
}
```

Das Ergebnis ist hier 25000.0000000000. Ändert man jedoch die Variable a in
den Typ double, so erhält man bei den meisten Compilern das offensichtlich
ungenauere Ergebnis

$$24999.9999973775$$

Obwohl der Wertebereich des double-Typs gegenüber dem float-typ wesentlich
erweitert ist, ist dennoch zu beachten, daß reelle Zahlen prinzipiell nur nähe-
rungsweise dargestellt werden und daß es bei einer großen Anzahl von Rechenoperationen zu Rundungsfehlern kommen kann.

An zwei Beispielen (aus [16]) soll die begrenzte Genauigkeit der float- bzw.
double-Arithmetik demonstriert werden. Der Ausdruck

$$(1682xy^4 + 3x^3 + 29xy^2 - 2x^5 + 832)/107751$$

hat für $x=192119201$ und $y=35675640$ den exakten Wert

$$1783$$

Mit dem folgenden Programm:

```
/* float2.c */

void main()
{
float x=1.92119201e8, y=3.567564e7, z ;

z = (1682*x*y*y*y*y+3*x*x*x+29*x*y*y-2*x*x*x*x*x+832)/107751;
printf("%f\n",z);
}
```

liefert der Turbo C-Compiler 2.0 dafür den Wert

$$1011467054235829610000000000000.000000$$

der Quick C-Compiler den Wert

$$1011467054235830000000000000000.000000$$

Der Übergang auf double-Typen ergibt den immer noch sehr ungenauen Wert

$$-0.000000$$

für den Turbo C- und

$$0.007722$$

für Quick-C-Compiler. Ähnlichen Mißerfolg zeigt die Auswertung des linearen Gleichungssystems

$$64919121x - 159018721y = 1$$
$$41869520.5x - 102558961y = 0$$

mit der exakten Lösung

$$x = 205117922; \quad y = 83739041$$

Das folgende Programm

```
/* float3.c */

void main()
{
float a = 64919121,
      b = -159018721,
      c = 41869520.5,
      d = -102558961, x, y;

y = c/(b*c-a*d);   x = -d/c*y;
printf("%f %f\n",x,y);
}
```

liefert das Ergebnis:

$$x = -2.224745; \qquad y = -0.908248$$

Bei Verwendung von double-Typen ergibt sich

$$x = 205117922.000000;$$
$$y = 83739041.000000$$

Wie man erkennt, ist keines der angegebenen Ergebnisse - mit Ausnahme der letzten - annähernd genau.

3.9 Arithmetik

Die arithmetischen Operatoren sind für int- und float-Typen gleich; d.h. es gibt nicht wie in Pascal einen gesonderten Operator für die ganzzahlige Division. Nur der Modulo-Operator "%" ist dem int-Typ vorbehalten; für float-Zahlen gibt es eine eigene Funktion fmod(). Die Rechenoperationen Addition, Subtraktion, Multiplikation, Division und Modulo zeigt der Ausschnitt

```
int i=17,j=5;
printf("%d %d %d %d %d\n",i+j,i-j,i*j,i/j,i%j);
```

Die Ausgabe "22 12 85 3 2 " zeigt, daß die Division tatsächlich ganzzahlig durchgeführt wird.

Für viele arithmetische Anweisungen gibt es in C verkürzte Schreibweisen. So gilt

```
Ausdruck            verkürzt
x = x + 2;              x += 2;
y = y - 3;              y -= 3;
z = z * 4;              z *= 4;
a = a % 5;              a %= 5;
b = b+1;        b++;    /* Inkrement */
b = b-1;        b--;    /* Dekrement */
```

In Ausdrücken mit mehreren Operatoren gelten die üblichen mathematischen Regeln, z.B. der Vorrang der Multiplikation:

```
3 + 4 * 5 = 23
```

Diese Regeln sind in C nur ein Spezialfall der allgemeinen *Priorität* von Operatoren (vgl. Abschnitt 9). Soll die Addition zuerst ausgeführt werden, so müssen entsprechende Klammern gesetzt werden:

```
(3 + 4) * 5 = 35
```

Analog gilt für float-Variablen

```
float i=17.0,j=5.0;
printf("%.1f %.1f %.1f %.1f\n",i+j,i-j,i*j,i/j);
```

Hier ist die Ausgabe erwartungsgemäß " 22.0 12.0 85.0 3.2".

Was geschieht, wenn in einem arithmetischen Ausdruck verschiedene Datentypen enthalten sind? In C kommt es hier zu einer **automatischen** Datentyp-Konversion, die in anderen Sprachen wie Pascal oder Modula-2 völlig ausgeschlossen ist. Die Datentyp-Umwandlung geht so vor sich, daß jeder Datentyp in den jeweils nächst höheren konvertiert wird und zwar im Sinn der Rangordnung

```
char < int < long < float < double
```

Dies bedeutet, daß die Verknüpfung eines char- und eines int-Typ zu einem int-Typ führt. Entsprechend ist das Resultat eines int- und long-Typs ein long-Typ usw. Das Ergebnis eines gemischten arithmetischen Terms ist also durch den höchsten Rang aller vorkommenden Datentypen und nicht etwa durch den gewählten Typ der Resultatsvariablen gegeben. Ein (etwas übertriebenes) Beispiel dazu ist

```
/* mixed.c */

void main()
{
char ch = 'A';
int i = 7;
long j = 1000L;
float x = 3.0;
double y = 50.0L;

printf("%lf\n",ch*i + j%i + y/x);
}
```

Die char-Variable ch wird zu int; d.h. zu 65 (ASCII-Nr. von 'A'). Die int-Variable i wird zu long 7.0, entsprechend float x zu double 3.0. Damit werden alle Verknüpfungen letztlich in double umgewandelt. Das Resultat ist somit

```
65.0 * 7.0 + (1000 % 7)*1.0 + 50.0/3.0 = 477.66667
```

3.10 Der Cast-Operator

Soll eine Variable oder das Resultat einer Verknüpfung einem anderen Datentyp angehören, als es sich durch die automatische Typumwandlung ergibt, so kann diese Umwandlung mittels des sog. **Cast-Operators** (..) in den gewünschten Datentyp erfolgen.

```
x = (float) (3/4);
y = (int) (4.0/3.0);
```

Diese Umwandlung wird immer benötigt, wenn entweder eine mathematische Standardfunktion wie die Sinusfunktion sin() oder die Wurzelfunktion sqrt() ein Argument vom Typ double erwartet oder wenn eine typenlose Variable (d.h. vom Typ void) einen bestimmten Typ annehmen soll.

Zu bedenken ist jedoch, daß durch die Wahl eines niederen Datentyp-Rangs die Anzahl der signifikanten Bytes reduziert wird. Dies kann zu einem erheblichen Genauigkeitsverlust führen oder sogar dazu, daß u.U. die Variable gar nicht mehr definiert ist (!).

```
void main()
{
long int z=100000;

printf("%u\n",(unsigned int) z);
}
```

Die Zahl z=100000 wird durch die Umwandlung in eine vorzeichenlose ganze
Zahl zu 34464. An der Hex-Darstellung der Zahlen sieht man, daß das höher-
wertige Byte nunmehr fehlt:

```
100000L = 0x186A0;
  34464 =   0x86A0
```

Die Umwandlung in den nächst niederen Typ geht wie folgt vor sich:

int -> char: Es wird nur das niederwertige Byte benützt.

long -> int: Es werden nur die unteren beiden Bytes genutzt.

float ->long: Es werden die Nachkommastellen abgeschnitten und die Vor-
kommastellen in eine ganze Zahl verwandelt. Überschreitet
diese den long-int-Bereich, so ist das Ergebnis undefiniert (!).

double->long: Die Umwandlung erfolgt analog zur Umwandlung float in long.

3.11 Die Eingabe mit scanf()

Die Standardfunktion zur Eingabe über die Tastatur (in C **stdin** genannt) heißt
scanf(). Die Syntax ist

```
scanf(formatparameter,variable);
```

wobei der Formatparameter dem der printf()-Funktion weitgehend gleicht. Es
gilt die Tabelle:

```
Parameter              einzulesender Typ
   %c                  char
   %d                  int
   %D                  long int
   %ld                 long int
   %u                  unsigned int
   %U                  long unsigned int
   %x                  hexadezimal int
   %X                  long hexadezimal int
   %o                  oktal int
   %O                  long oktal int
   %f,%e               float
   %F,%E               float
   %lf                 double
   %p                  pointer im Hex-Format
```

Wichtig zu beachten ist bei der scanf()-Funktion, daß bei allen Datentypen stets
das Zeichen "&" (Adreßoperator genannt) vor den Bezeichner zu setzen ist
(außer bei Variablen vom Typ Pointer). Dies bedeutet nichts anderes, als daß
neben dem Wert auch noch eine Adresse übergeben wird. Mit solchen Pointervariablen werden wir uns im Abschnitt 6 noch ausführlich beschäftigen.

scanf() hat nicht die C übliche Flexibilität. Das angegebene Format muß bei der Eingabe strikt eingehalten werden, da sonst die Eingabe nicht gelingt. Beispiel:

```
scanf("%d %d %d",&tag,&monat,&jahr);
```

gelingt nur, wenn die Werte tag, monat und jahr genau durch eine Leerstelle getrennt sind.

```
scanf("%d.%d.%d",&tag,&monat,&jahr);
```

gelingt nur z.B. für das Eingabeformat 12.8.1989 oder 12.8.89.

Leerstellen und Trennungszeichen müssen bei der Eingabe genau eingehalten werden. Dagegen akzeptiert

```
scanf("%f",&x)
```

die Eingabe "3" für die float-Variable x = 3.0.

3.12 Übungen

(3.1)   Schreiben Sie ein Programm, das für einen beliebigen Kreis Fläche und Umfang berechnet.

Hinweis : Fläche = Pi*radius*radius; Umfang= 2*Pi*radius

(3.2)   Schreiben Sie ein Programm, daß bei gegebenem Kapital, Zinsfuß in % und Anzahl der Tage den einfachen Zins berechnet.

Hinweis : Zins = Kapital *Zinsfuß *Tage /36000

(3.3)   Schreiben Sie ein Programm, das zu einer ganzen Zahl alle Teiler bestimmt.

Hinweis : Es gilt Zahl % Teiler = 0

(3.4)   Schreiben Sie ein Programm, das alle Produkte der Hexzahlen 1 bis F in Form einer Tabelle ausdruckt.

(3.5)   Schreiben Sie ein Programm, das alle Produkte der Oktalzahlen 1 bis 7 in Form einer Tabelle ausdruckt.

(3.6)   Die Summe von aufeinander folgenden ungeraden Zahlen, bei eins beginnend, liefert stets eine Quadratzahl; z.B.

$$1+3+5+7+9 = 25 = 5^2$$

Schreiben Sie ein Programm dazu, daß alle Quadrate der Zahlen von 1 bis 100 erzeugt.

4 Kontrollstrukturen

4.1 Die FOR-Schleife

Die FOR-Schleife, auch als **Zählwiederholung** bezeichnet, hat folgende Syntax

```
for(ausdruck1; ausdruck2; ausdruck3)
   {      };
```

Dabei stellt dar:

> ausdruck1 den Schleifen**anfangswert**
>
> ausdruck2 den Schleifen**endwert**
>
> ausdruck3 die **Schrittweite**

So ist

```
for (i=0; i<100; i++)
```

eine aufwärtszählende Schleife, dagegen zählt

```
for (i=100; i>0; i--)
```

rückwärts. Die FOR-Schleife endet erst, wenn Ausdruck2 falsch; d.h. gleich Null wird. Andernfalls erhält man eine **Endlosschleife** , z.B. durch

```
for ( ; ; );
```

Die Schrittweite muß im Gegensatz zu Pascal nicht immer 1 oder -1 sein. Ungerade Zahlen werden z.B. durchlaufen mittels

```
for (i=1; i<N; i+=2)
```

Im Gegensatz zu anderen Programmiersprachen kann in einer FOR-Schleife auch eine geometrische Folge durchlaufen werden:

```
for (p=1; p<=1024; p*=2)
```

Mit Hilfe des Komma-Operators kann der Schleifenkörper in die FOR-Anweisung einbezogen werden:

```
for (sum=0,i=1; i<=100; sum+=i,i++)
```

Die Initialisierung einer Schleife muß nicht die der Schleifenvariablen sein. Die
folgende Schleife zählt z.B. die Binärbits einer Zahl n.

```c
/* bitcount.c */

void main()
{
int n,b;
printf("Geben Sie eine int-Zahl ein! ");
scanf("%d",&n);

for (b=0; n!=0; n>>=1)
  if (n & 1) b++;
printf("\nEs sind %d Bits gesetzt\n",b);
}
```

Ebenfalls möglich ist es, mehrere Indizes in einer FOR-Anweisung zu bearbei-
ten. Die folgende Schleife kehrt die Reihenfolge einer Zeichenkette um

```c
/* revers.c */

#include <string.h>

void main()
{
static char str[14] = "Romeo & Julia";
char j;
int i,j;

for (i=0,j=strlen(str)-1; i<j; i++,j--)
  { c=str[i]; str[i]=str[j]; str[j]=c; }
printf("Der String lautet rückwärts gelesen %s",str);
}
```

Vermehrt man ein Kapital jeweils durch die angefallenen Zinsen, so spricht
man vom Zinseszins. Das Anwachsen eines Kapitals mittels Zinseszins zeigt
das folgende Programm:

```c
/* zinsesz.c */

void main()
{
int jahr,laufzeit;
float kapital,zins,p;

printf("Welches Kapital? ");
scanf("%f",&kapital);
printf("Welcher Zinsatz in %? ");
scanf("%f",&p);
printf("Wieviele Jahre? ");
scanf("%d",&laufzeit);

printf("\n Jahr          Kapital\n");
printf("----------------------\n");
for (jahr=0; jahr<=laufzeit; jahr++)
  {
  printf("%4d %16.2f\n",jahr,kapital);
  kapital *= 1.0+p/100.0;
  }
```

Die Umrechnung der Celsius-Temperaturskala in Fahrenheit liefert:

```
/* fahrenheit.c */

#define GEFRIERPUNKT 0
#define SIEDEPUNKT 100
#define DIFFERENZ 32.0
#define FAKTOR 9.0/5.0

void main()
{
int celsius;
float fahrenheit;

for (celsius = GEFRIERPUNKT; celsius <= SIEDEPUNKT;celsius += 10)
  {
  fahrenheit = FAKTOR*celsius + DIFFERENZ;
  printf("%d %6.1f\n",celsius,fahrenheit);
  }
```

4.2 Die WHILE-Schleife

Die WHILE-Schleife, die auch als abweisende Schleife bezeichnet wird, hat die
Syntax

```
while (ausdruck)
    {    }
```

Wird der Ausdruck mit falsch bewertet, so wird die WHILE-Schleife entweder
gar nicht gestartet oder sie wird beendet. So stellt

```
while (1)
```

eine Endlosschleife dar, da der Ausdruck 1 stets mit wahr ist. Typische
WHILE-Schleife sind

```
i=1;
sum=0;
while (i<=100)
  { sum += i;
  i++; }
```

oder die Bestimmung der Zeichenkettenlänge eines Strings s

```
/* strlen */
while(i=0,s[i]!='\0') ++i;
```

Häufig wird auch die WHILE-Anweisung zur Eingabe-Kontrolle benützt:

```
while ((c=*getchar())!=EOF)   /* solange nicht Dateiende */


while ((c=*getchar())==' '||c=='\n'||c=='\t')
/* Filter auf Leerstelle,Newline,Tabulator */
```

Ebenso wird die WHILE-Anweisung verwendet, wenn eine Iteration nur für bestimmte Werte gestartet werden soll. Die folgende Iteration berechnet den natürlichen Logarithmus einer positiven Zahl:

```c
/* ln.c */

/* Berechnung des ln(x) mittels der Methode
des arithmetischen u. geometrischen Mittels */

#include <math.h>

void main()
{
double a,b,c,x;
double sqrt(double);

printf("Welcher x-Wert? ");
scanf("%lf",&x);
if (x<0.0) x = -x;

a = (x+1.0)*0.5; /* Startwerte */
b = sqrt(x);
c = x-1.0;
while (fabs(a-b)>1.0e-10)
  {
  a = (a+b)/2.0;
  b = sqrt(a*b);
  }
printf("ln(%lf) = %14.10lf\n",x,3.0*c/(2.0*b+a));
}
```

Bei der Berechnung des Logarithmus von 1 ergeben sich die Startwerte

```c
a = 1; b = 1; c = 0;
```

und damit hat der Ausdruck

```c
3c/(2b+a)
```

bereits den gesuchten Wert ln(1)=0. Da a=b gilt, wird wegen

```c
while(fabs(a-b)>1.0e-10)
```

die Iteration gar nicht erst gestartet.

4.3 Die DO-Schleife

Die DO-Schleife, auch nichtabweisende Schleife genannt, ist das Gegenstück zur REPEAT-UNTIL-Schleife von Pascal. Sie hat die Syntax

```c
do {     }
while(ausdruck)
```

Die DO-Schleife endet, wenn der in der runden Klammer stehende Ausdruck
falsch wird. Da dieser Ausdruck erst am Schleifenende bewertet wird, wird die
Schleife in jedem Fall mindestens einmal durchlaufen.

```
do while(1);
```

stellt somit eine Endlosschleife dar. Entsprechend ist

```
do while(!kbhit());
```

eine Warteschleife, bei der auf einen beliebigen Tastendruck gewartet wird.
Typische DO-Schleifen finden sich bei

```
/* ggt.c */

void main()
{
int a,b,rest;
printf("Geben Sie zwei int-Zahlen ein! ");
scanf("%d %d",&a,&b);

/* ggT nach Euklid */
do {
  rest = a % b;
  a = b;
  b = rest;
  }
while(rest>0);
printf("ggT = %",a);
}
```

Die Umwandlung einer int-Zahl in eine Zeichenkette führt das nachstehende
Programm aus.

```
/* itoa.c */

void main()
{
char *s;
int n,i=0;

printf("Eingabe der positiven int-Zahl ");
scanf("%d",&n);
if (n<0) n = -n;
do
  { s[i++] = n % 10 + '0';}
while((n/=10)>0);
s[i] = '\0'; /* Stringende */

printf("Zeichenkette :"); /* Rückwärtslesen */
for ( ; i>=0; i--) printf("%c",s[i]);
printf("\n");
}
```

Weitere typische Anwendungen findet die DO-WHILE-Anweisungen bei Iterationen. Ein bekanntes Verfahren ist die NEWTON-Iteration, die, im Fall einer Wurzelberechnung, auch nach HERON benannt wird

```
/* wurzel.c */

#include <math.h>

void main()
{
double a,x,y;
double fabs();

printf("Gib positive Zahl ein! ");
scanf("%lf",&a);
if (a<0) a = -a;
y = a;
if (a!=0)
do
  { x = y;     /* Iteration */
  y = (x+a/x)*0.5;
  }
while (fabs(x-y)>1.0e-6);
printf("Wurzel aus %lf = %lf\n",a,y);
}
```

4.4 Die IF-Anweisung

Die IF-Anweisung oder (zweiseitige) Alternativ-Anweisung hat die Syntax

```
if (ausdruck)  { anweisungsteil1 };
        else  { anweisungsteil2 };
```

Man beachte dabei den Strichpunkt nach dem Anweisungsteil 1. Gegebenenfalls kann der ELSE-Teil wegfallen, falls keine Alternative existiert. Ein typisches Beispiel einer zweiseitigen Fallunterscheidung ist

```
/* Maximum */
if (a >= b)  max = a;
      else max = b;
```

IF-Anweisungen können auch geschachtelt werden. Sind keine Klammern gesetzt, gehört das ELSE stets zum vorhergehenden IF.

```
/* Vorzeichen */
if (x>0) sgn = 1;
    else if (x<0) sgn = -1;
            else sgn = 0;
```

Ein häufig gemachter Fehler ist der, nach einem IF den Vergleichsoperator "==" zu vergessen. Schreibt man statt "x==2" nur "x=2", hat diese Anweisung den Wert 2 und wird damit als wahr immer ausgeführt. Die gewünschte Fallunterscheidung findet daher nicht mehr statt.

Nach der ANSI C-Norm muß ein Compiler mindestens sechsfach verschachtelte IF-Anweisungen unterstützen.

4.5 Die SWITCH-Anweisung

Während die IF-Anweisung nur zwei Alternativen zuläßt, kann die SWITCH-Anweisung eine mehrfache Fallunterscheidung ausführen. Die SWITCH-Anweisung hat die Syntax

```
switch (ausdruck)
  {
   case a : anweisunga ;
   case b : anweisungb ;
  ...................
   case x : anweisungx ;
  default : default-anweisung ;
  }
```

dabei muß der Ausdruck ganzzahlig sein oder ganzzahlig bewertet werden (wie bei char- und enum-Typen). Nimmt der Ausdruck keinen der Werte a, b, .., x an, wird die Anweisung nach der default-Marke ausgeführt. Dieser Default-Teil der SWITCH-Anweisung kann gegebenfalls wegfallen. Die folgende SWITCH-Anweisung weist jeder Ziffer ch einer Hexadezimalzahl den zugehörigen Wert s zu:

```
switch(ch)
  {
     case '0':
    case '1':
    case '2':
    case '3':
    .........
    case '9': s = ch-'0';break;
    case 'A':
    case 'B':
    case 'C':
    .........
    case 'F': s= ch-'A'+10;
  }
```

Ein grundlegender Unterschied zur CASE-Anweisung in PASCAL besteht darin, daß die CASE-Marken nicht abweisend sind; d.h. auch die Anweisungen nach der angesprungenen Marke werden sukzessive ausgeführt. Um zu verhindern, daß nach dem Fall (a) auch noch die Anweisungen (b) ausgeführt werden, muß eine BREAK-Anweisung gesetzt werden. Soll z.B. jeder Monatsnummer m der gehörige Monatsname zugeordnet werden, könnte man dies wie folgt realisieren:

```
switch(m)
  {
  case 1 : strcpy(monat,"Januar"); break;
  case 2 : strcpy(monat,"Februar"); break;
  case 3 : strcpy(monat,"März"); break;
  case 4 : strcpy(monat,"April"); break;
  ..............................................
  case 12 : strcpy(monat,"Dezember");break;
  default : puts("Falscher Monat!");
  }
```

Nach der ANSI C-Norm dürfen SWITCH-Anweisungen auch verschachtelt
sein. Der Compiler muß 257 CASE-Marken (einschließlich der verschachtelten) unterstützen.

Ein bekannter Kalender-Algorithmus zur Wochentagsbestimmung stammt von
den Geistlichen ZELLER. Mit der CASE-Anweisung werden hier die verschiedenen Wochentage ausgegeben:

```
/* zeller.c */

void main()
{
int tag,monat,jahr,wochtag,jhd;

printf("Gültiges Datum ab 1583 in der Form TT.MM.JJJJ eingeben! ");
if (scanf("%d.%d.%d",&tag,&monat,&jahr) !=3 || jahr <1583)
     { printf("Falsche Eingabe !\n");exit(); }
printf("\nDer %d.%d.%d ist ein ",tag,monat,jahr);

if (monat > 2) monat -= 2;
else
     { monat += 10; jahr--; }
jhd = jahr/100;
jahr %= 100;
wochtag = (jahr/4+jhd/4+(13*monat-1)/5+tag+jahr-2*jhd) % 7;
if (wochtag < 0) wochtag += 7;

switch(wochtag)
  {
  case 0: printf("Sonntag\n");break;
  case 1: printf("Montag\n");break;
  case 2: printf("Dienstag\n");break;
  case 3: printf("Mittwoch\n");break;
  case 4: printf("Donnerstag\n");break;
  case 5: printf("Freitag\n");break;
  case 6: printf("Samstag\n");
  }
}
```

Beim folgenden Oster-Algorithmus von C.F.GAUSS wird die SWITCH-Anweisung dazu benützt, für die verschiedenen Jahrhunderte notwendige Parameter
auszuwählen.

```c
/* gauss.c */

/* Berechnung des Ostersonntag nach Gauß für 1583 bis 2199 */

void main()
{
int jahr,mon,tag;
char *monat;

printf("\t----------------------\n");
printf("\t   Osterdatum nach Gauss\n");
printf("\t----------------------\n");

printf("Jahr zwischen 1583 und 2199 eingeben!\n");
scanf("%d",&jahr);
{
int m,n,a,b,c,d,e,f,g;
switch(jahr/100)
   {
   case 15 :
   case 16 : m=22, n=2, break;
   case 17 : m=23, n=3; break;
   case 18 : m=23, n=4; break;
   case 19 :
   case 20 : m=24, n=5; break;
   case 21 : m=24, n=6;
   }
a = jahr % 19;
b = jahr % 4;
c = jahr % 7;
d = (19*a+m) % 30;
e = (2*b+4*c+6*d+n) % 7;
f = 22+d+e;
g=d+e-9;
if (f<=31)
 {mon = 3; tag = f;}
else
  {
 if (g==26) g = 19;
 if (g==25 && d==28 && a>10) g=18;
 mon = 4; tag = g;
  }
}
monat = (mon == 3) ? "Maerz": "April";
printf(" Ostersonntag %d ist der %d.%s\n",jahr,tag,monat);
}
```

Zur Kontrolle kann man den Ostersonntag im Jahr 2000 berechnen. Es ergibt
sich der 23.April.

4.6 Die BREAK-Anweisung

Der BREAK-Befehl stellt eine Sprunganweisung aus der jeweiligen Schleife
bzw. SWITCH-Anweisung dar. Ist die Schleife bzw. Alternative einer weiteren
Schleife eingebettet, wird zur übergeordneten Kontrollstruktur gesprungen; der
Wert der Schleifenvariablen bleibt erhalten. Der folgende Programmausschnitt

durchsucht die Elemente des Feldes a nach dem Wert x; ist dieser gefunden, wird die Schleife verlassen.

```
for (i=0; i<N; i++)  /* Suchschleife nach x */
if (a[i]==x) break;
```

4.7 Die CONTINUE-Anweisung

Der CONTINUE-Befehl ist eine Sprunganweisung innerhalb einer Schleife, die die restlichen Schleifen-Anweisungen ignoriert und falls die Schleife noch nicht beendet ist, einen weiteren Schleifendurchgang startet. Der folgende Programmausschnitt zählt nur die Anzahl der positiven Elemente eines Feldes a, negative Werte oder Null werden übergangen.

```
positiv=0;
for (i=0; i<N; i++)
    { if (a[i]<=0) continue;
      positiv++; }
```

4.8 Die GOTO-Anweisung

The absence of goto's does not
always make a program better

GESCHKE u.a.

Der GOTO-Befehl ist einer der meist umstrittenen Bestandteile einer Programmiersprache. Die Streitschrift von E.DIJKSTRA "Goto considered harmful" war der Ausgangspunkt der sog. strukturierten Programmierung. Dieser GOTO-Befehl führt einen unbedingten Sprung an eine Sprungmarke (label) irgendwo innerhalb des selben Programmblocks aus. Sprungmarken haben Bezeichner wie Variable und müssen daher im Programm durch einen Doppelpunkt gekennzeichnet werden. Sie müssen nicht wie etwa in PASCAL als Sprungmarke (in Form einer label-Anweisung) deklariert werden. Da die GOTO-Anweisung die Logik und Kontrollstruktur eines Programms unterbricht, sollte sie nur in Ausnahmefällen benützt werden.

```
if (...) goto fehlerroutine;
.............................
fehlerroutine : ...........
```

4.9 Übungen

(4.1) Erklären Sie, warum folgender Ausdruck zu einer Endlosschleife führt

```
for(printf("%c",'A');printf("%c",'B');printf("%c",'C');
```

Was wird ausgegeben?

(4.2) Zeichnen Sie unter Benützung der Graphikzeichen (aus dem erweiterten ASCII-Zeichensatz) ein Schachbrett am Bildschirm.

(4.3) Die ägyptischen Bauern haben zwei ganze Zahlen a und b folgendermaßen multipliziert: a wurde solange ganzzahlig halbiert, und b gleichzeitig verdoppelt, bis a gleich Null wurde. Das Produkt ist dann die Summe aller Werte von b, für die a jeweils ungerade war. Schreiben Sie ein Programm dafür!

(4.4) Schreiben Sie ein Programm, daß alle Zahlen von 1 bis 250 ausdruckt, die weder durch 7 teilbar sind, noch die Ziffer 7 enthalten

(4.5) Die Zahl, die angibt, auf wieviele Möglichkeiten sich k aus n Dingen auswählen lassen, heißt Binomialkoeffizient "k aus n". Es gilt "6 aus 49" ist 13.983.816; dies ist die Anzahl aller möglichen Lottotips. Berechnen Sie den Binomialkoeffizienten "k aus n" aus dem iterativen Schema:

```
binom = 1;
wenn n>0, dann
        für i=1 bis n
        binom = binom*(k-i+1)/i
```

(*Hinweis*: Ganzzahlige Division!)

(4.6) ULAMsches Problem: Ausgehend von einer beliebigen ganzen Startzahl wird eine Folge von ganzen Zahlen nach folgenden Regeln erzeugt:

(1) Ist die Zahl 1, stop.

(2) Ist die Zahl gerade, wird sie halbiert. Gehe nach (1).

(3) Ist die Zahl ungerade, wird sie verdreifacht und um eins vermehrt. Gehe nach (1).

Für die Zahl 7, z.B., erhält man so die Folge: 7, 22, 11, 34, 17, 52, 26, 13, 40, 20, 10, 5, 16, 8, 4, 2, 1. Es konnte bisher nicht bewiesen werden, ob diese Folge für jede Zahl mit 1 endet. Man weiß nur aus Computer-Rechnungen, daß dies für alle Zahlen bis 2^{29} zutrifft.

5 Felder und Zeichenketten

5.1 Felder

Gleichartige Elemente wie Folgenglieder, Polynom-Koeffizienten, Vektorkomponenten usw. können zu **Feldern** zusammengefaßt werden. Felder werden wie folgt vereinbart:

```
#define MAX 25
int a[MAX];
double b[MAX];
char name[25];
```

Die obere Indexgrenze des Feldes muß jeweils eine Konstante sein, die untere ist automatisch null, da C stets bei Null zu zählen beginnt. Dies bedeutet, daß eine Feld a mit 25 Elementen die Komponenten a[0] bis a[24] besitzt. Felder können nur statisch initialisiert werden:

```
static float a[MAX] = {0};

static int tage_im_monat[12] =
{31,28,31,30,31,30,31,31,30,31,30,31};

static char monat[12] =
                {"Januar",
                "Februar",
                "März";
                "April",
                "Mai",
                "Juni",
                "Juli",
                "August",
                "September",
                "Oktober",
                "November"
                "Dezember" };
```

Dies bedeutet, daß Felder nicht in dem zugehörigen Block - z.B. innerhalb einer Funktion - als automatische Variable initialisiert werden können (vgl. Abschnitt 8). Möglich ist es auch, Felder als globale Variable zu initialisieren.

Mittels der TYPEDEF-Anweisung können für Felder von elementaren Datentypen auch neue Namen definiert werden:

```
typedef double POLYNOM[MAX];

typedef int VEKTOR[25];

typedef char STRING[25];
```

Damit wird POLYNOM als Feld vom double-Typ, VEKTOR als int-Feld und
STRING als Zeichenkette deklariert. Dies ermöglicht folgende (selbsterklä-
rende) Variablendefinitionen:

```
main()
 {
  POLYNOM f,g;
  VEKTOR a,b;
  STRING s;
 }
```

Die Elemente eines Feldes können über ihren Index angesprochen werden, z.B.

```
a[3] = 12;

printf("%d",a[5]);
```

Ebenso das ganze Feld mittels einer FOR-Schleife

```
for (i=0; i<100; i++)
   a[i]=i;          /* Initialisierung des Felds a */
```

Das Skalarprodukt zweier (dreidimensionaler) Vektoren a,b kann realisiert
werden durch:

```
/* Skalarprodukt */
for (s=0,i=0; i<4; i++)
  s += a[i]*b[i];
if (s==0) printf("Vektoren stehen senkrecht!")
```

Felder stehen in C in einem engen Zusammenhang mit Pointern (siehe Abschnitt 6). Ein Feldname a stellt nämlich einen Zeiger auf das nullte Element
a[0] dar. Damit ist es möglich, alle Feldelemente über einen Pointer *ptr* zu erreichen:

```
ptr = &a[0];
```

Das Element a[7], z.B., läßt sich dann als

```
*(ptr+7)
```

ansprechen. Aber dieser Feldzugriff über Zeiger setzt jedoch Kenntnis der
Pointer-Arithmetik voraus (vgl.6.3).

Beim Compilieren wird für jedes Feld ein fester zusammenhängender Speicherbereich reserviert. Um den dazu benötigten Platz bestimmen zu können, muß
die obere Indexgrenze des Feldes als Konstante festgelegt sein. Damit stellt der
Feldname einen konstanten Zeiger dar; eine spätere Zuweisung an einen konstanten Pointer ist nicht möglich. Dies ist ein grundlegender Unterschied zwischen Feldern und Pointern.

Soll ein Feld an eine Prozedur (durch call by reference) übergeben werden, ist
kein Adreß-Operator notwendig (vgl. dazu Abschnitt 7.5).

5.2 Zeichenketten

Zeichenketten (engl. *Strings*) sind Felder vom Typ char mit der Bedingung,
daß das Ende einer Zeichenkette durch das Zeichen '\0' (ASCII-0) gebildet
wird. Die Zeichenkette "hello" wird also folgendermassen gespeichert:

	'h'	'e'	'l'	'l'	'o'	'\0'
Byte	0	1	2	3	4	5

Die Länge des Feldes ist hier also 6. Eine Funktion zur Ermittlung der Stringlänge (ohne ASCII-Null) kann damit wie folgt realisiert werden

```
int strlen(char s[])
   {
   int i=0;
   while (s[i] != '\0')
         i++;
   return(i);
   }
```

Die ASCII-Null braucht bei Zeichenketten-Konstanten nicht eingegeben werden, dies wird vom Compiler ausgeführt.

```
char meldung[17] = "Falsche Eingabe!";
```

Obige Fehlermeldung hätte auch als meldung[50] definiert werden können, da
das Ende des Strings durch die ASCII-Null signalisiert wird. Kann die Länge
einer Zeichenkette nicht fixiert werden, so muß sie als Zeiger realisiert werden:

```
char string1[25]; *string2;
...............
string1 = "Dies ist ein Test!";   /* falsch */
string2 = "Dies ein weiterer!";   /* richtig */
```

Die erste Wertzuweisung ist nicht möglich, da das Feld ein konstanter Pointer
ist. Im zweiten Fall wurde wegen des Zeigers noch kein Speicherplatz belegt.
Diese Belegung erfolgt nun an geeigneter Stelle; der Zeiger string2 lokalisiert
dies. Im ersten Fall wird man die Wertzuweisung mit der Zeichenket-
tenfunktion strcpy() ausführen:

```
strcpy(string1,"Dies ist ein Test!");
```

5.3 Mehrdimensionale Felder

Zweidimensionale Felder kommen in der Programmierpraxis häufig vor. In der Mathematik treten sie als Matrizen oder Determinanten auf und in der Wirtschaft als Umsatztabellen, Tilgungspläne und dergleichen. Auch das Schachbrett und magische Quadrate sind solche zweidimensionalen Tabellen, wobei beim Schachbrett auch Buchstaben als Koordinaten verwendet werden.

Bei mehrdimensionalen Feldern ist zu beachten, daß für jede Dimension eine eigene Klammer zu setzen ist.

```
int a[5][5];
float tabelle[10][10];
```

Auch bei mehrdimensionalen Feldern findet die TYPEDEF-Anweisung Anwendung

```
#define N=4;
typedef double MATRIX[N][N];
```

Diese mehrfache Setzung der Klammer [] ist notwendig, da die Schreibweise a[2,3] nämlich wegen des sog. Kommaoperators als eindimensionales Feld a[] interpretiert wird.

Neben zweidimensionale Felder treten auch dreidimensionale auf. So könnte z.B.

```
umsatz[jahr][vertr][plz]
```

der Umsatz einer Firma sein, den sie im Jahr *jahr* durch den Vertreter *vertr* im Postleitzahlbereich *plz* erzielt hat.

5.4 Sortieren und Suchen in Listen

Die häufigste Tätigkeit mit Listen ist das Sortieren. Man sagt, daß 80% aller Rechner mit Sortieren und Suchen von Daten beschäftigt sind. Als Beispiel soll das Sortieren von Listen mit dem Verfahren von D.L.SHELL gezeigt werden.

Betrachtet wird die Liste:

```
1       88      75      62      49      36      23      10      97      84
71      58
```

mit 12 Elementen. Zunächst werden jeweils die Elemente im Abstand 6 paarweise miteinander verglichen und vertauscht, wenn die kleinere rechts von der größeren steht. Zunächst wird das Paar (1,23), dann (88,10) verglichen. Vertauschen der letzten beiden liefert:

```
1       10      75      62      49      36      23      88      97      84
71      58
```

Entsprechend werden noch alle weitere Paare mit dem Abstand 6 geprüft, jedoch ist keine Vertauschung mehr nötig. Nun wird der Abstand auf 3 halbiert. Es werden somit die Paare (1,62), (10,49), (75,36) verglichen. Austauschen des letzten Paares ergibt:

```
1       10      36      62      49      75      23      88      97      84
71      58
```

Nunmehr werden sukzessive vertauscht (62,23), (88,71) und (97,58). Dies führt zur Liste:

```
1       10      36      23      49      58      62      71      75      84
88      97
```

Ganzzahlige Halbierung der Schrittweite ergibt den Wert 1. Durchläuft man die Liste und vertauscht - wenn notwendig - die Elemente im Abstand 1; d.h. benachbarte Elemente, so erhält man das fertig sortierte Feld:

```
1       10      23      36      49      58      62      71      75      84
88      97
```

Der Algorithmus von SHELL kann in C sehr elegant mit Hilfe dreier Schleifen realisiert werden. Die äußerste Schleife steuert den Abstand *gap*, die nächste durchläuft alle Listenelemente und die innerste steuert das Austauschen der Listenelemente.

```c
/* shell.c */

#define ANZAHL 100

void main()
{
int i,list[ANZAHL];
void listenausgabe();
void shell();

for (i=0; i< ANZAHL; i++)
      list[i] = (87*i+1) % ANZAHL;
printf("unsortiert:\n");
listenausgabe(list);
shell(list,ANZAHL);
printf("\nsortiert:\n");
listenausgabe(list);
}

void shell(int a[],int n)
{
register int gap,i,j,h;
```

```
    for (gap=n/2; gap>0 ; gap /=2)
      for (i=gap; i<n ; i++)
        for (j=i-gap; j>=0 && a[j]>a[j+gap]; j -= gap)
            {
            h=a[j]; a[j]=a[j+gap]; a[j+gap]=h;
            }
return;
}

void listenausgabe(int x[])
{
register int i;
for (i=0; i< ANZAHL; i++)
  printf("%4d",x[i]);
printf("\n");
return;
}
```

Ein der schnellsten Suchmethoden in bereits sortierten Daten stellt die sog.
Binärsuche dar. Hier wird durch Vergleich mit dem mittleren Wert (*Median*
genannt) geprüft, ob der gesuchte Wert in der ersten oder zweiten Hälfte der
Liste liegt. Sodann wird in der entsprechende Hälfte wiederum durch Vergleich
mit dem Median die zu durchsuchende Liste auf ein Viertel beschränkt. Setzt
man dieses Halbierungsverfahren fort, bis der Suchbereich nur noch ein Element umfaßt, so läßt sich der Erfolg der Suche durch einen letzten Vergleich
bestimmen : Ist das letzte Element gleich dem gesuchten, so war die Suche
erfolgreich, andernfalls vergeblich.

Da bei jedem Schritt die Hälfte der zu durchsuchenden Elemente ausgeschieden
wird, können in n Schritten Listen mit

$$2^n \text{ Elementen}$$

durchsucht werden. Wegen

$$2^{20} > 1.000.000$$

können also in nur 20 Schritten sortierte Listen mit einer Million(!) Einträgen
durchsucht werden.

Die Binärsuche wird man später als separate Prozedur programmieren:

```
/* bsearch2.c */

#define ANZAHL 50

void main()
{
int i,j,n,key,pos,lo,hi;
int x[ANZAHL];
```

```
printf("Wieviele Elemente (max.%d)? ",ANZAHL);
scanf("%d",&n);
printf("Eingabe der sortierten Liste: \n");
for (i=0; i<n; i++)
  {
  printf("Eingabe des %d.Elements ",i+1);
  scanf("%d",&x[i]);
  }
printf("Nach welchem Element soll gesucht werden? ");
scanf("%d",&key);
lo=0,hi=n;
while (hi-lo > 1)    /* Binaersuche */
  {
  j = (lo+hi)/2;
  if (key<x[j]) hi = j;
  else lo=j;
  }
pos = (key==x[lo]) ? lo  : -1;
if (pos>=0)
  printf("Gesuchtes Element an %d.ter Stelle\n",++pos);
else
  printf("Gesuchtes Element nicht gefunden!\n");
}
```

Die Binärsuche ist ein so wichtiges Verfahren, daß es auch in die Bibliothek
von C bzw. UNIX aufgenommen wurde. Der Prototyp lautet (vgl. Abb. 17.10):

```
void *bsearch(const void *key,const void  *base, size_t num, size_t
width, int (*compare)())
```

Mit Hilfe dieser Funktion kann in beliebig geordneten Liste gesucht werden.
Zum Vergleich der Elemente muß die Funktion compare angegeben werden.
Das Suchen eines Buchstabens im Alphabet zeigt das Programm:

```
/* bsearch.c */

#define TURBOC

#ifdef TURBOC
#include <stdlib.h> /* für Turbo C */
#else
#include <search.h> /* für Microsoft C */
#endif
#include <ctype.h>

char *alphabet="ABCDEFGHIJKLMNOPRSTUVWXYZ";

void main()
{
char ch,*p;
void *bsearch();
int comp();

printf("Geben Sie ein Zeichen ein! ");
scanf("%c",&ch);
ch = toupper(ch);
p = (char *)bsearch(&ch,alphabet,29,1,comp);
if (p) printf("%c ist im Alphabet enthalten\n",ch);
else printf("%c ist nicht im Alphabet enthalten\n",ch);
}
```

```
int comp(char *ch,char *s)
{
return *ch-*s;
}
```

5.5 Tabellen

Auch zweidimensionale Tabellen können als Felder geführt werden. Als anschauliches Beispiel einer solchen Tabelle werden die magischen Quadrate gewählt (vgl. Abb. 5.1). Eine quadratische Anordnung von n Zahlen heißt **magisches Quadrat** der Ordnung n, wenn das Quadrat die Zahlen

$$1 \text{ bis } n^2$$

so enthält, daß die Summe aller Zeilen, aller Spalten und der beiden Diagonalen denselben Wert - *magische Zahl* genannt - hat. Die Ordnung des untenstehenden Quadrats ist 9, die magische Zahl ist 369.

Ein Verfahren zur Bestimmung magischer Quadrate *ungerader* Ordnung stammt von De La LOUBERE, der es 1687 aus China mitbrachte. Ausgehend vom Mittelfeld der ersten Zeile geht man im *Normalschritt* jeweils ein Kästchen schräg nach rechts oben. Gelangt man an den oberen Rand, geht man in die unterste Zeile; entsprechend springt man in die erste Spalte, wenn man den rechten Rand des Quadrats erreicht. In dem Fall, daß der Normalschritt auf ein schon besetztes Feld führt oder in das Feld rechts oben und außen, so liegt das nächste Feld unmittelbar senkrecht unter dem vorhergehenden.

47	58	69	80	1	12	23	34	45
57	68	79	9	11	22	33	44	46
67	78	8	10	21	32	43	54	56
77	7	18	20	31	42	53	55	66
6	17	19	30	41	52	63	65	76
16	27	29	40	51	62	64	75	5
26	28	39	50	61	72	74	4	15
36	38	49	60	71	73	3	14	25
37	48	59	70	81	2	13	24	35

Abb.5.1 Magisches Quadrat der Ordnung 9

Eine mögliche Programmierung ist:

```
/* magic.c */

#define MAX 26
#define MAGISCH_ZAHL(x) (int)((x*x*x+x)/2)

int  a[MAX][MAX];

void main()
{
int  n;
void magquad(int);

printf("Welche Ordnung (ungerade max.%d)? ",MAX-1);
scanf("%d",&n);
if (n % 2 ==0) n++;
magquad(n);
printf("\nMagische Zahl = %d",MAGISCH_ZAHL(n));
}

void magquad(int n)
{
int  i=1,c,j=(n+1)/2;
for (c=1 ; c <= n*n ; c++)
  {
  a[i][j] = c;
  if (!(c % n)) i++;
  else
    {
    i = (i==1)? n:i-1;
    j = (j==n)? 1:j+1;
    }
  }
for (i=1 ; i<=n ; i++)
  { /* Ausgabe */
  for (j=1 ; j<=n ; j++)
    printf("%4d",a[i][j]);
  printf("\n");
  }
return;
}
```

5.6 Mengen

Da C nicht den Mengentyp wie Pascal kennt, werden Mengen ebenfalls durch
Felder realisiert. Gehört das positive Element i zur Menge A, so setzt man
a[i]=1, anderenfalls a[i]=0. Die Werte 0 und 1 lassen sich hier auch als Wahr-
heitswerte auffassen. Diese Mengen-Realisierung setzt man z.B. beim Prim-
zahlsieb des ERATOSTHENES ein.

```
/* sieb.c */

/* Sieb des Eratosthenes  */
```

```c
#define SIZE 8190
#define TRUE 1
#define FALSE 0
/*  Primzahlsieb bis 2*SIZE+3  */
int flags[SIZE+1];
void main()
{
int i,k,prime,count=1;
for (i = 0; i <= SIZE; i++)
    flags[i] = TRUE;   /* Sieb füllen */

printf("%8c",'2');   /* einzige gerade Primzahl */
for (i = 0; i <= SIZE; i++)
    if (flags[i])  /* Primzahl gefunden */
    {
       prime = i+i+3;
       k = i + prime;
       while (k <= SIZE)
        {
            flags[k] = FALSE;  /* Vielfache aussieben */
          k += prime;
         }
    count++;
    /* für Benchmark entfällt Ausgabe */
    printf("%8d",prime);
    }
printf("\n%d primes found\n",count);
}
```

Die obere Grenze ist dem bekannten Benchmark-Programm der Zeitschrift
BYTE entnommen. Das dort gegebene Benchmark-Programm ist jedoch mathematisch nicht korrekt und liefert über 800 "Primzahlen" zuviel. Wie man mit
dieser Mengen-Realisierung auch Mengenoperationen durchführen kann, zeigt
das Beispiel:

```c
/* menge.c */
/* Simulation von Mengen mit Hilfe von Feldern */
#define MAX 50
typedef char MENGE[MAX];

MENGE t36,t48 = {0};
void main()
{
MENGE schnitt,verein,rest;
void teilermenge(int,MENGE);
void schnittmenge(MENGE,MENGE,MENGE);
void vereinigungsmenge(MENGE,MENGE,MENGE);
void restmenge(MENGE,MENGE,MENGE);
void mengenausgabe(MENGE);

teilermenge(36,t36);
printf("Teilermenge T36:\n");
mengenausgabe(t36);
```

```c
  teilermenge(48,t48);
  printf("Teilermenge T48:\n");
  mengenausgabe(t48);

  schnittmenge(t36,t48,schnitt);
  printf("Schnittmenge T36 %c T48:\n",239);
  mengenausgabe(schnitt);

  vereinigungsmenge(t36,t48,verein);
  printf("Vereinigungsmenge T36 U T48:\n");
  mengenausgabe(verein);

  restmenge(t48,t36,rest);
  printf("Restmenge T48 \\ T36:\n");
  mengenausgabe(rest);
}

void teilermenge(int zahl,MENGE a)
{
register int i;
for (i=1; i<MAX; i++)
  a[i] = (zahl % i ==0);
}

void schnittmenge(MENGE a,MENGE b,MENGE c)
{
register int i;
for (i=1; i<MAX; i++)
  c[i] = a[i] && b[i];
}

void vereinigungsmenge(MENGE a,MENGE b,MENGE c)
{
register int i;
for (i=1; i<MAX; i++)
  c[i] = a[i] || b[i];
}
void restmenge(MENGE a,MENGE b,MENGE c) /* A ohne B */
{
register int i;

for (i=1; i<MAX; i++)
  c[i] = a[i] && !b[i];
}

void mengenausgabe(MENGE a)
{
register int i;
printf("{");
for (i=1; i<MAX; i++)
  if (a[i]) printf("%4d",i);
printf("%3c\n\n",'}');
}
```

Zur Bestimmung der Schnitt- und Vereinigungsmengen sind hier die Operatoren "&&" (logisches Und), "||" (logisches Oder) und die logische Verneinung "!" verwendet worden (vgl.Abschnitt 9).

5.7 Umrechnung ins Binärsystem

Da die Umrechnung einer Dezimalzahl ins Oktal- bzw. Hexadezimal-System bereits in C integriert ist, soll hier die Verwendung von Feldern bei der Umrechnung ins **Binär–(Dual)-System** behandelt werden. Der Algorithmus läuft gemäß Abb. 5.2 ab.

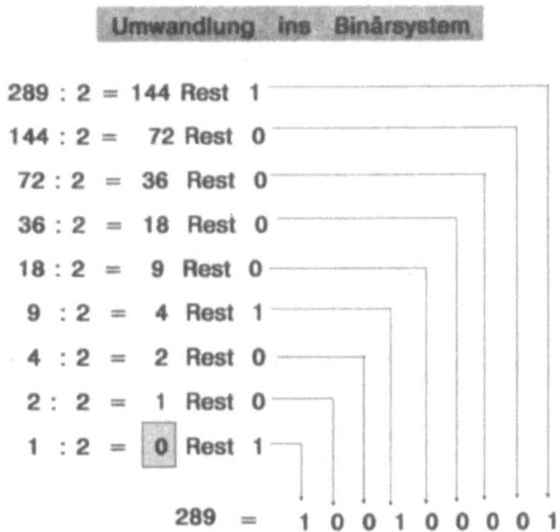

Abb.5.2 Umrechnung ins Binärsystem

Die anfallenden Divisionsreste werden in einer Liste x gespeichert und rückwärts ausgedruckt. Dies führt zum nachstehenden Programm:

```c
/* binaer.c */

/* Umwandlung einer long-Zahl ins Binärsystem */

void main()
{
unsigned long int dez;
int i,l=0,x[32];

printf("Gib Dezimalzahl ein! ");
scanf("%lU",&dez);
printf("%lu = ",dez);

while (dez)
  {
  x[l++] = dez % 2;
  dez /= 2L;
  }
for (i=l-1; i>=0; i--)
  (i%4) ? printf("%d",x[i]) : printf("%d ",x[i]);
puts(" ");
}
```

Bei der Ausgabe wird die Binärzahl in Viererblöcke geteilt. Wandelt man diese Viererblöcke (oder Halb-Bytes) in Hexadezimalzahlen um, so erhält man die Darstellung der Zahl im Zahlsystem zur Basis 16. Analog kann eine Binärzahl ins Oktalsystem umgewandelt werden, wenn die Binärstellen in Dreier-Blöcken jeweils in Oktalziffern umgewandelt werden.

5.8 Polynome

Ein Polynom

$$a_n x^n + a_{n-1} x^{n-1} + .. + a_2 x^2 + a_1 x + a_0$$

kann als Feld seiner Koeffizienten gespeichert werden:

$$a[n], a[n-1], a[n-2], .. , a[1], a[0];$$

n heißt der Polynomgrad von a für a[n] ungleich Null. Das Feld

$$a[4]=1, a[3]=0, a[2]=-3, a[1]=4, a[0]=-1;$$

stellt somit das Polynom

$$x^4 - 3x^2 + 4x - 1$$

dar. Ein Verfahren zur Funktionswert-Berechnung eines Polynoms, daß ohne Potenzierung auskommt, wird nach W.HORNER benannt.

```c
/* horner.c */

/* Hornerschema zur Auswertung eines Polynoms */

typedef double POLYNOM[25];

void main()
{
POLYNOM a;
int i,N;
double f,x;

printf("Polynomgrad? ");
scanf("%d",&N);
printf("\nEingabe der Polynomkoeffizienten\n");
for (i=N; i>=0; i--)
  {
  printf("Koeffizient von x^%d ",i);
  scanf("%lf",&a[i]);
  }
printf("\nx-Wert? ");
scanf("%lf",&x);
```

```
   f = a[N];          /* Horner-Schema */
   for (i=N-1; i>=0; i--)
     f = f*x + a[i];
   printf("\nFunktionswert = %lf",f);
   }
```

Der Funktionswert f(2) von

$$f(x) = x^4 - 3x^2 + 4x - 1$$

ist somit 11. Auch die Stellenwert-Schreibweise verwendet die Polynomdar-
stellung. Die Dezimalzahl 124765 stellt nämlich nur eine verkürzte Schreibweise für

$$1{\cdot}10^5 + 2{\cdot}10^4 + 4{\cdot}10^3 + 7{\cdot}10^2 + 6{\cdot}10^1 + 5{\cdot}10^0$$

dar. Entsprechend ist die Binärzahl 1011001 gleich

$$1{\cdot}2^6 + 0{\cdot}2^5 + 1{\cdot}2^4 + 1{\cdot}2^3 + 0{\cdot}2^2 + 0{\cdot}2^1 + 1{\cdot}2^0$$

Binärzahlen lassen sich somit mittels HORNER-Schema ins Dezimalsystem um-
wandeln.

5.9 Matrizen

Matrizen sind zweidimensionale Felder, für die eine Addition und Multiplikation definiert sind. Stimmt die Zeilenzahl einer Matrix mit ihrer Spaltenzahl
überein, heißt sie *quadratisch*. Die Anzahl der Spalten bzw. Zeilen einer qua-
dratischen Matrix nennt man auch die *Ordnung* der Matrix. Die Addition zweier Matrizen A, B gleicher Ordnung geschieht elementweise:

```
   /* Matrizenaddition A+B=C */
   for (i=0; i<N; i++)
   for (j=0; j<N; j++)
     c[i][j] = a[i][j]+b[i][j];
```

Die Multiplikation zweier quadratischer Matrizen A*B läuft nach dem Schema,
daß jede Zeile von A mit jeder Spalte von B multipliziert wird. Die Matrizen A
und B werden hier als statische Variable initialisiert; dies ist gleichzeitig ein
Beispiel wie mehrdimensionale Felder vorbelegt werden können:

```
   /* matrix.c */

   #define N 3
   typedef int MATRIX[N][N];
```

```c
void main()
{
int i,j,k,sum;
MATRIX c;
static MATRIX a = {
           { -2, 0, 5 },
           { 1, -3, 4 },
           { 0, 3, -1 },
           };
static MATRIX b = {
           { 3, -1, 1 },
           { 2,  2, 0 },
           { -2, 1, 4 },
           };

/* Multiplikation quadratischer Matrizen */
for (i=0; i<N; i++)
for (j=0; j<N; j++)
 {
  sum = 0;
  for (k=0; k<N; k++)
          sum += a[i][k]*b[k][j];
  c[i][j] = sum;
 }

/* Matrizenausgabe */
for (i=0; i<N; i++)
  {
  for (j=0; j<N; j++)
          printf("%5d",c[i][j]);
  printf("\n");
  }
}
```

Das Ergebnis ist

$$
A*B = \begin{vmatrix} -16 & 7 & 18 \\ -11 & -3 & 17 \\ 8 & 5 & -4 \end{vmatrix}
$$

Vertauscht man aber A und B, so erhält man

$$
B*A = \begin{vmatrix} -7 & 6 & 10 \\ -2 & -6 & 18 \\ 5 & 9 & -10 \end{vmatrix}
$$

Daran sieht man, daß das Matrizenprodukt *nicht* kommutativ ist.

5.10 Übungen

(5.1)   Schreiben Sie ein Programm, das die Quersumme (= Summe aller Ziffern) einer ganzen Zahl berechnet.

Hinweis : Lesen Sie die Zahl als String ein!

(5.2)   Ein Polygon (Vieleck) mit n Ecken hat in einem Koordinatensystem die Eckpunkte (x_1,y_1), (x_2,y_2), ..,(x_n,y_n).

Der Flächeninhalt A des Polygons ergibt sich aus der Formel von GAUSS:

$$A=((x_1+x_2)*(y_1\text{-}y_2)+(x_2+x_3)*(y_2\text{-}y_2)+..+(x_n+x_1)*(y_n\text{-}y_1))/2$$

wenn die Eckpunkte im mathematischen Drehsinn durchlaufen werden. Schreiben Sie ein Programm dazu!

(5.3)   Ermitteln Sie durch 4 verschachtelte FOR-Schleifen alle möglichen Augensummen von 4 Würfeln. Speichern Sie diese Augensummen in einem Feld, und stellen Sie dies graphisch dar.

(5.4)   Schreiben Sie ein Programm, das eine gültige römische Zahl ins Dezimalsystem umrechnet. Die römischen Ziffern sind:

M = 1000, D = 500, C = 100, L = 50, X = 10, V = 5, I = 1.

Hinweis: Steht links von einer Ziffer a die kleinere Ziffer b, so muß der Wert von b subtrahiert werden.

Beispiel: CXC = 190, aber CCX = 210.

(5.5)   Der folgende Dauerkalender findet sich in manchen Taschenkalendern. Schreiben Sie ein Programm, daß durch Auswerten dieser Tabelle zu jedem beliebigem Datum den zugehörigen Wochentag bestimmt!

Dauerkalender von 1901 bis 2050

Jahre 1901–2000				2001–2050			Monate J	F	M	A	M	J	J	A	S	O	N	D
	25	53	81		09	37	4	0	0	3	5	1	3	6	2	4	0	2
	26	54	82		10	38	5	1	1	4	6	2	4	0	3	5	1	3
	27	55	83		11	39	6	2	2	5	0	3	5	1	4	6	2	4
	28	56	84		12	40	0	3	4	0	2	5	0	3	6	1	4	6
01	29	57	85		13	41	2	5	5	1	3	6	1	4	0	2	5	0
02	30	58	86		14	42	3	6	6	2	4	0	2	5	1	3	6	1
03	31	59	87		15	43	4	0	0	3	5	1	3	6	2	4	0	2
04	32	60	88		16	44	5	1	2	5	0	3	5	1	4	6	2	4
05	33	61	89		17	45	0	3	3	6	1	4	6	2	5	0	3	5
06	34	62	90		18	46	1	4	4	0	2	5	0	3	6	1	4	6
07	35	63	91		19	47	2	5	5	1	3	6	1	4	0	2	5	0
08	36	64	92		20	48	3	6	0	3	5	1	3	6	2	4	0	2
09	37	65	93		21	49	5	1	1	4	6	2	4	0	3	5	1	3
10	38	66	94		22	50	6	2	2	5	0	3	5	1	4	6	2	4
11	39	67	95		23		0	3	3	6	1	4	6	2	5	0	3	5
12	40	68	96		24		1	4	5	1	3	6	1	4	0	2	5	0
13	41	69	97		25		3	6	6	2	4	0	2	5	1	3	6	1
14	42	70	98		26		4	0	0	3	5	1	3	6	2	4	0	2
15	43	71	99		27		5	1	1	4	6	2	4	0	3	5	1	3
16	44	72	00		28		6	2	3	6	1	4	6	2	5	0	3	5
17	45	73		01	29		1	4	4	0	2	5	0	3	6	1	4	6
18	46	74		02	30		2	5	5	1	3	6	1	4	0	2	5	0
19	47	75		03	31		3	6	6	2	4	0	2	5	1	3	6	1
20	48	76		04	32		4	0	1	4	6	2	4	0	3	5	1	3
21	49	77		05	33		6	2	2	5	0	3	5	1	4	6	2	4
22	50	78		06	34		0	3	3	6	1	4	6	2	5	0	3	5
23	51	79		07	35		1	4	4	0	2	5	0	3	6	1	4	6
24	52	80		08	36		2	5	6	2	4	0	2	5	1	3	6	1

Wochentage

M		2	9	16	23	30	37
D		3	10	17	24	31	
M		4	11	18	25	32	
D		5	12	19	26	33	
F		6	13	20	27	34	
S		7	14	21	28	35	
S	1	8	15	22	29	36	

Anwendung:

Beispiel: Auf welchen Wochentag fiel der 25. Juli 1954?

Lösung: Man gehe von der Jahrestafel aus und suche für das Jahr 1954 in der Monatstafel unter Juli die zugehörige Monatskennzahl (4); zuzüglich der Zahl des gesuchten Wochentages (25) ergibt sich die Schlüsselzahl (4 + 25 = 29), für die man in der Wochentagstafel den Sonntag als den gesuchten Wochentag findet.

Abb. 5.3 Dauerkalender

6 Pointer

*The introduction of references
into a high-level language is a
serious retrograde step.*

HOARE

6.1 Was sind Pointer?

Von vielen Leuten werden **Pointer** als das Kapitel der Programmiersprache C
betrachtet, das am schwierigsten zu verstehen ist. Wie das obenstehende Zitat
von HOARE zeigt, lehnen einige Informatiker das Arbeiten mit Zeigern als
Rückschritt in die Assemblerzeit generell ab. Dies kommt zum einen daher, daß
viele Programmiersprachen wie Basic oder Fortran überhaupt keine Pointer
kennen und neuere Sprachen - wie Pascal - den Gebrauch von Pointern wesentlich einschränken. Zum anderen gilt, daß durch die in C verwendete Syntax für
Pointer das Verständnis des Lernenden nicht gerade erleichtert wird.

Was ist nun ein Pointer?

Ein Pointer oder Zeiger eröffnet die Möglichkeit direkt auf die **Adresse** einer
Variablen zu zugreifen und gegebenennfalls auch den Wert einer Variablen zu
verändern. Um eine Variable von irgendeinem Typ zu verwalten, muß der
Rechner nicht nur ihren **Wert** v, sondern auch noch ihren **Speicherplatz** &v
(meist Adresse genannt) kennen. Der einstellige Operator & heißt daher Adreß-
Operator (oder Referenzoperator).

Abb. 6.1 Pointer und Adressen

Damit in C - im Gegensatz zu den meisten anderen Programmiersprachen - explizit mit Adressen gerechnet werden kann, führt man diese Pointer ein. Durch die folgende Deklaration

```
int *ip;
float *fp;
char *cp;
```

werden drei Variablen ip,fp und cp erklärt. ip ist vom Typ Pointer auf int (d.h. ip zeigt auf eine ganze Zahl), fp ist ein Pointer auf float und entsprechend cp ein Pointer auf char. Der Wertebereich einer Pointervariablen beginnt bei 0 und schließt alle positiven int-Werte ein, die im jeweiligen Rechner im jeweiligen Speichermodell als Maschinen-Adressen interpretiert werden können. Zu beachten ist, daß durch die Deklaration einer Pointervariablen noch kein Speicherplatz reserviert worden ist. Dies geschieht erst durch die Zuweisungen:

```
ip = &i;
fp = &x;
cp = &c;
```

ip zeigt hier auf die ganze Zahl i, fp auf die Zahl x vom Typ float und cp auf das Zeichen c. Ein besonderer Pointer ist derjenige der auf "Nichts" zeigt:

```
p = NULL;
```

Die Konstante NULL = '\0' ist bei den meisten Compilern in der Datei "stdio.h" vordefiniert. Die Zuweisung

```
p = &v
```

ist (fast) gleichbedeutend zu

```
*p = v
```

Der Stern vor der Variablen dient als Dereferenzierungs- oder **Verweis**operator und darf nicht mit dem Multiplikationszeichen verwechselt werden. Er ist in gewisser Weise der inverse Operator zu &. Aus

```
p = &x;
*p = x;
```

folgt nämlich

```
p = &(*p);
```

Dies bedeutet, daß sich die Operatoren & und * in ihrer Wirkung gegenseitig aufheben. Dies läßt sich leicht mit einem kleinen Programm nachvollziehen:

```c
/* point.c */

void main()
{
int i=7,*int_ptr;

int_ptr = &i;
printf("Zuordnung int_ptr=&i :\n");
printf("Der Pointer zeigt auf den Wert %d\n",*int_ptr);
printf("Die Adresse von i ist %d\n\n",int_ptr);

*int_ptr = i;
printf("Zuordnung *int_ptr=i :\n");
printf("Der Pointer zeigt auf den Wert %d\n",i);
printf("Die Adresse von i ist %d\n",&i);
}
```

Jedoch kann

```c
  *int_ptr = i
```

nicht als Initialisierung einer Pointers dienen. Dies zeigt folgendes Programm:

```c
main()
{
int i=10, *p;

*p = i; /* ungültige Initialisierung */
printf("Wert= %d Adresse= %d",*p,p);
}
```

Ein Code dieser Art kann wegen der ungültigen Initialisierung des Pointers zum Programmabbruch oder u.U. sogar zum Systemabsturz führen, falls der Pointer zufällig in den Speicherbereich des Betriebssystems weist.

Ebenso ist die Verwendung von Pointern auf Variablen vom typ char oder float erlaubt:

```c
/* point2.c */

/* Pointer auf verschiedene Datentypen */

void main()
{
int   i=7,*int_p;
float x=1.5,*float_p;
char  c='A',*char_p;

int_p = &i;
float_p = &x;
char_p = &c;

printf(" Wert von i = %d",*int_p);
printf(" Adresse von i = %d\n",int_p);
printf(" Wert von x = %f",*float_p);
printf(" Adresse von x = %d\n",float_p);
printf(" Wert von c = %c",*char_p);
printf(" Adresse von c = %d\n",char_p);
}
```

Neben den Pointern auf einfache Datentypen gibt es in C auch Zeiger auf höhere Datentypen, wie Verbunde und Strukturen, und auf Funktionen. Dies wird in späteren Abschnitten gezeigt.

6.2 Pointer und Felder

Wie schon im Kapitel Felder erwähnt wurde, stellt jede Feldvariable die Adresse des ersten Feldelements, d.h. einen Zeiger auf das erste Feldelement dar. Ist a ein int-Feld und p ein entsprechender Pointer, so ist folgende Zuweisung möglich:

```
p = a;    /* oder */
p = &a[0];
```

Die umgekehrte Zuordnung ist nicht möglich,

```
a = p; /* falsch */
```

da a auf einen festen Speicherplatz weist und daher ein konstanter Pointer ist. Dagegen kann ein Zeiger p auf verschiedene Adressen zeigen. Gilt p = &a[0], so liefert z.B. p++ die Adresse von a[1]. Allgemein gilt:

```
p+i = &a[i];    /* bzw. */
*(p+i) = a[i];
```

Das folgende Programm zeigt auf zwei Arten, wie durch Weitersetzen eines Pointers alle Werte und Adressen eines Feldes durchlaufen werden können

```
/* point3.c */

/* Zusammenhang von Feldern und Pointern */

#define ANZAHL 10

void main()
{
int i,a[ANZAHL],*p;
for (i=0; i < ANZAHL; i++) a[i]=i;

p = a;
for (i = 0; i < ANZAHL; i++)
        printf("%d %d\n",*(p+i),p+i);

for (p = a; p < &a[ANZAHL]; p++)
        printf("%d %d\n",*p,p);
}
```

6.3 Pointer-Arithmetik

Pointer arithmetic is a popular
pastime for system programmers.

GESCHKE u.a.(1977)

Wie soeben gezeigt, können Ausdrücke, wie

```
p++;
p+i;
p += i;
```

einen Sinn haben, wenn p ein Pointer auf den Typ der Feldelemente ist. Zu beachten ist, daß durch Rechnen mit Pointern auch der Wert von Variablen geändert werden kann, **ohne** daß es zu einer expliziten Wertzuweisung an diese
Variablen kommt. Dies demonstriert das Programm:

```
/* ptradd.c */

void main()
{
int x=3, y=4,*p,*q;

printf("x = %d y = %d\n",x,y);
p = &x; q = &y;
*p += 7; *q += 7; /* Vorsicht */
printf("x = %d y = %d\n",x,y);
}
```

Das Programm liefert für x und y zunächst die Werte 3 bzw. 4, dann die Werte
10 bzw. 11. Dies zeigt, daß ohne Wertzuweisung an x bzw. y tatsächlich deren
Werte geändert wurden. Es ist klar, daß die Anwendung solcher Programmier-
tricks zu schwer lesbaren Programmen führen kann.

Neben der Addition von Pointern, läßt sich auch deren Subtraktion erklären.
Sind p und q Pointer auf den Typ der Feldelemente von a, so liefert die Differenz p-q mit

```
p = &a[i]; q = &a[j];
```

die Anzahl der Feldelemente zwischen a[i] und a[j] als int-Wert. Diese Anzahl
stimmt jedoch **nicht** mit der numerischen Differenz aus den Adreßwerten &a[j]-
&a[i] überein! Dieser Sachverhalt läßt sich analog an Variablen vom Typ float
zeigen:

```
/* ptrsub.c */

/* Pointer-Arithmetik ist nicht Integer-Arithmetik */
```

```
void main()
{
float x = 1.5,*p,*q;

p = &x; q = p++;
printf("%d %d\n",q-p,(int)q-(int)p);
}
```

Der Programmausgabe "1 4" zeigt, daß gilt

```
(int)(q-p) = 1
```

jedoch

```
(int)p -(int)q = 4
```

Dies zeigt deutlich, daß es sich bei der Pointer-Arithmetik *nicht* um eine Integer-Arithmetik handelt. Der Unterschied erklärt sich leicht. q zeigt auf das nächste Element nach p, daher ist

```
q - p = 1
```

Dagegen werden zur Speicherung der float-Variablen x vier Byte benötigt, die Differenz der Adressen ist somit 4.

Nach der ANSI C-Norm sind ebenfalls Vergleichsoperatoren für Pointervariablen gleichen Typs definiert.

```
p < q
```

ist genau dann wahr, wenn die Adresse, auf die p zeigt, kleiner ist als diejenige von q. Ein häufig vorkommender Vergleich ist der Test, ob ein Pointer auf Null zeigt:

```
if (p == NULL) /* oder */
if (!p)
```

6.4 Pointer und Zeichenketten

Der im Abschnitt 6.2 erklärte Zusammenhang von Pointern und Feldern überträgt sich entsprechend auch auf Zeichenketten. Damit sind folgende zwei Deklarationen (fast) identisch

```
char str1[] = "Romeo & Julia";
char *str2 = "Romeo & Julia";
```

Der einzige Unterschied ist, daß str1 ein konstanter Pointer ist im Gegensatz zu
str2. Dem String str1 kann also mittels

```
    str1 = str2
```

keine neue Zeichenkette zugeordnet werden:

```
char str1[] = "Romeo und Julia    ";
char str2[] = "Gajus Julius Caesar";
str1 = str2;        /* falsch */
strcpy(str1,str2); /* richtig */
```

Vielmehr muß hier die Stringfunktion strcpy() angewandt werden.

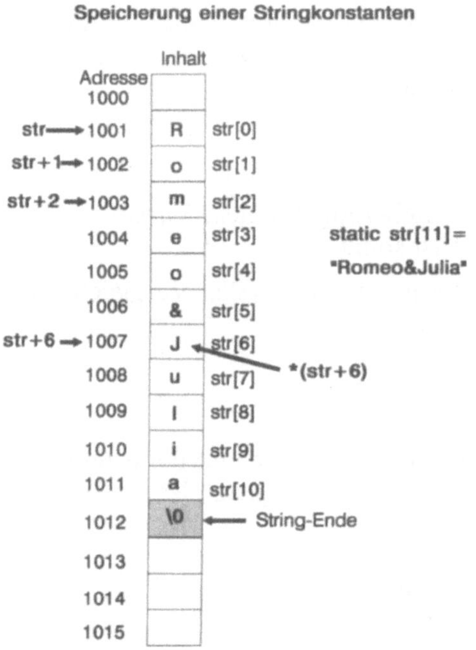

Abb.6.2 Speicherung einer Stringkonstanten

Dagegen ist diese Wertzuweisung mittels "=" bei Pointern zur Initialisierung
notwendig:

```
char str1[] = "Romeo und Julia ";
char *str2;
str1 = str2;        /* richtig */
strcpy(str1,str2); /* falsch */
```

Zeigt ein Pointer p auf einen String str, erhält man durch Weitersetzen des Zeigers alle Zeichen mittels *(p+ +). Dies läßt sich wie folgt darstellen:

```
/* strptr.c */

void main()
{
int i;
char *str = "ROMEO & JULIA",*p;

p = str;
for (i=0; *p; i++)
    printf("%c\n",*p++);
}
```

Man erhält in jeder Zeile je ein Zeichen des Strings str. Da in C ein String selbst ein Pointer ist, liefert das Weitersetzen von str sukzessive den Reststring.

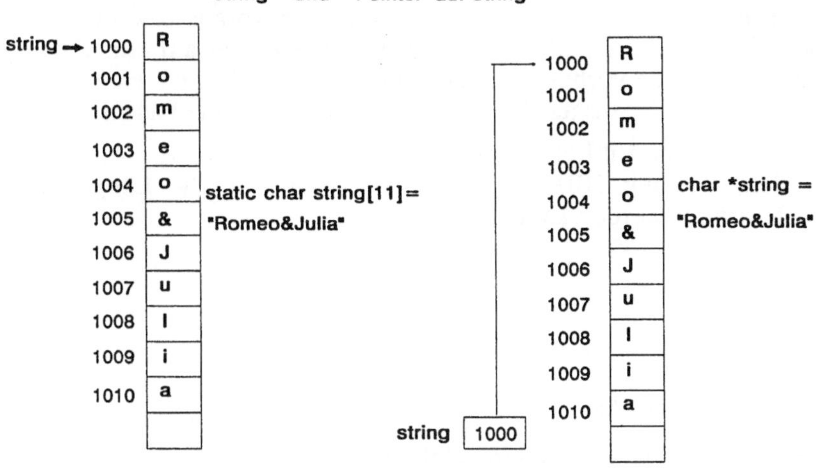

Abb. 6.3 String und Pointer auf String

Mittels

```
/* strptr2.c */

#include <stdio.h>
#include <string.h>

void main()
{
int i;
char *str = "ROMEO & JULIA";

for (i=0; i<strlen(str); i++)
    printf("%s\n",str+i);
}
```

erhält man den Ausdruck

```
ROMEO & JULIA
OMEO & JULIA
MEO & JULIA
EO & JULIA
O & JULIA
  & JULIA
& JULIA
  JULIA
JULIA
ULIA
LIA
IA
A
```

Dies zeigt, wie einfach und elegant eine solche Aufgabe in C zu codieren ist.

Der wichtigste Grund Pointer bei Zeichenketten zu benutzen ist der, daß bei der Deklaration von char-Feldern die Stringlänge bekannt sein muß. Dies ist jedoch bei einer großen Zahl von Anwendungen nicht im voraus bekannt. Deswegen übergeben die Zeichenkettenfunktionen stets einen Zeiger auf einen String, dessen Länge dann nicht vorbestimmt sein muß. C erlaubt hier elegante und flexible Lösungen im Gegensatz zu Programmiersprachen wie Pascal usw.

Obwohl es dafür eine Bibliotheksfunktion gibt, soll als weitere Anwendung gezeigt werden, wie mit Hilfe von Pointer-Operationen die Länge einer Zeichenkette bestimmt werden kann:

```
/* strlen.c */

void main()
{
char *s;
int strlen1(char *);

printf("Geben Sie einen String ein! ");
scanf("%s",s);
printf("Länge des Strings = %d\n",strlen1(s));
}
int strlen1(char *s)
{
int i;
for (i=0; *s!='\0'; s++) i++;
return(i);
}
```

Das Ende der Zeichenkette wird durch '\0' erkannt. Die Stringlänge läßt ebenfalls als Differenz zweier Adressen bestimmen. Dies führt zu folgender Funktion

```
int strlen2(char *s)
{
char *p= s;
while (*p!='\0') p++;
return(p-s);
}
```

Die Analogie von Feldern und Pointern überträgt sich auch auf Felder von Zeichenketten.

```
static char *name[5] = {"Anna","Berta","Caesar","Dora","Emil" }
```

stellt ein 5-elementiges Feld von Pointern auf Strings dar. Dagegen ist

```
static char[5] [7] = {"Anna","Berta","Caesar","Dora","Emil" }
```

ein 5-elementiges Feld von Zeichenketten der Länge 7. Beide Vereinbarungen sind nicht völlig äquivalent, da alle Elemente von Stringfeldern gleiche Länge haben, jedoch die Elemente von Pointerfeldern ungleiche Länge haben (vgl. Abb 6.4) . Man nennt diese Felder von Pointern auch "Flatter"-Arrays. Das Stringfeld belegt hier mehr Speicherplatz.

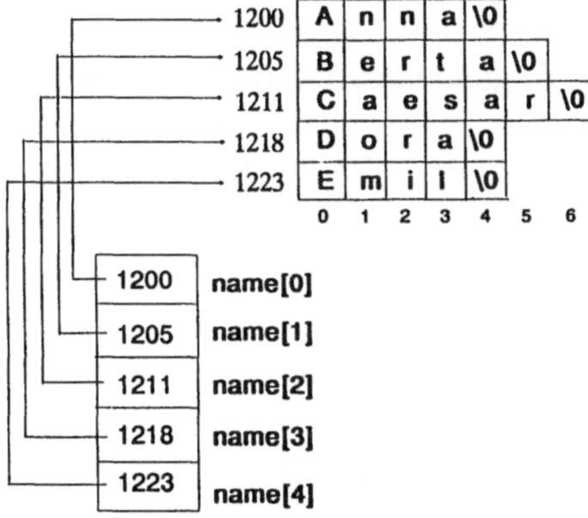

Abb.6.4 Vergleich Felder von Strings bzw. Pointer

6.5 Pointer auf Pointer

Da ein Pointer auf eine beliebige Variable zeigen kann, ist es möglich, Pointer
auf Pointer weisen zu lassen. Ist i eine int-Zahl, p ein Pointer auf i und q ein
Pointer auf p, so liefert **q den Wert von i:

```
/* dblptr.c */

void main()
{
int i=7, *p,**q;

p = &i;
q = &p;
printf("**q liefert den Wert %d\n",**q);
}
```

Es ist klar, daß diese mehrfache **Dereferenzierung** (englisch *multiple indirec-
tion*) nicht ganz einfach zu verstehen ist und zu schwer lesbaren Programmen
führen kann. Bei mehrdimensionalen Feldern oder Felder von Zeichenketten
läßt sich dieser mehrfache Verweis jedoch nicht immer vermeiden. Wie schon
gezeigt, erfolgt ein Feldzugriff meist über Pointer. Gleichbedeutend sind

```
a[i]    /*bzw.*/           *(a+i)
```

Entsprechend kann auf das zweidimensionale Feld a[i][j] zugegriffen werden
mittels

```
*(*(a+i)+j)
```

Dieser Zugriff wird im folgenden Programm verwendet:

```
/* tabell.c */

#include <stdio.h>
#define ZEIL 4
#define SPALT 5

void main()
{
int i,j;
static int tabell[][SPALT] =
          { { 10, 11, 12, 13,14 },
            { 20, 21, 22, 23, 24 },
            { 30, 31, 32, 33, 34 },
            { 40, 41, 42, 43, 44 } };

for (i=0; i<ZEIL; i++)
   {
   for (j=0; j<SPALT; j++)
   printf("%4d ",*(*(tabell+i)+j));
   printf("\n");
   }
}
```

Eine solche Tabelle oder Matrix als Pointer auf Pointer zu definieren, bringt zwei wesentliche Vorteile. Zu einem muß die Dimension der Tabelle nicht im Voraus festgelegt werden, zum anderen ist es zur Laufzeit des Programms möglich zu prüfen, ob genügend Speicherplatz zur Verfügung steht.

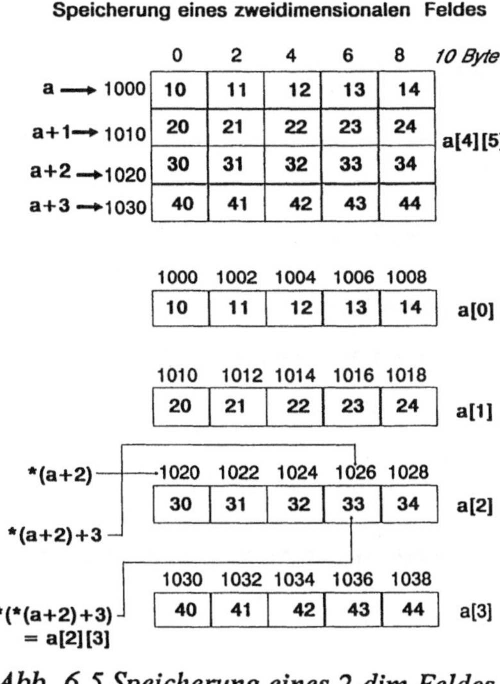

Abb. 6.5 Speicherung eines 2-dim. Feldes

6.6 Die Speicherverwaltung

Um einen Pointer zu initialisieren, ist es notwendig, ihm eine geeignete Adresse zu zuweisen. Soll ein Feld oder eine Matrix durch Pointer realisiert werden, so muß dafür genügend Speicher alloziert, d.h. bereitgestellt werden. Diese Speicherreservierung wird in C durch die Standardfunktion

```
void *malloc(unsigned size)
```

ausgeführt. Ist der benötigte Speicherplatz zusammenhängend vorhanden, so liefert malloc() einen Pointer auf das erste Byte, andernfalls einen Null-Pointer. Da dieser Zeiger nicht von einem bestimmten Typ sein kann, ist malloc() vom Typ void. Mit Hilfe des Cast-Operators zeigt der Pointer nun auf den geforderten Datentyp, z.B. beim Typ int.

```
(int *) malloc(sizeof (int))
```

Der Prototyp befindet sich nach der ANSI C-Norm in der Datei stdlib.h. Bei
manchen C-Compilern ist malloc() noch vom Typ char* und ist in der Datei
malloc.h definiert. Die Anzahl der zu reservierenden Bytes size kann mit Hilfe
des sizeof()-Operators bestimmt werden. Für ein int-Feld verläuft die Speicherreservierung wie folgt:

```
/* dynfeld.c */

#include <stdlib.h>

void main()
{
int i,N,*a;
void *malloc();

printf("Wieviele ungerade Zahlen? ");
scanf("%ld",&N);

a = (int *) malloc(N * sizeof(int));
if (a==NULL)
   printf("Nicht genügend Speicherplatz!\n"), exit(-1);
*a = 1;
for (i=1; i<N; i++)
    *(a+i) = 2*i+1;
for (i=0; i<N; i++)
   printf("%5d",*(a+i));
}
```

Entsprechend kann für quadratische Matrizen der Ordnung n zur Laufzeit Speicher alloziert werden

```
{
double **mat;
int n;

printf("Eingabe der Ordnung ? ");
scanf("%d",&n);
mat = (double **) malloc( n * sizeof( double));
if (mat==NULL) printf(" Matrix zu groß");
}
```

Ähnlich wie malloc() arbeiten auch die Funktionen

```
void *calloc(unsigned n,unsigned size);
void *realloc(void *ptr,unsigned size);
```

Die Funktion calloc() nimmt zwei Parameter n bzw. size auf. n ist hier die Anzahl der zu speichernden Elemente, size wieder die Größe eines Elements in
Bytes. Im Gegensatz zu malloc() wird jedes Elements von calloc() mit Null initialisiert.
Mit der Funktion realloc() kann ein bereits allozierter Speicherbereich erweitert
und neu belegt werden. Soll der Speicherplatz für ein int-Feld a von 100 auf
200 Elemente erweitert werden, kann das mit folgendem Programmausschnitt
erreicht werden:

```
a = malloc (100 * size(int));
if (a!=NULL)
    a = realloc(a,200 * size(int));
if (a==NULL)
   printf("Reallozierung nicht möglich\n   Speicher freigegeben\n");
```

Wird der Speicherplatz knapp, so können alle mittels malloc(), calloc() oder re-
alloc() allozierten Speicherbereiche mit Hilfe des Funktion

```
void free(voif *ptr)
```

wieder freigesetzt werden können, z.B.mittels

```
a = malloc(100*size(int));
if (a!=NULL)
  {
  free(a);
  printf("%d Bytes frei\n",100*size(int));
  }
```

Wichtig zu wissen ist, daß die oben angegebenen Funktionen wie malloc() usw.
beim Microsoft C-Compiler ab Version 5.0 nur in Speichermodellen small und
medium gültig sind. Weitere Einzelheiten entnehme man dem Compiler-
handbuch [21].

Beim Arbeiten mit Pointern, die mittels malloc() erzeugt worden sind, ist zu
beachten, daß ein Speicherplatz nur ansprechbar ist, wenn ein Pointer auf ihn
weist. Wird ein solcher Zeiger umgebogen, so daß er zusammen mit einem
zweiten auf einen anderen Platz weist, so erhält man einen nicht mehr adressier-
baren Speicherbereich (vgl. Abb.6.6). Diesen Vorgang nennt man Pointer-
Aliasing. Er wird im folgenden Programm gezeigt:

```
/* alias.c */

/* Pointer aliasing */

void main()
{
int *x = (int *)malloc(sizeof(int));
int *y = (int *)malloc(sizeof(int));
int *z = (int *)malloc(sizeof(int));

*x = 11; *y = 12; *z = 13;
printf("%d %d %d\n",*x,*y,*z);
*z = *x;
printf("%d %d %d\n",*x,*y,*z);
y = x;    /* falsch statt *y = *x */
printf("%d %d %d\n",*x,*y,*z);
*x = 14; *y = 15; *z = 16;
printf("%d %d %d\n",*x,*y,*z);
}
```

Zunächst erhält man die Ausgabe " 11 12 13". Durch *z=*x zeigt somit *z
auch auf x; dies ergibt die Ausgabe "11 12 11". Die Anweisung

```
y = x
```

ist nun fatal, da nun jede Referenz auf x auch für y gilt. Die zugehörige Ausgabe ist somit "11 11 11". Die letzte Ausgabe ist "15 15 16", da die Verweise auf x und y somit gleichbedeutend sind.

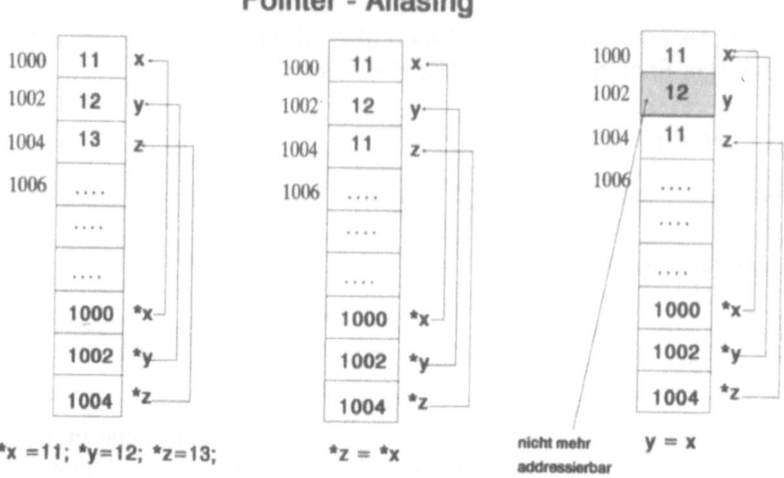

Abb.6.6 Pointer-Aliasing

6.7 Pointer auf Funktionen

Da in C auch Funktionen Adressen haben, ist es möglich, Pointer auf Funktionen (siehe Abschnitt 7) zeigen zu lassen. Ein solcher Pointer fptr, der auf eine Funktion vom Typ fkt_typ zeigt, wird erklärt durch

```
fkt_typ (* fptr)();
```

Auf das erste runde Klammerpaar kann hier nicht verzichtet werden, da

```
fkt_typ * fptr(); /* falsch */
```

wegen der Priorität der Funktionsklammern eine Funktion darstellt, die einen Pointer auf den Typ fkt_typ liefert. Die entsprechende Funktion func wird nach der Zuweisung fptr=func durch

```
(*fptr)(x,y);  /* oder */
fptr(x,y);
```

aufgerufen. Die zweite Form des Funktionsaufrufs ist neu gemäß der ANSI C-Norm. Beide Funktionsaufrufe werden im folgenden Programm demonstriert:

```
/* ptrfkt.c */

/* Pointer auf Funktionen */
```

```c
void main()
{
int (*fptr)(int,int);
int max(int,int);
int min(int,int);

fptr = max;
printf("max(3,5) = %d\n",(*fptr)(3,5));        /* 1.Form */
fptr = min;
printf("min(3,5) = %d\n",fptr(3,5));           /* 2.Form */
}

int max(int a,int b)
{
return(a>=b ? a : b);
}

int min(int a,int b)
{
return(a<=b ? a : b);
}
```

Standardbeispiele für die Anwendung von Pointern auf Funktionen sind der Compilerbau und universelle Sortierprogramme, die sowohl Zahlen wie Zeichenketten sortieren. Die Vergleichsfunktion zweier Daten zeigt entsprechend entweder auf eine Routine zum Zahlen- oder zum Stringvergleich. Das Prinzip kann folgendem Programm entnommen werden:

```c
 /* ptrfkt2.c */

#include <stdio.h>
#include <ctype.h>

void main()
{
char str1[80],str2[80];
int num_cmp(),str_cmp();
void compare(char *,char *,int (*f)());

printf(" Vergleich von Zahlen und Strings!\n");
printf(" Geben Sie entweder zwei Zahlen oder Strings ein:\n");
printf(" 1.Eingabe ?");
scanf("%s",str1);
printf(" 2.Eingabe ?");
scanf("%s",str2);
if (isalpha(*str1) && isalpha(*str2))
    compare(str1,str2,str_cmp);
else
    compare(str1,str2,num_cmp);
}

void compare(char *a,char *b,int (*comp_fkt)())
{
if ((*comp_fkt)(a,b))
    printf(" Eingaben sind gleich! \n");
else
    printf(" Eingaben sind ungleich!\n");
}
```

```c
int num_cmp(char *a,char *b)
{
return(atoi(a)==atoi(b) ? 1: 0);
}

int str_cmp(char *a,char *b)
{
return(strcmp(a,b) ? 0:1);
}
```

Ein wichtiger Einsatz von Pointer auf Funktionen findet sich auch in der numerischen Mathematik, wenn eine Anzahl von Funktionen einer bestimmten numerischen Prozedur, z.B. der numerischen Integration, unterworfen wird. Als einfaches Beispiel wird hier das wahlweise Tabellieren dreier Funktionen gewählt.

```c
/* ptrfkt3.c */

#include <stdio.h>
#include <ctype.h>
#include <math.h>

void main()
{
char ch;
double x=0.0;
double (*ptr)(double),sin(double),cos(double),tan(double);

printf("\tWählen Sie eine Funktion s,c oder t:\n\n");
printf("\t\tSinus   --> s\n");
printf("\t\tCosinus --> c\n");
printf("\t\tTangens --> t              ");
scanf("%c",&ch);
switch(tolower(ch))
  {
  case 's' : ptr = sin; break;
  case 'c' : ptr = cos; break;
  case 't' : ptr = tan; break;
  default : printf("\aFalsche Eingabe!");exit(-1);
  }
printf("\n\n  x              f(x)\n");
printf("--------------------\n");
while (x<=1.0)
  {
  printf("%4.1f  %16.8f\n",x,(*ptr)(x));
  x += 0.1;
  }
}
```

Wichtig ist hier, daß alle Funktionen auf die ptr zeigt, **explizit** im Hauptprogramm deklariert werden, auch wenn sich um Standardfunktionen handelt. Dieses Programm ist auch programmtechnisch interessant, da es zugleich demonstriert, wie man mit Pointern auf Funktionen eine Menütechnik aufbauen kann. Berücksichtigt man noch, daß die C-Funktionen *execv* u.a. MS-DOS Programme starten können, verfügt man über eine allgemeine Methode Programmbausteine zu einem größeren Projekt zusammenzubauen. Dies erklärt leicht, warum C als flexible und universelle Sprache für Systemprogrammierung gilt.

6.8 Übungen

(6.1) Was ergibt das folgende Programm?

```
/* ptr_ueb1.c */

void main()
{
int i=7,*p;

p = &i;
printf("%d %d %d %d\n",*p,*p+3,**&p,p-(p-7));
}
```

(6.2)   Geben Sie an, welcher der folgenden Zuweisungen definiert ist, wenn
          i,j,*p,*q vom Typ int sind:

```
(a) p = &i;
(b) q = &j;
(c) p = &*&i;
(d) i = (int) p;
(e) i = *&*&j;
(f) i = (*&)j;
(g) i = *(p++) + *q;
(h) i = (*p)++ + *q;
(i) q = &p;
(j) *q = &j;
```

(6.3)   Was gibt das folgende Programm aus?

```
/* ptr_ueb3.c */

void main()
{
static int a[] = {1,2,3,4,5,6};
int i,*p;

for (p = a,i=0; i<6; i++)
   printf("%5d",*p++);
}
```

(6.4)   Gegeben sei das zweidimensionale Feld int a[3][5]. Prüfen Sie, ob fol-
          gende Ausdrücke gleichwertig sind

```
*(a[i]+j)
(*(a+i))[j]
*((*(a+i))+j)
*(&a[0][0]+5*i+j)
```

(6.5)   Was gibt das folgende Programm aus?

```
/* ptr_ueb5.c */

#include <string.h>
```

```
void main()
{
char str[20];

strcpy(str,"Romeo&Julia");

printf("%c\n",str[0]);
printf("%d\n",str[1]);
printf("%s\n",*str);
printf("%s\n",str);
printf("%c\n",*(str+1));
printf("%s\n",str+2);
printf("%c\n",(str+1)[1]);
}
```

(6.6)   Was gibt das folgende Programm aus?

```
/* ptr_ueb6.c */

#include <stdio.h>
#include <string.h>

void main()
{
char str[100],*start[100],*p;
int i=0;
strcpy(str,"SonntagMontagDienstagMittwochDonnerstagFreitagSamstag");

start[0]=str;
start[1]=str+7;
start[2]=str+13;
start[3]=str+21;
start[4]=str+29;
start[5]=str+39;
start[6]=str+46;
for (p=str; *p; p++)
  {
  if (p==start[i])
          { printf("\n"); i++;}
  putchar(*p);
  }
printf("\n");
}
```

7 Funktionen

7.1 Funktionen

Eine Funktion ist mathematisch gesehen eine Vorschrift, die einen bestimmten Funktionswert liefert. Entsprechend versteht man in der Informatik darunter einen selbständigen Programmteil, der in Abhängigkeit von gewissen Parametern einen wohlbestimmten Wert liefert.

Beispiele für Funktionen sind:

```
int max(int a,int b) /* Maximum */
{
if (a>=b) return a;
   else return b;
}

float fahrenheit(int celsius)
{
return (1.8*celsius+32.0);
}

float mwst(float betrag)
{
return (betrag*0.14);
}
```

Die erste Funktion bestimmt zu zwei ganzen Zahlen x,y das Maximum. Die zweite Funktion ergibt für jede ganzzahlige Celsius-Temperatur die (reelle) Fahrenheit-Temperatur. Die dritte Funktion liefert für jeden DM-Betrag die zugehörige Mehrwertsteuer.

Die Syntax einer Funktion ist

```
typ funktionsname(typ formaler_parameter,..)
        {
        .............
        return ......
        }
```

Dabei gibt typ den Datentyp der Funktion bzw. der formalen Parameter an. Eine leere Parameterliste wird gemäß der ANSI C-Norm durch das Schlüsselwort void gekennzeichnet. Die Parameterliste einer Funktion darf nach der ANSI C-Norm 31 Variablen umfassen.

Die Anweisungen zwischen den geschweiften Klammern stellen den Funktions**block** dar. Alle innerhalb des Funktionsblocks definierten Variablen sind **lokal**;

d.h. nur dort gültig. Die Lebensdauer dieser lokalen Variablen ist auf den jeweiligen Block beschränkt. Der Wert in der RETURN-Anweisung wird als Funktionswert an das Hauptprogramm übergeben.

Ruft man die Funktion max mit den Parametern x und y auf, so werden die **formalen** Parameter a und b durch die **aktuellen** Parameter x und y ersetzt. Diese Art der Wertübergabe wird **Call-by-Value** genannt; sie wird in Abb. 7.1 dargestellt.

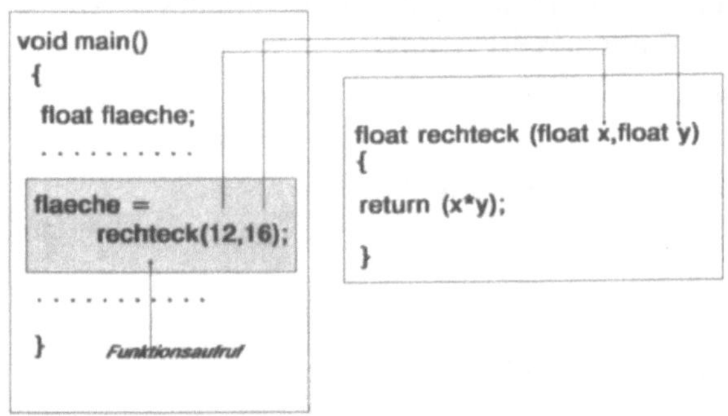

Abb. 7.1 Funktionsaufruf

Bei einem Funktionsaufruf wird für die Funktion ein zusätzlicher Speicherplatz, Funktionsstack genannt, belegt. In diesen Stack wird eine Kopie der aktuellen Parameter, mit denen die Funktion aufgerufen wird, abgelegt. Wird die Funktion mittels der RETURN-Anweisung verlassen, wird der Funktionsstack gelöscht und alle lokalen Variablen des Funktionsblock sind nicht mehr zugängig. In manchen Fällen ist es jedoch nützlich, gewisse Variablenwerte, die wiederholt benötigt werden, weiterhin zu speichern. Dies geschieht, in dem man diese Variablen als statisch erklärt (vgl. Abschnitt 8.3). Dadurch wird das Löschen der Variablenwerte beim Verlassen der Funktion verhindert.

Die genannten Funktionen könnte man wie folgt aufrufen:

```
if (max(x,y)==x) printf("Maximum ist %d \n",x);

temp = fahrenheit(celsius);
```

Das Ändern einer **globalen** (d.h. nicht lokalen) Variablen in einer Funktion heißt *Seiteneffekt*. Dieser Effekt ist im allgemeinen unerwünscht, da er sich der Kontrolle des Programmierers entzieht.

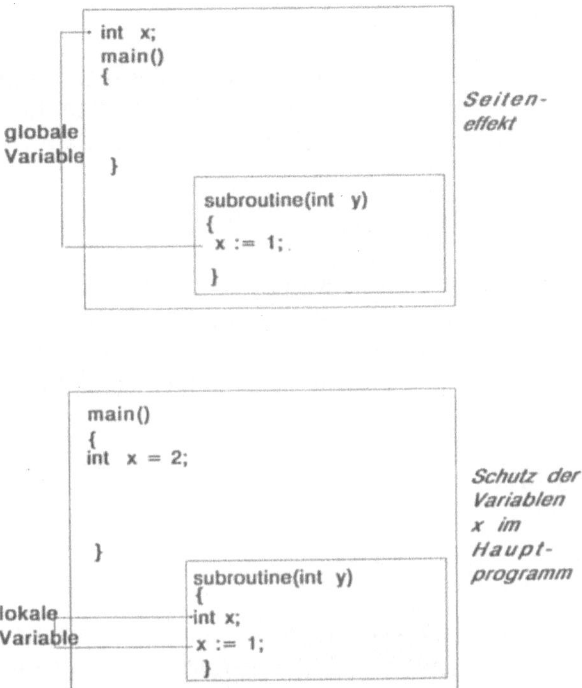

Abb.7.2 Globale und lokale Variablen

Das folgende Programm zeigt einen schlimmen Seiteneffekt, der dazu führt, daß zwei Ausdrücke verschiedene Werte erhalten, die eigentlich nach den Rechengesetzen gleich sein müßten:

```
/* sideeff.c */

#include <stdio.h>

int z;  /* global */

void main(void)
{
int f(int x);
z = 10; printf("%d\n",f(10)*f(z));
z = 10; printf("%d\n",f(z)*f(10));
}

int f(int x)
{
z -= 10;
return(x*x+1);
}
```

Der Wert der Ausdrucks f(10)*f(z) ist 101, dagegen ergibt f(z)*f(10) 10201.

7.2 Funktions-Prototypen

Bei älteren C-Compilern mußten alle Funktionen, die nicht vom Typ int waren
oder vor dem Hauptprogramm standen, durch Voranstellen ihres Typs vor dem
Funktionsnamen im Hauptprogramm deklariert werden; z.B.

```
double sin();
float fahrenheit();
```

Dadurch konnte der Compiler zwar prüfen, ob die Zuweisung an einen Funktionswert korrekt war, eine Typ-Überprüfung der formalen Parameter einer
Funktion war jedoch nicht möglich. In der ANSI C-Norm wird dieses Vorge-
hen nicht mehr empfohlen. Vielmehr wird folgendes Funktions-Prototyping
vorgeschlagen:

```
int ggt(int a,int b); /* oder */
int ggt(int,int);

double sin(double x); /* oder */
double sin(double);
```

Mit Hilfe der Funktions-Prototypen ist der Compiler nunmehr in der Lage neben dem Typ der Variablen auch noch deren Anzahl zu überprüfen. Am folgenden Beispiel sieht man, daß der Prototyp einer Funktion formal mit der ersten
Zeile der Funktionsdefinition übereinstimmt:

```
/* summe.c */

#include <stdio.h>

main()
{
int N;
long int summe(int grenze);     /* Prototyp */
printf("Eingabe obere Grenze? ");
scanf("%d",&N);
printf("Die Summe der ganzen Zahlen von 1 bis %d = ",N);
printf("%ld\n",summe(N));
}

long int summe(int grenze)    /* Definition */
{
int i;
long int sum=0;
for (i=1; i<=grenze; i++) sum +=i;
return(sum);
}
```

Viele Compiler akzeptieren auch noch die frühere Art, Funktionen zu definieren. Die Funktion summe() des vorhergehenden Programms lautet in der alten
Version:

```
long int summe(grenze) /* alte Schreibweise */
int grenze;
{
int i;
long int sum=0;
for (i=1; i<=grenze; i++) sum +=i;
return(sum);
}
```

7.3 Mathematische Standardfunktionen

C verfügt über eine sehr große Bibliothek an mathematischen Funktionen, deren Prototypen sich in der Datei **math.h** befinden:

```
int abs(int);                    /* Absolutbetrag */
double acos(double);             /* arccos(x) */
double asin(double);             /* arcsin(x) */
double atan(double);             /* arctan(x) */
double atan2(double,double);     /* arctan(y/x) */
double ceil(double);             /* aufrunden */
double cos(double);              /* Cosinus */
double cosh(double);             /* Hyperbel-Cosinus */
double exp(double);              /* Exponentialfunktion */
double floor(double);            /* abrunden */
double ldexp(double,int);        /* x*Zweierpotenz */
double log(double);              /* natürl. Logarithmus */
double log10(double);            /* Zehnerlogarithmus */
double pow(double, double);      /* Potenz */
double sin(double);              /* Sinus */
double sinh(double);             /* Hyperbel-Sinus */
double sqrt(double);             /* Quadratwurzel */
double tan(double);              /* Tangens */
double tanh(double);             /* Hyperbel-Tangens */
```

Eine weitere Standardfunktion

```
int rand(void)
```

findet sich in der Datei stdlib.h. Diese liefert eine ganzzahlige Zufallszahl im Bereich 0 bis RAND_MAX - meist 32.767.

Würfelzahlen erhält man, wenn man die von rand() gelieferten Zufallszahlen modulo 6 nimmt:

```
#include <stdlib.h>

main()
{
int i;
int rand(void);
for (i=0; i<12; i++)
  printf("%d ",1+rand() % 6);
}
```

Nimmt man die Zufallszahlen modulo 49, so erhält man zufällige Lottozahlen, die sich jedoch wiederholen können. Reelle Zufallszahlen aus dem Intervall [0;1) werden erzeugt mittels Division durch MAX_RAND.

```
for (i=0; i<100; i++)
  printf("%7.6f\n",rand()/MAX_RAND);
```

Zum Start des Zufallszahlen-Generators dient die Funktion

```
srand(unsigned int start)
```

die mit einer zufälligen Startzahl aufgerufen werden muß. Um nicht bei jedem Programmlauf eine Zahl eingeben zu müssen, empfiehlt es sich einen Startwert mit Hilfe der Systemzeit zu beschaffen:

```
srand(time(&now) % 37);
```

Dabei wird der von der Systemzeit gelieferte Wert time(&now) modulo einer Primzahl als Anfangswert genommen. Ein Beispiel eines Würfelprogramm folgt.

```
/* wuerfel.c */

#include <stdlib.h>

unsigned int haeufigk[6] = {0};

main()
{
int w;
long now,i,n;
void srand(unsigned);
float rel_haeuf;

printf("Wieviele Wuerfe? ");
scanf("%ld",&n);

srand(time(&now) % 37);
for (i = 0; i < n; haeufigk[w=rand() % 6]++,i++);

printf("\n---------------------------------------\n");
printf("%5s %12s %12s\n","Augenz.","abs.Haeuf.","rel.Haeuf.");
printf("---------------------------------------\n");
for (w = 0; w < 6; w++)
    {
    rel_haeuf=haeufigk[w]/(float)n;
    printf("%5d %10d %15.8f\n",w+1,haeufigk[w],rel_haeuf);
    }
printf("---------------------------------------\n");
}
```

7.4 Prozeduren

In dem Fall, daß eine Funktion keinen Wert bzw. mehrere Werte liefert,
spricht man von einer **Prozedur**. Da es in C nur Funktionen gibt, faßt man
Prozeduren als spezielle Funktionen vom Typ **void** (leer) auf. Das Schlüsselwort void gab es schon bei einigen älteren Compilern und wird nun durch die
ANSI C-Norm verbindlich.

Da in C auch das Hauptprogramm eine Funktion ist, schreibt man - sofern keine
Werte übergeben werden - statt main() genauer:

```
void main(void)
{ ... }
```

Das Schlüsselwort void in den runden Klammern kennzeichnet die leere Parameterliste. Typische Anwendungen von Prozeduren sind Ausgaben wie

```
void unterstreichen(int anz)
{
int i;
for (i=0; i<anz; i++) printf("-");
printf("\n");
return;
}
```

oder

```
void datums_ausgabe(int tag,int mon, int jhr)
{
printf("Datum ist der %d.%d.%d\n",tag,mon,jhr);
return;
}
```

Obwohl bei Prozeduren kein Funktionswert übergeben wird, sollte aus formalen Gründen eine leere RETURN-Anweisung den Prozedurblock beenden.

Prozeduren werden aufgerufen, indem man ihren Namen angibt, gefolgt von
den aktuellen Parametern:

```
unterstreichen(20);

datums_ausgabe(tag,monat,jahr);
```

7.5 Call-by-Reference

Nicht besprochen ist bis jetzt der Fall, daß eine Prozedur Variablenwerte an das
aufrufende Programm übergibt. Da beim Call-by-Value nur eine Kopie des Va-
riablenwerts an die Prozedur übergeben wird, bleibt eine Änderung der Variablen innerhalb der Prozedur ohne Auswirkung im Hauptprogramm. Damit eine

Variablenänderung sich im Hauptprogramm auswirkt, muß die **Adresse** der Variablen an die Prozedur übergeben werden, so daß jede Änderung auch an dem Speicherplatz eingetragen wird, auf den auch das Hauptprogramm zugreift. Diesen Übergabe-Mechanismus einer Variablen nennt man **Call-by-Reference**. Eine Eigenheit von C ist es, daß der Programmierer selbst für das Gelingen des Call-by-Reference verantwortlich ist. Dazu muß explizit die Adresse an die Prozedur übergeben werden; der entsprechende formale Parameter der Prozedur ist dann ein **Zeiger** auf den Typ der Variablen.

Eine Prozedur, die zwei int-Variablen - z.B. für ein Sortierprogramm - mittels Call-by-reference austauscht, ist

```
int swap(int *x,int *y)
{
  int h;
  h = *x; *x = *y; *y = h;
}
```

Die Prozedur swap wird dann mittels

```
swap(&a,&b)
```

aufgerufen. Zu beachten ist, daß Felder intern selbst als Zeiger realisiert werden. Dies hat zur Folge, daß bei einem Call-by-Reference eines Feldes *kein* Adreßoperator übergeben werden muß. Eine typische Anwendung, bei der ganze Felder übergeben werden, sind Sortierverfahren. Eine Prozedur zum Bubble-Sort könnte man wie folgt realisieren:

```
void bubble(int a[],int n)
{
int i,j=0,x,sorted=FALSE;
while (!sorted)
   {
    sorted = TRUE ;
    for (i=0 ; i<n-j+1 ; i++)
    if (a[i] >a[i+1])
    {
    x=a[i]; a[i]=a[i+1]; a[i+1]=x; sorted=FALSE;
    }
   j++;
   }
return;
}
```

Das Feld x der Länge N wird dann durch den Prozeduraufruf bubble(x,N) sortiert. Bei einzelnen Feldwerten dagegen muß ein Call-by-Reference erfolgen:

```
swap(&x[i],&x[j]); /* Aufruf im Programm */
.................
swap(int *x[i],int *x[j]) /* Definition der Prozedur */
```

Call by value

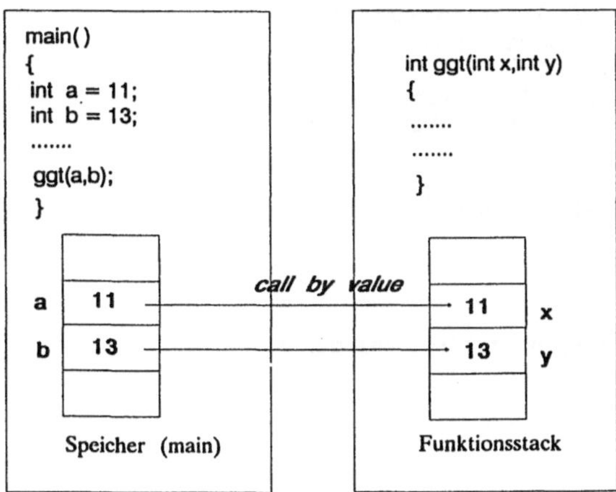

Abb.7.3 Call-by-Value

Call by reference

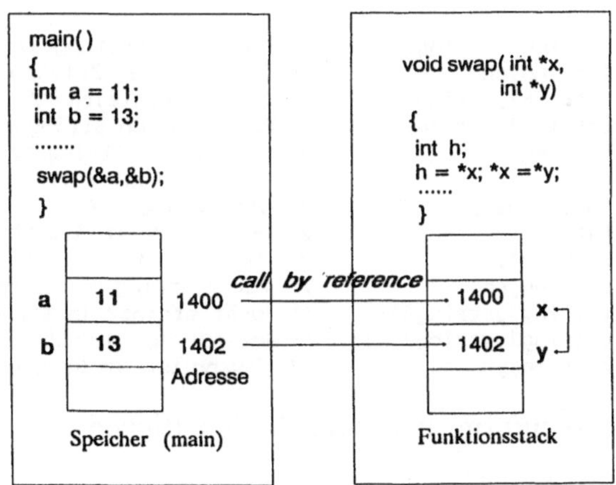

Abb.7.4 Call-by-Reference

Zur Vergleichszwecken folgt noch ein Programm, in dem ein Wert sowohl über eine Funktion wie auch über Call-by-Reference übergeben wird.

```
/* call.c */

void main()
{
int f,func1(int);
void func2(int,int *);
```

```
/* Es wird der Wert von 3*x+5 für x=1 berechnet */

f = func1(1);   /* Funktionswert */
printf("Funktionswert = %d\n",f);

func2(1,&f);   /* Call-by-reference */
printf("Call-by-reference Wert = %d\n",f);
}

int func1(int x)  /* Funktion */
{
return(3*x+5);
}

void func2(int x,int *f) /* Prozedur */
{
*f = 3*x+5;
return;
}
```

7.6 Stringfunktionen

Wie bei den mathematischen Funktionen gibt es in C auch eine sehr große Anzahl von Zeichenkettenfunktionen. Die Headerdatei string.h enthält u.a. folgende Stringfunktionen

```
char *strcat(string1,string2);    /* String-Verkettung */
char *strchr(string,ch);          /* Sucht erstes Zeichen ch */
int  *strcmp(string1,string2);    /* String-Vergleich */
char *strcpy(string1,string2);    /* Kopieren von Strings */
char *strdup(string);             /* Dupliziert String */
char *strerror(n);                /* liefert Fehlerstring */
size_t *strlen(string);           /* Stringlänge */
char *strlwr(string);             /* Umwandlung in Kleinbuchstaben */
char *strrev(string);             /* Umdrehen des Strings */
char *strset(string,ch);          /* füllt String mit Zeichen ch */
char *strstr(string1,string2);    /* sucht string2 in string1 */
char *strtok(string1,string2,n);  /* Umwandlung in double */
char *strupr(string);             /* Umwandlung in Großbuchstaben */
```

Nicht mehr ANSI C-konform sind davon die Funktionen

```
strdup()
strlwr()
strupr()
strset()
strrev()
```

Von den oben erwähnten Stringfunktionen sollen einige erläutert werden:

int strlen(string)

Die ganzzahlige Funktion strlen ermittelt die Länge einer Zeichenkette (ohne ASCII-Null).

Beispiel: strlen("Micky Mouse") = 11

int strcmp(string1,string2)

Die ganzzahlige Funktion strcmp vergleicht die beiden Zeichenketten alphabetisch und liefert folgende Werte:

= 0	wenn die Zeichenketten gleich sind
< 0	wenn string1 im Alphabet vor string2 steht
> 0	wenn string1 im Alphabet nach string2 steht

Beispiel: strcmp("Anton","Antonie") < 0

char *strcpy(string1,string2)

Die strcpy-Prozedur kopiert string2 auf string1 und liefert einen Pointer auf string1

char *strcat(string1,string2)

Die strcat-Funktion verkettet string1 mit string2 und liefert einen Pointer auf string1. Vorausgesetzt ist hier, daß die Länge von String1 ausreichend definiert wurde.

Beispiel: strcat("Micky","Mouse") ergibt "MickyMouse"

char *strtok(string1,const string2)

Die strtok-Funktion zerlegt den String1 in verschiedene Token, die durch in string2 enthaltenen Trennungszeichen getrennt werden.

Beispiel: strtok("30.11.1989",".,-/") liefert sukzessive "30","11","1989".

Die Anwendung der Stringfunktionen zeigt das folgende Programm:

```
/* strfkt.c */

#include <stdio.h>
#include <string.h>

void main()
{
int len1,len2,result;
char *string;
int SGN(int x);
static char str1[50] = "Donald Duck";
static char str2[25] = "Dagobert Duck";
static char str3[25] = "Micky Mouse";

result = strcmp(str1,str2);
switch(SGN(result))
   {
   case -1: printf("%s steht im Alphabet vor %s\n",str1,str2);
      break;
   case 0 : printf("%s ist gleich %s\n",str1,str2);
      break;
   case 1 : printf("%s steht im Alphabet nach %s\n",str1,str2);
   }
```

```
len1 = strlen(str1);
len2 = strlen(str3);
switch(SGN(len1-len2))
     {
     case 1 : printf("%s ist laenger als %s\n",str1,str3);
        break;
     case 0 : printf("%s ist gleich lang wie %s\n",str1,str3);
        break;
     case -1: printf("%s ist kuerzer als %s\n",str1,str3);
     }

printf("Die Verkettung von %s und %s ergibt ",str1,str2);
printf(strcat(str1,str2));

printf("%s wurde auf %s kopiert !\n",str3,str2);
strcpy(str3,str1);
}

int SGN(int x) /* Vorzeichenfunktion */
{
 return(x>0 ? 1 : (x<0 ? -1 : 0 ));
}
```

Weitere Stringfunktionen, die die Umwandlung einer Zeichenkette in eine Zahl
erlauben, sind in der Datei stdlib.h zu finden:

int atoi(string)

Die ganzzahlige Funktion wandelt eine Zeichenkette in eine integer-Zahl um.

Beispiel: atoi("1234.56 DM) = 1234

long atol(string)

Dies ist die analoge Funktion zu atoi(). Sie liefert eine long int-Zahl.

double atof(string)

Dies ist die analoge Funktion zu atoi. Hier wird jedoch eine double-Zahl geliefert.

Beispiel: atof("1234.56 DM") = 1.23456e3

Ein Beispielsprogramm ist:

```
/* atoi.c */

#include "stdio.h"
#include "stdlib.h"

void main()
{
char *str1 = "-6789";
char *str2 = "100000 Meilen";
char *str3 = "-1.23456e12";
```

```
printf("%d\n",atoi(str1));
printf("%ld\n",atol(str2));
printf("%f\n",atof(str3));
}
```

Die zugehörige Ausgabe ist

```
-6789
100000
-1234560000000.000000
```

7.7 Zeichenfunktionen

Zu erwähnen sind auch noch die char-Funktionen, die den Typ eines Zeichens prüfen. Diese finden sich in der Datei ctype.h.

int isdigit(char)

Diese Funktion ist wahr ($<>0$) für Zeichen von '0' bis '9' (ASCII-Werte 48..57).

int islower(char)

Diese Funktion ist wahr für Zeichen von 'a' bis 'z' (ASCII-Werte 97..122).

int isupper(char)

Diese Funktion ist wahr für Zeichen von 'A' bis 'Z' (ASCII-Werte 65..90).

int isspace(char)

Diese Funktion ist wahr für Zeichen mit den ASCII-Nummern 9-13 und 32.

int isalnum(char)

Diese Funktion ist wahr für alle alphanumerischen zeichen, wie kleine und große Buchstaben und die Ziffern 0..9.

int isalpha(char)

Diese Funktion ist wahr für kleine und große Buchstaben.

int isascii(char)

Diese Funktion ist wahr für alle ASCII-Zeichen (ASCII-Werte 0..127).

int isprint(char)

Diese Funktion ist wahr für ASCII-Werte 32..127.

Als Beispiel werden die char-Funktionen auf alle Zeichen des ASCII-Code angewendet:

```
/* isprint.c */

#include "stdio.h"
#include "ctype.h"

void main()
{
int ch;
for (ch=0; ch <= 0x7f; ch++)
  {
  printf("%2s",iscntrl(ch) ? "C":"");
  printf("%2s",isdigit(ch) ? "D":"");
  printf("%2s",isgraph(ch) ? "G":"");
  printf("%2s",islower(ch) ? "L":"");
  printf("% c",isprint(ch) ? ch:'\0');
  printf("%3s",ispunct(ch) ? "PU":"");
  printf("%2s",isspace(ch) ? "S":"");
  printf("%3s",isprint(ch) ? "PR":"");
  printf("%2s",isupper(ch) ? "U":"");
  printf("%2s",isxdigit(ch) ? "X":"");
  putchar('\n');
  }
}
```

Zu jedem ASCII-Zeichen werden entsprechend den Eigenschaften Zeichen ausgedruckt: "U" für Upper, "L" für Lower usw. Alle erwähnten char-Funktionen
sind in die ANSI C-Norm übernommen worden.

7.8 Übungen

(7.1)   Schreiben Sie eine Funktion, die die ganzzahlige Potenz einer double-
         Variablen liefert.

(7.2)   Überlegen Sie, was folgende Prozedur macht:

```
void errate(int x,int y,int *z)
{
*z = 0;
while (x)
  { if (x % 2) *z += y;
    x /= 2; y *= 2; }
return(*z);
}
```

(7.3)   Schreiben Sie eine Funktion, die für jedes Datum die Nummer des Ta-
         ges im Jahr angibt.

(7.4) Suchen Sie alle Fehler, in folgendem Programm. Testen Sie auch Ihren Compiler!

```c
/* debug.c */
/* Dieses Programm enthaelt mehrere Fehler, die
nicht alle vom Compiler entdeckt werden */

#define PLUS 1
#define MINUS -1

void main()
{
int i=10,k,l,m=0,n,p=5;
int *j = i;
int summe(),pi();
k = PLUS-MINUS;
l = pi();
n = i/*j;
for (m=-2; m<=3; printf("m = %d\n",m++)) /* leere Schleife */;
printf("k = %d, j = %d, n = %d\n",k,j);
if (p=1) printf("p = %d\n",p);
}
int pi()
{
return(3.14159265);
}
int summe(int x,int y)
{
return(x+y);
}
```

(7.5) Erklären Sie den Seiteneffekt in folgendem Programm:

```c
/* sideff2.c */
int z=0;
void main()
{
 int f(int),g(int);
 printf("%5d %5d %5d\n",z,f(z),z);
 printf("%5d %5d %5d\n",z,g(z),z);
}
int f(int x)
{
 z +=10;
 return x+z;
}
int g(int x)
{
 int f(int);
 return f(z)+x;
}
```

8 Speicherklassen

8.1 Die Speicherklasse auto(matic)

C kennt zwei verschiedene Gültigkeitsbereiche von Variablen. Variable, die nur in dem Block gültig sind, in dem sie vereinbart worden sind, heißen **automatisch** (engl. *automatic*). Die Speicherklasse auto wird in C als Voreinstellung (*Default*) gewählt, wenn die Variable nicht explizit in eine andere Speicherklasse gesetzt wird. Dies bedeutet, daß die Vereinbarungen

```
auto int i;
int i;
```

gleichbedeutend sind. Eine automatische Variable hat außerhalb ihres Blocks - gegeben durch das geschweifte Klammerpaar, das die Deklaration der Variablen umfaßt - keinen Wert; man sagt, sie ist außerhalb des Blocks unsichtbar.

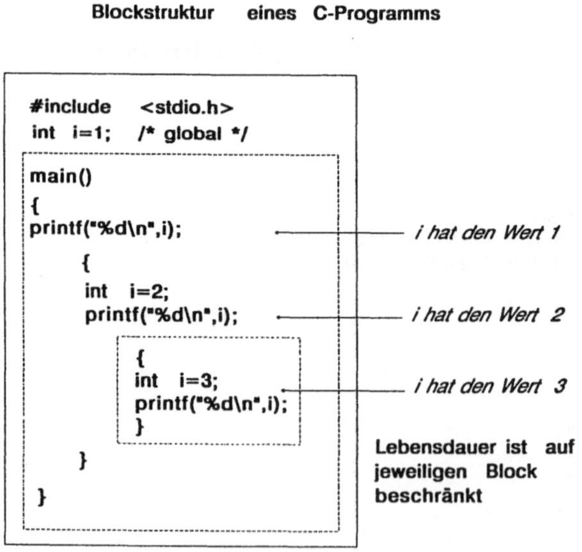

Blockstruktur   eines C-Programms

```
#include     <stdio.h>
int  i=1;    /* global */

main()
{
printf("%d\n",i);                      i hat den Wert 1

    {
    int  i=2;
    printf("%d\n",i);                  i hat den Wert  2

        {
        int   i=3;
        printf("%d\n",i);              i hat den Wert  3
        }
    }
}
```

Lebensdauer ist auf
jeweiligen Block
beschränkt

Abb. 8.1 Blockstruktur

Das folgende Programm zeigt die Sichtbarkeit einer int-Variablen in verschiedenen Blöcken:

```
/* block.c */

void main()
{
int i=1;
    {
    int i=2;
    {
    int i=3;
    printf("i = %d\n",i);
    }
    printf("i = %d\n",i);
    }
printf("i = %d\n",i);
}
```

Die Programmausgabe

```
i = 3
i = 2
i = 1
```

liefert für i den Wert 3 im innersten , den Wert 2 im äußeren Block und entsprechend 1 im restlichen Hauptprogramm-Block.

Wichtig zu wissen ist, daß auto-Variablen vom Compiler nicht initialisiert, d.h. mit einem Wert vorbelegt, werden. Ebensowenig können Felder der Speicherklasse auto in C initialisiert werden; dies ist nur bei der Speicherklasse static möglich.

8.2 Die Speicherklasse register

Variablen der Speicherklasse **register** sind spezielle auto-Variablen, die nach Möglichkeit im Register des Prozessors und nicht wie auto-Variablen im dynamischen Speicherbereich abgelegt werden. Der schnelle Zugriff auf register-Variablen ist eine Besonderheit von C. Diese Speicherklasse verwendet man meist, wenn sehr oft auf dieselben Variablen zugegriffen wird, wie es z.B. bei Indizes von Feldern oder Bildschirmkoordinaten der Fall ist. Ein Beispiel ist:

```
{
register int i = 1;
register int sum = 0;

while (i++ <=100)
    sum += i;
printf("Summe = %d\n",sum;
}
```

Die register-Anweisung stellt jedoch keinen Befehl, sondern nur den Wunsch des Programmierers an den Compiler dar, die Variable im Register zu halten. Ist dies nicht möglich, so wird die Variable als Typ auto verwaltet. Es besteht aber keine Möglichkeit festzustellen, wie die Variable gehandhabt wird. Daraus folgt zum einen, daß auf register-Variablen kein Adreß-Operator angewandt werden kann. Zu anderen folgt, daß sie in ein Register passen müssen, d.h. sie müssen vom Typ int bzw. char sein. Damit der Compiler die Zahl der register-Variablen selbst wählen kann, müssen bei manchen Compilern die register-Deklarationen der Variablen seperat geschrieben werden. Statt

```
register int i,j,k
```

wird man schreiben

```
register int i;
register int j;
register int k;
```

8.3 Die Speicherklasse static

Den Gegensatz zur Speicherklasse auto bildet die Klasse **static**. Wie der Name schon sagt, behält eine statische Variable ihren Wert, solange sie nicht durch eine Wertzuweisung geändert wird. Wird eine statische Variable nicht mit einem bestimmten Anfangswert deklariert, so wird vom Compiler mit Null initialisiert (Default-Wert).

Insbesondere behalten als statisch erklärte lokale Variablen einer Funktion ihren Wert auch zwischen den Funktionsaufrufen. Dies läßt sich mit folgendem Programm zeigen:

```
/* static.c */

void main()
{
int i;
int f(int x);
for (i=1; i<7; i++) printf("%d %d\n",i,f(i));
}

int f(int x)
{
static int s = 0;
return(s += x);
}
```

Die Programmausgabe

```
1        1
2        3
3        6
4        10
5        15
6        21
```

zeigt, daß die statische Variable s in der Funktion sum jeweils ihren letzten
Wert beibehält und somit auch ohne Summationsschleife den richtigen Sum-
menwert liefert.

Eine weitere Anwendung von statischen Variablen ergibt die Implementierung
eines Zufallsgenerators:

```c
/* random.c */

#define FAKTOR 25173L
#define MODUL 65536L
#define INKR 13849L
#define START 17L

void main()
{
int i;
for (i=1; i<=10; i++) printf("%u\n",random());
}

unsigned int random()
{
static long int zufall = START;

zufall = (FAKTOR*zufall + INKR) % MODUL;
return zufall;
}
```

Die Variable zufall behält hier ihren Wert zwischen zwei Funktionsaufrufen.
Jeder dieser Aufrufe von random() liefert eine Zufallszahl im Bereich 0 bis
65535.

Anders als Felder der Klasse auto können statische Felder initialisiert werden:

```c
static int a[] = {0,1,2,3,4,5,6,7,8,9};
static int b[10] = {0};
static int c[10] = {1};
static int tage_im_monat[] =
        {31,28,31,30,31,30,31,31,30,31,30,31};
```

Reicht die Anzahl der gegebenen Anfangswerte zur Belegung des Feldes nicht
aus, so werden die restlichen Feldkomponenten vom Compiler mit Null aufge-
füllt. Analog können auch Zeichenketten initialisiert werden

```c
static char name1[] = {'C','a','e','s','a','r'};
static char name2[] = "Caesar";
static char *name[] ={"Jan","Feb","Mrz","Apr","Mai",
"Jun","Jul","Aug","Sep","Okt","Nov","Dez"};
```

Die Zeichenketten name1 und name2 sind identisch, da in C jede Zeichenkette als Feld von Zeichen aufgefaßt wird. Mit dem dritten Beispiel läßt sich in einfacher Weise eine Funktion angeben, die zu jeder Monatsnummer den zugehörigen Monatsnamen liefert:

```
char *monat(int n)
{
static char *name[] ={" ",    "Jan","Feb","Mrz","Apr","Mai",
"Jun","Jul","Aug","Sep","Okt","Nov","Dez"};
return((n<1||n>12) ? name[0]:name[n];
}
```

8.4 Die Speicherklasse extern

Ist eine Variable nicht im Hauptprogramm deklariert, muß sie dort als **extern** vereinbart werden. Dazu ein Beispiel:

```
/* extern.c */

void main()
{
int i=2;
extern int j;

printf("%d %d\n",j,i);
}

int j=1;
```

Das Programm liefert hier die Werte 1 und 2. Durch die extern-Erklärung wird die Variable j somit auch in main() zugänglich.

Stellt man externe Variable dem Hauptprogramm voraus, so können alle Funktionen eines Programms - natürlich auch main() - auf diese Variable ohne extern-Erklärung zugreifen; die Variable ist dann global geworden.

```
/* global.c */

int k=1; /* global */

void main()
{
int i=2,j,f();
j = f();
printf("%d %d %d\n",i,j,k);
}

int f()
{
return k;
}
```

Die Ausgabe "2 1 1" zeigt, daß die globale Variable k im ganzen Programm sichtbar ist. Da Funktionsnamen ebenfalls im ganzen Programm global sind, gehören diese auch zur Klasse extern. Eine extern-Erklärung bei Funktionsdeklarationen ist unnötig, da dies die Voreinstellung von C ist.

Externe Variablen werden immer dann verwendet, wenn eine globale Variable in verschiedenen Programmen erscheint, die gemeinsam compiliert werden. Zu beachten ist, daß die zahlreiche Verwendung von externen Variablen kein guter Programmierstil ist. Da es sich hier um globale Variable handelt, ist es u.U. möglich, daß diese durch einen Seiteneffekt unerwünscht verändert werden.

8.5 Die Speicherklasse volatile

Neu nach ANSI C-Norm ist das Schlüsselwort **volatile**, das die Speicherklasse der Variablen kennzeichnet, die von Compiler-Optimierungen ausgeschlossen sein sollen. Dies ist insbesondere wichtig z.B. für eine Systemvariable, deren Position innerhalb des Quellcodes relevant ist und nicht z.B. durch einen Optimierungslauf außerhalb einer Schleife gesetzt werden darf. Diese Speicherklasse wurde in den ANSI C-Standard aufgenommen, da man in Zukunft mit sehr stark optimierenden Compilern rechnet.

8.6 Zusammenfassung

Zusammenfassend folgt ein tabellarischer Überblick über die verschiedenen Speicherklassen und ihre Sichtbarkeit:

Speicherklasse	Lebensdauer	Sichtbarkeit
auto	Block	lokal
register	Block	lokal
static	Programm	lokal o.global
extern	Programm	global

9 Operatoren und Ausdrücke

9.1 Einteilung der Operatoren

C kennt, wie kaum eine andere Programmiersprache, eine Vielzahl von Operatoren. Zur besseren Übersicht teilt man sie in folgende Gruppen ein:

(1) **Klammern** bzw. Elementselektor
    (), [], ->

(2) **einstellige** (unäre) Operatoren
    !, ~   (logische und Bit-Negation)
    ++, --   (Inkrement,Dekrement)
    +, -   (Priorität,Vorzeichen)
    (type) (Cast-Operator)
    *, &   (Verweis-,Adreßoperator)
    sizeof() (Sizeof-Operator)

(3) **Arithmetische** Operatoren
    +, -, *, /, %

(4) **Shift-Operatoren**
    <<, >>

(5) **Vergleichs-Operatoren**
    <, <=, >, >=, ==, !=

(6) **Bit-Operatoren**
    &, ^,

(7) **Logische** Operatoren
    &&, ||

(8) **Bedingungs-Operator**
    ? :

(9) **Wertzuweisungs-Operatoren**
    =, +=, -=, *=, /=, %=, <<=, >>=, &=, ^= |=

(10) **Komma-Operator**
    ,

Der sog. Bedingungsoperator (oder Fragezeichen-Operator) ist der einzige dreistellige (ternäre) Operator in C. Er hat folgende Syntax:

```
(Ausdruck1) ? (Ausdruck2):(Ausdruck3)
```

Priorität   von Operatoren

Operator	Rang	Zusammen-fassen von
() [] . ->	1	links
! ~ ++ -- (cast) * & sizeof()	2	rechts
* / %	3	links
+ -	4	links
<< >>	5	links
< <= > >=	6	links
== !=	7	links
&	8	links
^	9	links
|	10	links
&&	11	links
||	12	links
? :	13	rechts
= += -= *= /= %= <<= >>= &= |= ^=	14	rechts
, (Komma)	15	links

Abb.9.1. Priorität der Operatoren

Wird der Ausdruck1 mit wahr bewertet, nimmt der ganze Term den Wert von Ausdruck2 an, ansonsten den von Ausdruck3. Statt

```
if (a>=b) max = a;
   else max = b;
```

läßt sich damit kürzer schreiben

```
max = (a>=b) ? a : b;
```

Soll in einer Tabelle nach je 5 Ausgaben ein Zeilenvorschub erfolgen, läßt sich codieren:

```
for (i=1; i<N; i++)
printf("%d %c",a[i],(i%5 ==0) ? '\n':' ');
```

Viele Funktionen lassen sich damit sehr komprimiert formulieren, z.B.:

```
char toupper(char c)
   {
   return(islower(c) ? c+'A'-'a': c;
   }
```

Neu in der ANSI C-Norm ist der einstellige " + "-Operator. Mit seiner Hilfe
kann bei gleichberechtigten Operatoren eine bestimmte Reihenfolge erzwungen
werden. Soll im Term a*b/c zuerst die Division ausgeführt werden, kann man
nun schreiben

```
a*+(b/c)
```

Hier erscheint die Reihenfolge trivial, ist es aber in komplexeren Fällen nicht.

Mit dem sizeof()-Operator können die Speicherformate der einzelnen Datentypen ermittelt werden

```
/* sizeof.c */

typedef unsigned char uchar;
typedef unsigned short ushort;
typedef unsigned long ulong;
typedef enum { FALSE, TRUE } BOOLEAN;
typedef struct { double REAL,IMAG; } COMPLEX;

main()
{
char string[10];
printf("---------------------\n");
printf("    Speicherformate\n");
printf("---------------------\n");

printf("char      %d Bytes\n",sizeof(char));
printf("uchar     %d Bytes\n",sizeof(uchar));
printf("int       %d Bytes\n",sizeof(int));
printf("short     %d Bytes\n",sizeof(short));
printf("long      %d Bytes\n",sizeof(long));
printf("ushort    %d Bytes\n",sizeof(ushort));
printf("ulong     %d Bytes\n",sizeof(ulong));
printf("float     %d Bytes\n",sizeof(float));
printf("double    %d Bytes\n",sizeof(double));
printf("string10  %d Bytes\n",sizeof(string));
printf("BOOLEAN   %d Bytes\n",sizeof(BOOLEAN));
printf("COMPLEX   %d Bytes\n",sizeof(COMPLEX));
}
```

Bei Microsoft-C und Turbo-C ergibt sich hier

```
char         1 Bytes
uchar        1 Bytes
int          2 Bytes
short        2 Bytes
long         4 Bytes
ushort       2 Bytes
ulong        4 Bytes
float        4 Bytes
double       8 Bytes
string10    10 Bytes
BOOLEAN   2 Bytes
COMPLEX   16 Bytes
```

9.2 Priorität von Operatoren

Um unnötige Schreibarbeit zu vermeiden, wurde eine Prioritätsliste von Operatoren festgelegt, die sich in beigefügter Tabelle findet. Soll in einem Ausdruck von dem hier gegebenen Vorrang der Operatoren abgewichen werden, müssen entsprechende (runde) Klammern gesetzt werden.

An einigen Beispielen soll das Auswerten von Ausdrücken vorgestellt werden

Beispiel 1: x *= y = z = 4;

x = 5 ist initialisiert. Da es sich um gleichwertige Operatoren handelt, erfolgt die Auswertung von rechts:

(x *= (y = (z = 4)));

Dies liefert nacheinander die Werte : z=4, y = 4 und x = 20. Der Ausdruck hat somit den Wert 20.

Beispiel 2: x = x && y || z;

Die Variablen x=2, y=1, z=0 sind initialisiert. Gemäß der Priorität ist der Ausdruck gleichwertig mit

x= ((x&&y)||z);

Auswerten ergibt

x=(wahr&&wahr)||falsch

und somit x = wahr und damit den Wert 1.

Beispiel 3: x | y & z;

Die Werte x=3, y=2, z=1 sind initialisiert. Die Bewertung liefert (3|(2&1)). Diese Bitverknüpfung ergibt 3|0 oder 3.

Beispiel 4: z += z < y ? x++ : y++

Die Werte x=3, y=3, z=1 sind vorgegeben. Der Ausdruck ergibt bewertet

(z+=((x<y)?(x++):(y++)))

oder

(z+=(3<3)?(3++):(3++)

und somit wegen z+= 3 den Wert 4.

Beispiel 5: $++x$ && $++y$ || $++z$

> Vorgegeben sind x=-1, y=-1, z=-1. Bewerten ergibt
>
> $((0$&&$(++y)$||$0)$
>
> Dies liefert den Wert 0&&$(++y)$ oder somit 0. Zu beachten ist, daß $(++y)$ nicht mehr ausgewertet wird.

9.3 Logische Operatoren

Die drei logischen Operatoren sind

```
&&  "und",   ||  "oder", ! "nicht".
```

Obwohl C keine expliziten Booleschen Variablen kennt, können diese Operatoren auf beliebige Ausdrücke angewandt werden, da in C jeder Ausdruck (implizit) einen Wahrheitswert trägt: er ist falsch, wenn er mit Null bewertet wird, andernfalls wahr.

Die Verknüpfung der Wahrheitswerte mittels && und || wird durch folgende Tabellen gegeben:

Wahrheitswert-Tafeln

und

&&	w	f
w	w	f
f	f	f

oder

||	w	f
w	w	w
f	w	f

impliziert

→	w	f
w	w	w
f	f	w

nicht

!	
w	f
f	w

exclusiv-oder

	w	f
w	f	w
f	w	f

äquivalent

	w	f
w	w	f
f	f	w

Abb.9.2 logische Operatoren

Alle weiteren zweistelligen Wahrheitswert-Verknüpfungen, wie z.B. die Implikation (a imp b : "aus a folgt b") und das ausschließende Oder (a xor b : eXclusiv OR), können mit Hilfe von !,&& und || gebildet werden.

Folgende Ausdrücke sind gleichwertig

```
a imp b       !a || b
a xor b       a != b
```

Mit a, b, a && b, a || b, a imp b, b imp a, a xor b und TRUE sind damit bereits die Hälfte aller 16 möglichen Aussageverknüpfungen von zwei Booleschen Variablen gegeben; die 8 fehlenden Verknüpfungen erhält man jeweils durch Verneinung.

Wichtige Anwendungen der logischen Operatoren ergeben sich in der Schaltalgebra. Der Schaltwert eines beliebig vielen ODER-, UND- und Negations-Gattern läßt sich in völliger Analogie zum Rechnen mit Wahrheitswerten realisieren.

9.4 Die Bitoperatoren

Die 4 Bitoperatoren sind

```
& "bitund",       | "bitoder",
^ "bitxor",          ~ "bitinverses".
```

Diese Bitoperatoren wirken stets auf die Bitdarstellung einer Zahl, die man erhält, wenn man die Zahl ins Binärsystem überträgt. Dabei erhält man eine Darstellung aus Nullen und Einsen, wobei die Einsen genau die Bits darstellen, die gesetzt sind. Die Anwendung der 4 Operatoren liefert folgende Resultate:

a & b ist die Zahl, deren Bits sowohl bei a wie auch bei b gesetzt sind.

a | b ist die Zahl, deren Bits bei a oder auch bei b gesetzt sind.

a ^ b ist die Zahl, deren Bits bei a und b verschieden sind.

~a ist das Bitkomplement von a, d.h. die Bits von ~a sind genau dort gesetzt, wo a Nullen hat.

Abbildung 9.3 Bitoperatoren

Auch die Anwendung der **Shift**-Operatoren $>>$ und $<<$ bewirkt eine Verschiebung der Bitstellen:

a $>>$ x verschiebt die Bitstellen um x Stellen nach rechts

a $<<$ x verschiebt die Bitstellen um x Stellen nach links

Die Verschiebung um eine Stelle nach rechts entspricht bei unsigned-int- Zahlen einer ganzzahligen Division durch 2. Entsprechend bewirkt eine einstellige Verschiebung nach links einer Multiplikation mit 2. Zu beachten ist, daß eine int-Zahl vom Typ signed negativ wird, sobald das Vorzeichenbit gesetzt wird.

Als Zahlenbeispiel soll dienen

```
signed int x = 237, y = 255;
```

x und y haben die Binärdarstellung

```
x = 00000000 11101101
y = 00000000 11111111
```

Die Anwendung der Bitoperatoren liefert die Ergebnisse (vgl. Abb.9.4)

```
~x = -238
x >> 1 = 118
x >> 2 =  59
x << 1 = 474
x << 2 = 948
x & y = 237
x | y = 255
x ^ y =  18
```

Folgende Prozedur liefert die 16-Bitdarstellung einer int-Zahl:

```
void binout(int x)
{
int i;
for (i=15; i>=0; i--)
  putchar((x >>i & 1) ? '1':'0');
}
```

Wie im Abschnitt Bitfelder gezeigt wurde, stellt das Rechnen mit Bits ein wichtiges Werkzeug zur System-Programmierung dar.

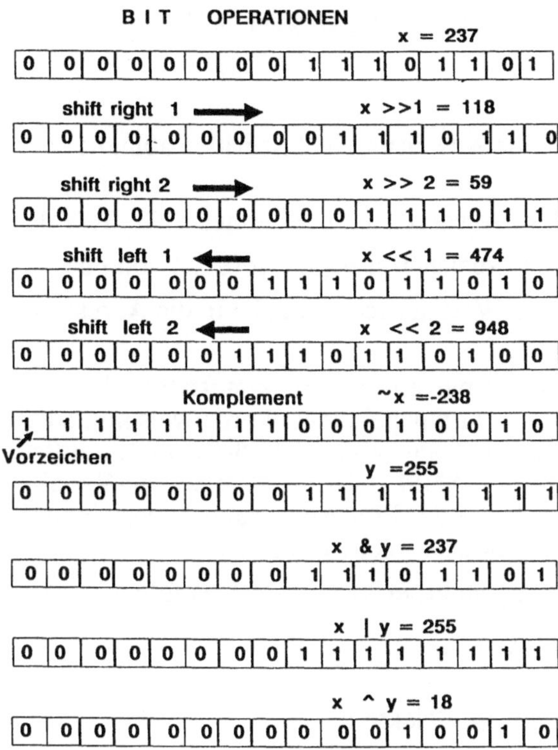

Abbildung 9.4 Bitoperationen

9.5 Ausdrücke und L-Values

Es gibt es in C die vielfältigsten Möglichkeiten   einen gültigen Ausdruck zu formulieren. Es kann dies eines der folgenden Objekte sein:

- eine Variable vom Typ int, float, struct, union, pointer
- eine Zahl- oder Stringkonstante wie z.B. PI
- den Wert einer Funktion   3.0*sin(x)
- Ergebnis eines Element-Selektors adresse.plz, datum->tag
- Ergebnis einer Typumwandlung   (double) n
- Ausdrücke mit Operatoren wie a%7, c++, x>>7, x=1, &x, *f
- Zusammenfassung obiger Ausdrücke mittels Klammern

Jedoch kann nicht jeder dieser Ausdrücke auf der rechten Seite einer Wertzuweisung stehen. Ein solcher Wert wird in C **L-Value** (abgekürzt für Left Value) genannt, da er auf der linken Seite der Anweisung steht.

Betrachtet man eine Wertzuweisung genauer, z.B.

```
i = 25*4;
```

so erkennt man, daß die Anweisung in 3 Schritten abläuft:

1.Schritt : Es wird der Ausdruck auf der rechten Seite (R-Value) ausgewertet.

2.Schritt : Es wird der Speicherplatz (die Adresse) von i bestimmt.

3.Schritt : Es wird der Wert der rechten Seite in die Adresse von i geschrieben.

Als L-Value kann somit nur ein Ausdruck auftreten, der eine Adresse besitzt. Da ein L-Value aber nicht nur bei einer Wertzuweisung, sondern u.a. auch als Operand eines Inkrement- oder eines Adreß-Operators auftritt, werden L-Values nach Vorschlag der ANSI C-Norm als **Locator**-Variable gedeutet. Auch die Ausdrücke in der RETURN-Anweisung einer Funktion oder in der SWITCH-Anweisung müssen solche L-Values sein.

Zusammenfassend dargestellt, erfassen L-Values folgende Ausdrücke:

-Variablen vom Typ int,float,struct usw.

-Ergebnisse eines Element-Selektors

-Verweise auf Variablen vom obigen Typ

-Zusammenfassungen obiger Werte mittels Klammern

9.6 Übungen

(9.1)   Bestimmen Sie die Werte folgender Ausdrücke, wenn jeweils folgende Anfangswerte gegeben sind x=2, y = 1, z=0:

   a) z += z < y ? x++ : y++

   b) ++x | ++y && ++z

   c) x || !y && z

(9.2)   In der Zeitschrift DOS vom Dezember 1988 wird behauptet, daß folgende Ausdrücke gleichwertig sind:

   a) a >> 2 mit a / 4

   b) a << 2 mit a * 4

   c) a & 1 mit a % 2

   d) a & 2 mit a % 3

   Was sagen Sie dazu?

(9.3) Schreiben Sie eine Prozedur, die eine Hexadezimalzahl binär darstellt.

(9.4) Lösen Sie mit Hilfe von logischen Operatoren folgendes Party-Problem.

    5 Leute wollen unter folgenden Bedingungen zu einer Party kommen:

    (1) Wenn A nicht kommt, dann D

    (2) B kommt nur mit D, oder gar nicht

    (3) Wenn A kommt, dann auch C und D

    (4) Wenn C kommt, dann auch E

    (5) B kommt, wenn E nicht kommt und umgekehrt

    Wer kommt nun zur Party?

10 Rekursion

*..the transformation from recursion
to iteration is one of the most funda-
mental concepts of computer science*

KNUTH

10.1 Das Rekursionsschema

Eine Funktion, die sich zur Berechnung eines Funktionswertes selbst aufruft,
heißt **rekursiv**. Viele mathematische Funktionen sind rekursiv definiert, wie
z.B. die Fakultätsfunktion:

```
fak(n) = n*fak(n-1) für n>0        /*Rekursionsschema */
fak(0) = 1                         /* Rekursionsanfang */
```

Wie man sieht, ist der Funktionswert f(n) über den Funktionswert f(n-1) erklärt. Dieses Zurückgreifen vom Fall n auf Fall (n-1) heißt das **Rekursionsschema**. Damit das rekursive Zurückrechnen sich nicht unbegrenzt fort-
setzt, muß ein Funktionswert - hier der Funktionswert an der Stelle 0 - vorgegeben sein. Dieser Wert wird **Rekursionsanfang** genannt. Ohne diesen
Rekursionsanfang würde das Verfahren in eine Endlos-Schleife geraten, wie
man am folgenden Programm sieht:

```
/* forever.c */

void main()
{
printf("Dieses Programm ist endlos!\n");
main();
}
```

Es liegt in der Verantwortung des Programmierers, für den korrekten Abbruch
eines rekursiven Verfahrens zu sorgen. Die Fakultätsfunktion kann in C folgendermaßen realisiert werden:

```
long int fak(int n)
{
if (n=0) return(1);
else return(n*fak(n-1));
}
```

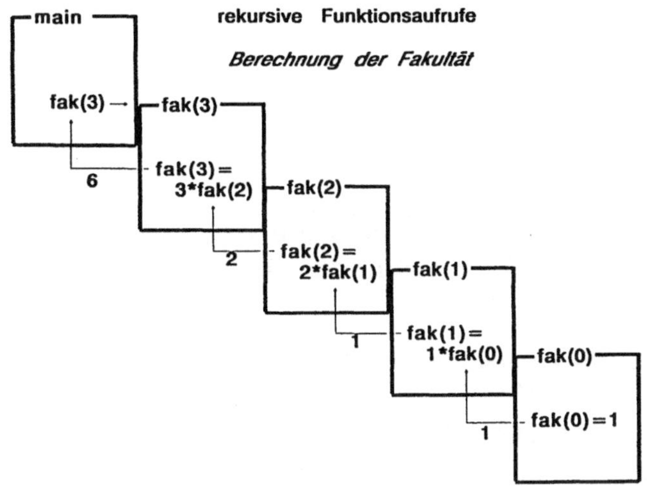

Abb.10.1 Rekursive Funktionsaufrufe

Es gibt eine große Zahl von Anwendungen, die auf einfache Weise rekursiv definiert werden können. Der größte gemeinsame Teiler (ggT) zweier positiver Zahlen läßt sich definieren mittels

```
ggT(a,b) = ggT(b,a mod b)   für b>0
ggT(a,0) = a                          für b=0
```

In C liefert dies

```c
int ggt(int a, int b)
{
if (b!=0) return(ggt(b,a % b));
   else return(a);
}
```

Auch das Umkehren der Ziffernfolge einer Zahl kann rekursiv formuliert werden:

```c
int reverse(int x)
{
if (x<10) printf("%c",x+'0');
else { printf("%c", x % 10 +'0');
      reverse(x/10);
   }
```

Das rekursive Schema besteht darin, durch Rechnung modulo 10 solange jeweils die letzte Ziffer abzutrennen, bis die Zahl nur noch aus einer Ziffer besteht. Mit dieser beginnend werden alle Ziffern ausgedruckt. An diesen Beispielen sieht man, daß die Rekursion ein grundlegendes Programmierprinzip ist, mit dessen Hilfe zahlreiche Probleme auf einfache Weise gelöst werden können.

10.2 Grenzen der Rekursion

Ein weiteres bekanntes Beispiel stellen die rekursiv definierten FIBONACCI-Zahlen dar:

```
Fib(n) = Fib(n-1)+Fib(n-2) für n>2
Fib(1) = Fib(2) = 1
```

Das folgende Programm berechnet die FIBONACCI-Zahlen rekursiv und ermittelt gleichzeitig die Anzahl der Aufrufe der Funktion fib():

```c
/* fib_rek.c */

/* Rekursive Berechnung der Fibonacci-Zahlen mit Ermittlung der Anzahl
der Funktionsaufrufen */

long call = 0; /* global */

void main()
{
int N;
long int fib(int N);
printf("Welche Fibonacci-Zahl? ");
scanf("%d",&N);
printf("Fib(%d) = %10ld     ",N,fib(N));
printf("%10ld Funktionsaufrufe\n",call);
}

long int fib(int x)
{
call++;
if (x>2) return(fib(x-1)+fib(x-2));
  else return(1);
}
```

Das Programm liefert bei Eingabe von N=10, 20 bzw. 30 die Werte

Fib(10) = 55	109 Funktionsaufrufe
Fib(20) = 6765	13529 Funktionsaufrufe
Fib(30) = 632040	1664079 Funktionsaufrufe

Wie man sieht, wächst der Rechenaufwand für größere FIBONACCI-Zahlen so stark an, daß eine rekursive Berechnung nicht mehr praktikabel ist. Mit Hilfe einer Schleife kann die Zahl Fib(30) viel einfacher iterativ ermittelt werden:

```c
long int fib(int x)   /* iterativ */
{
int i,f3,f1=1,f2=1;
if (x>2)
  {
  for (i=3; i<=x; i++)
        {
        f3 = f1+f2;
        f2 = f1; f1 = f3;
        }
  return(f3);
  }
else return(1);
}
```

Daraus folgt, daß eine rekursive Lösung eines solchen Problems, für das es eine einfache iterative Lösung gibt, völlig uneffektiv sein kann. Jedoch ist es nicht immer so einfach, wie hier bei den FIBONACCI-Zahlen, das rekursive Schema in ein iteratives umzuwandeln.

10.3 Die Türme von Hanoi

Ein bekanntes, aber lehrreiches Beispiel dafür, daß ein scheinbar komplexes Problem eine ganz einfache (rekursive) Lösung haben kann, stellt das Problem *Türme von Hanoi* dar.

In der Stadt Hanoi stehen im einem Tempel drei Säulen. Auf einer dieser Säulen sind 64 goldenen Scheiben mit monoton wachsenden Durchmessern aufgetürmt. Seit altersher existiert die Weissagung, daß die Welt in Schutt und Asche zerfällt, wenn die Mönche des Tempels die Scheiben einer Säule unter folgenden Bedingungen auf eine andere gelegt haben :

(1) Niemals darf mehr als eine Scheibe gleichzeitig bewegt werden

(2) Nie darf eine größere Scheibe auf einer kleineren zu liegen kommen.

Dieses Problem wurde 1883 von dem französischen Mathematiker E.LUCAS erdacht. Es soll nun allgemein für N Scheiben rekursiv gelöst werten. Angenommen, das Problem ist für N-1 Scheiben bereits gelöst, dann kann das Problem, N Scheiben von A nach C zu bringen, wie folgt angegangen werden (vgl. Abbildung 10.2):

(1)   Ist $N = 1$, so bringe die eine Scheibe von A nach B - Stop.

(2)   Bringe die obersten N-1 Scheiben unter Zuhilfenahme von Turm B von A nach C.

(3)   Bringe die letzte Scheibe von A nach B.

(4)   Bringe die N-1 Scheiben von C unter Zuhilfenahme von A nach B.

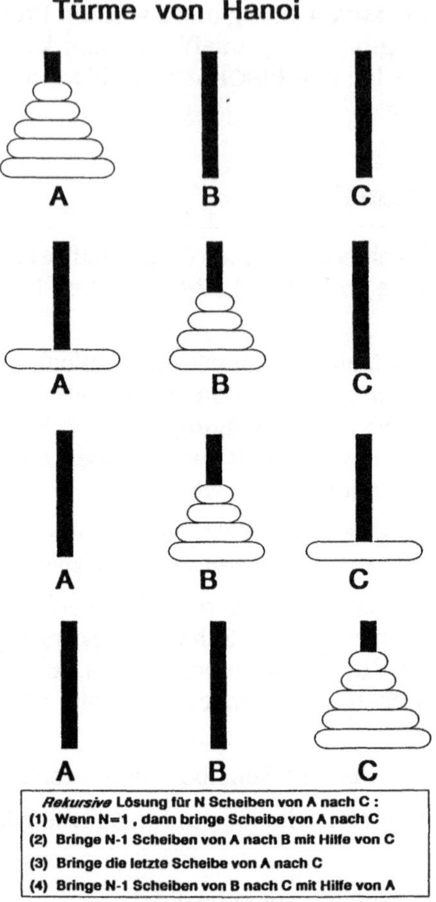

Abb.10.2 Türme von Hanoi

Die meisten Programmieranfänger, die diese Lösung zum ersten Mal hören, zweifeln daran, daß das Problem damit wirklich erledigt ist. Sie glauben vielmehr, daß das Problem nur von N auf N-1 verschoben worden sei. Daß dies auch tatsächlich die Lösung liefert, zeigt das Programm:

```
/* hanoi.c */

#include "stdio.h"
int umleg=0;

void main()
{
int n;
void transportiere(int,int,int,int);

printf("----------------------\n");
printf("   Tuerme von Hanoi\n");
printf("----------------------\n");
```

```
printf("Wieviele Scheiben? ");
scanf("%d",&n);printf("\n");
transportiere(n,1,2,3);
printf("\n%d Umlegungen\n",umleg);
}

void transportiere(int anzahl,int quelle,int hilfe,int ziel)
{
if (anzahl>1) transportiere(anzahl-1,quelle,ziel,hilfe) ;
printf("Bringe Scheibe%2d vom Turm%2d nach
Turm%2d\n",anzahl,quelle,hilfe);
umleg++;
if (anzahl>1) transportiere(anzahl-1,ziel,hilfe,quelle);
}
```

Für 3 Scheiben erhält man folgende Ausgabe:

```
Bringe Scheibe 1 vom Turm 1 nach Turm 2
Bringe Scheibe 2 vom Turm 1 nach Turm 3
Bringe Scheibe 1 vom Turm 2 nach Turm 3
Bringe Scheibe 3 vom Turm 1 nach Turm 2
Bringe Scheibe 1 vom Turm 3 nach Turm 1
Bringe Scheibe 2 vom Turm 3 nach Turm 2
Bringe Scheibe 1 vom Turm 1 nach Turm 2
7 Umlegungen
```

Allgemein läßt sich zeigen, daß für n Scheiben genau

$$2^n - 1$$

Umlegungen notwendig sind. An diesem Beispiel sieht man sehr gut, wie einfach eine rekursive Lösung sein kann. Einen iterativen Ansatz zu finden, ist in diesem Fall nicht einfach. Jedoch gibt es in der Informatik eine Standardmethode, mit der man ein rekursives Schema mit Hilfe von sog. Stacks (Stapelspeicher) iterativ umformen kann. Als Beispiel dafür werden die Türme von Hanoi im Abschnitt 12.1 mit Hilfe von Stacks abgearbeitet.

10.4 Permutationen

Als Beispiel einer kombinatorischen Fragestellung seien hier die Permutationen behandelt. Ordnet man die 3! = 6 Permutationen dreier Zahlen wie folgt an:

```
1  2  3
1  3  2
2  1  3
2  3  1
3  2  1
3  1  2
```

so sieht man, daß jeweils eine Zahl festgehalten wird, und die übrigen systematisch vertauscht werden. Analog erhält man die ersten Permutationen von 4 Zahlen

```
1  2  3  4
1  2  4  3
1  3  2  4
1  3  4  2
1  4  3  2
1  4  2  3
2  1  3  4
2  1  4  3
2  3  1  4
2  3  4  1
2  4  3  1
2  4  1  3  usw.
```

Streicht man in den Permutationen von {1, 2, 3, 4} die Zahl 4, erhält man wieder die Permutationen von {1, 2, 3} vierfach. Umgekehrt erhält man die Viererpermutationen, in dem man an jeder Stelle der Dreierpermutationen die Zahl 4 einfügt. Analog erhält man aus den Permutationen von N-1 Zahlen die Permutationen von N, indem man jeder möglichen Stelle die Zahl N zufügt. Dieses rekursive Schema wird im folgenden Programm benützt:

```c
/* permut.c */

#define LEN 10
int n,r[LEN+1];
long int perm=0L;

void main()
{
int i;
void permut(int);
printf("Wieviele Zahlen (max. %d)? ",LEN);
scanf("%d",&n);
for (i=1; i<=n; i++) r[i] = i;
permut(1);
printf("%d Permutationen\n",perm);
}

void permut(int k)
{
int i,h;
void ausgabe();
h = r[k];
for (i=k; i<=n; i++)
  {
  r[k] = r[i]; r[i] = h;
  if (k != n) permut(k+1);
  else
    {
    ausgabe();
    perm++;
    }
  r[i] = r[k];
  }
r[k] = h;
}
```

```
void ausgabe()
{
int i;
for (i=1; i<=n; i++)
  printf("%3d",r[i]);
printf("\n");
}
```

10.5 Quicksort

Man kann das Thema Rekursion nicht verlassen, ohne auf das bekannte Quicksort-Verfahren von C.A.R. HOARE (1962) einzugehen. Quicksort ist das anerkannt schnellste Sortierverfahren für Felder, die nicht schon weitgehend sortiert sind. Der Grundgedanke von Quicksort ist es, die zu sortierende Liste durch ein mittleres Element (*Pivot* genannt) in zwei bezüglich des Pivot sortierte Listen zu zerlegen. Auf diese Teillisten wird wiederum diese Teilung ausgeführt, solange bis rekursiv einelementige Listen erhalten werden. Diese sind natürlich geordnet. Das Zusammensetzen dieser Teillisten liefert die Sortierung der ganzen Liste. Der Vorgang soll an einem Zahlenbeispiel demonstriert werden.

Gegeben sei die zehnelementige Liste:

44   33   11   55   90   60   99   26   87   66

Das Pivotelement ist nun $x[(0+9)/2] = 90$. Da alle Zahlen links von der 90 kleiner sind, muß 90 selbst mit 66 vertauscht werden:

44   33   11   55   66   60   99   26   87   90

Da noch 87 und 99 bezüglich 90 verkehrt stehen, werden die 87 und 99 vertauscht.

Somit sind nun alle links von 99 stehende Elemente kleiner als 90. Die Liste wird nun zerlegt in die Teillisten:

(44   33   11   55   66   60   87   26)   (99   90)

Das mittlere Element der ersten Liste ist 55. Da alle Elemente links von 55 wieder kleiner sind, muß die 55 selbst mit der 26 vertauscht werden. Alle rechts von der 26 stehende Elemente sind nun größer als 55.

(44   33   11   26   66   60   87   55)   (99   90)

Dies liefert die nächste Teilliste mit dem Pivot 33

(44   33   11   26)   (66   60   87   55)   (99   90)

Die links von 33 stehende 11 wird wieder vertauscht, ebenso die 44 mit der 26.
Die nächste Teilliste ist nun (11 26) mit dem Pivot 11.

(11   26)   (33   44)   (66   60   87   55)   (99   90)

Da die ersten beiden Teillisten bereits sortiert sind, wird die Teilliste (66 60 87
55) behandelt. Das Pivot ist hier 60. Da die 55 rechts von 60 und 66 links steht,
werden 55 und 66 vertauscht.

(11   26)   (33   44)   (55   60   87   66)   (99   90)

Die neue Teilliste ist nun (87 66) mit dem Pivot 87. Hier vertauschen nun 66
und 87 ihre Plätze:

(11   26)   (33   44)   (55   60)   (66   87)   (99   90)

Als letztes ist die ganz rechts stehende Liste mit dem Pivot 99 zu verarbeiten.
Hier wird 99 mit 90 vertauscht.

(11   26)   (33   44)   (55   60)   (66   87)   (90   99)

Das Zusammensetzen aller Teillisten ergibt die endgültige Sortierung.

Das Verfahren, hier zur Vereinfachung der Eingabe auf 1000 Zufallszahlen angewandt, kann wie folgt implementiert werden:

```c
/* quicksrt.c */

#include "time.h"
#include "stdio.h"
#include "stdlib.h"

#define ANZAHL 1000

int x[ANZAHL];

void main()
{
int j;
long now;
void srand(),ausgabe();

int rand();
srand(time(&now) % 37);

printf("\t------------\n");
printf("\t Quicksort \n");
printf("\t------------\n");
for (j=0; j<ANZAHL; j++)
  x[j] = rand() % ANZAHL;
quicksort(0,ANZAHL-1);
ausgabe();
}
```

```c
quicksort(lo,hi)
int lo,hi;
{
int i = lo,j = hi;
int pivot,temp;
pivot = x[(lo+hi)/2];
    do
      {
      while (i<hi && x[i]<pivot) ++i;
      while (j>lo && x[j]>pivot) --j;
      if (i<=j)
           {
           temp = x[i];x[i] = x[j];
           x[j] = temp; i++; j--;
           }
      } while (i <= j);
    if (lo <j) quicksort(lo,j);
    if (i< hi) quicksort(i,hi);
}

void ausgabe()
{
int i;
for (i=0; i<ANZAHL; i++) printf("%5d",x[i]);
}
```

Das Quicksort-Verfahren ist übrigens auch eine Bibliotheksfunktion in C und
UNIX. Diese hat die Syntax

```c
qsort(*start,num,byte,(compare)())
```

Dabei ist start der Beginn des Felds, num die Zahl der Feldelemente, byte die
Zahl der Bytes eines Feldelements und compare() die Vergleichsfunktion für die
Elemente. compare(x,y) muß für die gewünschte Anordnung folgende Werte
liefern:

```
< 0  für x < y
= 0  für x = y;
> 0  für x > y;
```

Ein Beispiel zeigt :

```c
/* qsort.c */

/* Quicksort-Routine aus Bibiliothek */

#include <stdio.h>
#include <stdlib.h>
#include <string.h>

int groesser(int *,int *);
int kleiner(int *,int *);
int a[10] = { 8,0,3,1,7,2,4,9,6,5 };

void main()
{
int i;
```

```
printf("unsortiert:\n");
for (i=0; i<10; i++) printf("%5d",a[i]);
qsort(a,10,sizeof(int),groesser); /* ohne
Prototyp */
printf("\naufsteigend sortiert:\n");
for (i=0; i<10; i++) printf("%5d",a[i]);
qsort(a,10,sizeof(int),kleiner);
printf("\nabsteigend sortiert:\n");
for (i=0; i<10; i++) printf("%5d",a[i]);
printf("\n");
}

int groesser(int *x,int *y)
{
return(*x-*y);
}

int kleiner(int *x,int *y)
{
return(*y-*x);
}
```

Dies liefert die folgende Ausgabe:

```
unsortiert:
8    0    3    1    7    2    4    9    6    5
aufsteigend sortiert:
0    1    2    3    4    5    6    7    8    9
absteigend sortiert:
9    8    7    6    5    4    3    2    1    0
```

10.6 Die Ackermann-Funktion

Eine extrem rekursiv definierte Funktion ist die 1928 von ACKERMANN erfundene Funktion:

```
                      y+1        für x=0;
ackermann(x,y)=   ackermann(x-1,1) für y=0;
                  ackermann(x-1,ackermann(x,y-1)) sonst
```

Diese Funktion ist mathematisch interessant, da sie eine Verallgemeinerung der Grundrechenarten darstellt. In Abhängigkeit des Parameters x kann die ACKERMANN-Funktion eine der Grundrechenarten Addition, Multiplikation oder Potenzieren liefern. Dies zeigen die Formeln

$$\text{ackermann}(1,y) = y+2;$$

$$\text{ackermann}(2,y) = 2y+3;$$

$$\text{ackermann}(3,y) = 2^{y+3}-3;$$

Obwohl sie direkt keine praktische Bedeutung hat, ist diese Funktion als BERKELEY-Benchmark (Compiler-Test) sehr bekannt. Zur Berechnung von

```
ackermann(3,8) = 2045;
```

sind allein

```
2785999 (!)
```

Funktionsaufrufe notwendig. Hier zeigt sich die Schnelligkeit, mit der ein Compiler eine solche Rekursion abarbeitet, sehr genau. In C kann dies wie folgt programmiert werden:

```c
/* acker.c */

/* Ackermann-Funktion als Benchmark */

/* Hinweis für Quick-C Stack auf 30000 erhöhen */

long int call=0L;

void main()
{
int i;
long int ackermann(int,int);

printf("Ackermann(3,8) = %ld\n",ackermann(3,8));
printf("%ld Funktionsaufrufe\n",call);
}

long int ackermann(int x,int y)
{
call++;
if (x==0) return(y+1);
else
if (y==0) return(ackermann(x-1,1));
else
return(ackermann(x-1,ackermann(x,y-1)));
}
```

Zu beachten ist bei diesem Programm, wie bei allen allen rekursiven, daß beim Quick-C bzw. Microsoft-C-Compiler der Stackplatz für die rekursive Abarbeitung genügend groß ist.

10.7 Übungen

(10.1) Schreiben Sie eine rekursive Funktion zur Berechnung der Quersumme einer ganzen Zahl (vgl. Übung 5.1)

(10.2) Schreiben Sie eine rekursive Funktion zum ULAMschen Problem (vgl. Übung 4.6)

(10.3) Schreiben Sie eine rekursive Funktion zur Berechnung der Binomialkoeffizenten (vgl. Übung 4.5)

   Hinweis: Es gilt

   $binom(0,n)=1; binom(k,n)=1$ für $n=k$;
   $binom(k,n)=binom(k-1,n-1)+binom(k-1,n)$

(10.4) Schreiben Sie eine rekursive Funktion zur Berechnung der Summe von 1 bis 500.

11 Höhere Datentypen

11.1 Der Aufzählungstyp enum

Den Datentyp **enum** (englisch *enumerated* aufgezählt) gab es schon bei zahlreichen älteren C-Compilern; er wird nun durch die neue ANSI C-Norm vollständig unterstützt. Hierbei wird eine Variable durch Aufzählen aller möglichen Werte definiert:

```
enum monat { Jan,Feb,Mrz,Apr,Mai,Jun,Jul,Aug, Sep,Okt,Nov,Dez };
enum farbe { kreuz,pik,herz,karo };
```

Eine Variable vom entsprechenden Typ wird definiert durch

```
enum monat mon;
enum farbe kartenfarbe;
```

Die Definition kann vereinfacht werden mittels der TYPEDEF-Anweisung

```
typedef enum { son,mon,die,mit,don,fre,sam } WOCHTAG;
WOCHTAG wochtag;
```

Auch der aus Pascal bekannte Datentyp Wahrheitswert (boolean) kann ebenfalls damit implementiert werden:

```
typedef enum { false,true } BOOLEAN;
BOOLEAN a,b,c;
```

Das Rechnen mit Wahrheitswerten wird im Abschnitt 9 (Operatoren) ausführlich behandelt. Der Datentyp enum wird intern als ganzzahlige Struktur verwaltet. Die Numerierung beginnt, wie in C üblich, mit Null. Bei den obigen Beispielen wird daher codiert:

```
Jan=0, Feb=1, Mrz=2 usw.
Son=0, Mon=1, Die=2 usw.
false=0, true=1.
```

Diese Standard-Numerierung kann aber in C durch eine explizite Wertzuweisung geändert werden, z.B.

```
enum farbe {karo = 9, herz, pik, kreuz };
```

Karo erhält damit den Wert 9. Die folgenden Werte werden - sofern nicht eine weitere Numerierung gesetzt wird - monoton steigend weitergezählt. Bei diesem Beispiel folgt also :

```
Herz=10, Pik=11, Kreuz=12.
```

Wie in Pascal können Variablen vom ENUM-Typ eine FOR-Schleife durchlaufen

```
WOCHTAG tag;
for (tag=son; tag<=sam; tag++)
```

Ebenso können ENUM-Typen als Fallunterscheidung bei einer SWITCH-Anweisung auftreten:

```
switch(tag)
    {
      case son : printf("Sonntag"); break;
      case mon : printf("Montag"); break;
      case die : printf("Dienstag"); break;
      case mit : printf("Mittwoch"); break;
      case don : printf("Donnerstag"); break;
      case fre : printf("Freitag"); break;
      case sam : printf("Samstag");
    }
```

Zur Demonstration sollen alle 32 Skat-Karten ausgedruckt werden:

```
/* kartensp.c */

typedef enum {sieben,acht,neun,bube,dame,koenig,zehn,as} WERT;
typedef enum {karo,herz,pik,kreuz} FARBE;

void main()
{
WERT wert;
FARBE farbe;

for (farbe=karo; farbe<=kreuz; farbe++)
  for (wert=sieben; wert<=as; wert++)
  {
   switch(farbe)
    {
    case karo       : printf("Karo");break;
    case herz       : printf("Herz");break;
    case pik              : printf("Pik");break;
    case kreuz      : printf("Kreuz");break;
    }
   switch(wert)
    {
    case sieben : printf("-Sieben\n");break;
    case acht   : printf("-Achter\n");break;
    case neun   : printf("-Neuner\n");break;
    case bube   : printf("-Bube\n");break;
    case dame   : printf("-Dame\n");break;
    case koenig : printf("-König\n");break;
    case zehn   : printf("-Zehner\n");break;
    case as     : printf("-As\n");
    }
  }
}
```

Neu nach der ANSI C-Norm ist, daß eine Funktion einen ENUM-Typ als
Funktionswert liefern kann

```
WOCHTAG tag;
WOCHTAG tag_danach(WOCHTAG tag)
    {
    return ((WOCHTAG) (((int) t+1) % 7));
    }
```

Ein Beispiel bei dem die Numerierung von Farben eine Rolle spielt, ist die internationale Farbcodierung der Widerstände.

```
/* farbcode.c */

/* Internationaler Standard-Farbcode fuer Widerstaende  */

#include <stdio.h>
#include <math.h>

typedef enum { schwarz,braun,rot,orange,gelb,gruen,blau,
         violett,grau,weiss,silber,gold } FARBE;

void main()
{
int i,wert[3];
FARBE farbe;
char eingabe[7];
double widerstand;
void *farb_name(int);
double pow(double,double);

printf("--------------------------------------\n");
printf("  Farbcodierung von Widerständen\n");
printf("--------------------------------------\n");
printf("Es werden folgende Farben verwendet:\n");
for (i=0; i<12; printf("%-10s",farb_name(i++)));
printf("\n\n");

for(i=0; i<3; i++)
{
printf("Gib Farbe des %d.Rings ein! ",i+1);
scanf("%s",eingabe);
for (farbe = schwarz;farbe<=silber;farbe++)
  if (strcmp(eingabe,farb_name((int)farbe))==0) break;
wert[i]= ((int)farbe<10) ? (int)farbe : (int)farbe-12;
widerstand = (10.0*wert[0]+wert[1])*pow(10.0,(double)wert[2]);
printf("\nDer Widerstand beträgt %9.2f%c\n",widerstand,234);
}

void *farb_name(int k)
{
  static char *name[] =
      { "schwarz",
        "braun",
        "rot",
        "orange",
        "gelb",
        "grün",
        "blau",
```

```
        "violett",
        "grau",
        "weiß",
        "silber",
        "gold" };
   return((k>=0 && k<12) ? name[k]:" ");
   }
```

Die ersten beide Farbringe geben die geltenden Ziffern, der dritte Ring die
Zehnerpotenz eines Widerstands an. Von einem vierten Ring, der die Präzision
angibt, wird hier abgesehen. Die Numerierung der Farben schwarz bis weiß
entspricht der Wertigkeit der Farbringe. Die Farbe silber stellt die Zehnerpotenz 10^{-2}, gold die Zehnerpotenz 10^{-1} dar. Die Farbkombination
schwarz-rot-gold bedeutet somit den Widerstandswert 0.20 Ohm.

Ein auf Seite 44 bereits beschriebenes Verfahren zur Bestimmung der Wochentage ist die Formel von ZELLER:

```
/* kalender.c */

typedef enum {son,mon,die,mit,don,fre,sam} WOCHTAG;
typedef int TAG,MONAT,JAHR;

void main()
{
TAG tag;
MONAT monat;
JAHR jahr;
WOCHTAG wochtag;
WOCHTAG zeller();
void wtausgabe();

printf("Geben Sie Tag,Monat,Jahr im Format TT.MM.JJJJ ein! ");
scanf("%d.%d.%d",&tag,&monat,&jahr);
wochtag = zeller(tag,monat,jahr);
wtausgabe(wochtag);
}

WOCHTAG zeller(TAG tag,MONAT monat,JAHR jahr)
/* Wochentagsformel des Geistlichen Zeller  */
{
int jhd,wt;
if (monat > 2)
  monat -= 2;
else
      { monat += 10; jahr--; }
jhd = jahr/100;
jahr %= 100;
wt = (jahr/4+jhd/4+(13*monat-1)/5+tag+jahr-2*jhd) % 7;
while(wt < 0) wt += 7;
return (WOCHTAG)wt;
}
```

```
void wtausgabe(WOCHTAG wochtag)
{
switch(wochtag)
  {
  case son: printf("Sonntag\n");break;
  case mon: printf("Montag\n");break;
  case die: printf("Dienstag\n");break;
  case mit: printf("Mittwoch\n");break;
  case don: printf("Donnerstag\n");break;
  case fre: printf("Freitag\n");break;
  case sam: printf("Samstag\n");
  }
return;
}
```

11.2 Der Verbund struct

Während in Feldern stets Variablen vom gleichen Typ zusammengefaßt, kann
der Verbund auch verschiedenartige Daten zu einem Ganzen vereinen. Er entspricht dem Datentyp RECORD in Pascal.

```
struct spielkarte
{
WERT karte;
FARBE farbe;          /* siehe oben */
}
struct student
{
char *familienname;
int semester;
long int matrikel_nr;
};
```

Mittels der TYPEDEF-Anweisung kann eine Struktur einen Namen erhalten

```
typedef struct
        { int nenner;
        int zaehler;} BRUCH;

typedef struct
        { float x;   /* x-Komponente */
        float y;     /* y-Komponente */
        float z;} VEKTOR;

typedef struct
        { double re; /* Realteil */
        double im;   /* Imaginärteil */
        } KOMPLEX;    /* Komplexe Zahl */

typedef struct
        { double r;  /* Radiusvektor */
        double phi;  /* Polarwinkel */
        } POLAR;      /* Polarkoordinaten */
```

Ein Verbund kann auch als Komponente eines Verbunds auftreten; d.h. Verbunde können verschachtelt werden.

```
typedef struct
    {
     int tag;
     char monat[12];
     int jahr;
    } DATUM;

typedef struct
    {
     char *strasse;
     int plz;
     char *wohnort;
    } ADRESSE;

typedef struct
    {
     char *name;
     ADRESSE adresse;
     DATUM geburtstag;
     FAMILIENSTAND stand;
    } PERSONALIE;
```

Dabei ist der Familienstand als Aufzählungstyp erklärt worden:

```
typedef enum {ledig,verheiratet,verwitwet,
              geschieden } FAMILIENSTAND;
```

Die Komponenten eines Verbunds können mit Hilfe des Element-Operators "."
einzeln angesprochen werden.

```
BRUCH bruch;
bruch.nenner = 5; bruch.zaehler = 2;

VEKTOR a;
laenge = sqrt(sqr(a.x)+sqr(a.y)+sqr(a.z));

PERSONALIE person;
person.name = "Franz Xaver";
person.adresse.wohnort = "München";
person.geburtstag.jahr = 1950;
```

Im Falle eines Zeigers auf einen Verbund existiert ein weiterer Element-Ope-
rator "->". Er ersetzt die beiden Operatoren "*" und ".". Man verkürzt daher

```
*(person).name            person->name

*(datum).jahr             datum->jahr
```

Die Übergabe von ENUM-Variablen an eine Prozedur wird im folgenden Programm vorgeführt, das 2 positive Brüche addiert. Die Prozeduren erweitern
und kürzen werden hier durch Call-by-reference aufgerufen.

```
/* bruch.c */

typedef struct { int zaehler,nenner; } BRUCH;
```

```c
void main()
+{
BRUCH x,y,z;
int hauptnenner;
int kgv(int,int);
void kuerzen(BRUCH *);
void erweitern(BRUCH *,int);

printf("Gib 1.Bruch in der Form a/b ein! ");
scanf("%d/%d",&x.zaehler,&x.nenner);
printf("Gib 2.Bruch in der Form a/b ein! ");
scanf("%d/%d",&y.zaehler,&y.nenner);
printf("%d/%d + %d/%d = ",x.zaehler,x.nenner,
  y.zaehler,y.nenner);

hauptnenner = kgv(x.nenner,y.nenner);
erweitern(&x,hauptnenner);
erweitern(&y,hauptnenner);

z.zaehler = x.zaehler+y.zaehler;
z.nenner = hauptnenner;
kuerzen(&z);
printf("%d/%d\n",z.zaehler,z.nenner);
}

int ggt(int a,int b)
{
int rest;
do
   {
   rest = a % b;
   a = b; b = rest;
   }
while(rest);
return(a);
}

int kgv(int a,int b)
{
int ggt(int,int);
return(a*b/ggt(a,b));
}

void erweitern(BRUCH *a,int hptn)
{
a->zaehler *= (hptn/a->nenner);
a->nenner = hptn;
return;
}

void kuerzen(BRUCH *a)
{
int ggt(int,int);
int fakt;
fakt = ggt(a->zaehler,a->nenner);
if (fakt !=1)
    {
    a->zaehler /= fakt;
    a->nenner /= fakt;
    }
return;
}
```

Hier wurde zur Berechnung des Hauptnenners die Funktion kgv (kleinstes gemeinsames Vielfache) benutzt, die mittels der bereits bekannten ggT-Funktion berechnet werden kann:

```
kgv(a,b) = ggt(a,b)/(a*b).
```

11.3 Komplexe Zahlen und Polarkoordinaten

Das Rechnen mit **komplexen Zahlen** mittels Verbunden zeigt das folgende Programm:

```c
/* complex.c */

#include <math.h>
#define sqr(x) ((x)*(x))

typedef struct komplex
       { float re,im;
       } COMPLEX;

void main()
{
COMPLEX a,b,c;
COMPLEX kompadd(),kompsub(),kompmult(),kompdiv();
void ausgabe();
printf("Gib 1. komplexe Zahl ein! ");
scanf("%f %f",&a.re,&a.im);
printf("Gib 2. komplexe Zahl ein! ");
scanf("%f %f",&b.re,&b.im);
c = kompadd(a,b);
printf("Summe: ");ausgabe(c);
c = kompsub(a,b);
printf("Differenz: ");ausgabe(c);
c = kompmult(a,b);
printf("Produkt: ");ausgabe(c);
c = kompdiv(a,b);
printf("Quotient: ");ausgabe(c);
}

COMPLEX kompadd(COMPLEX x,COMPLEX y)
{
COMPLEX z;
z.re = x.re + y.re;
z.im = x.im + y.im;
return(z);
}

COMPLEX kompsub(COMPLEX x,COMPLEX y)
{
COMPLEX z;
z.re = x.re - y.re;
z.im = x.im - y.im;
return(z);
}
```

```
COMPLEX kompmult(COMPLEX x,COMPLEX y)
{
COMPLEX z;
z.re = (x.re)*(y.re) - (x.im)*(y.im);
z.im = (x.re)*(y.im) + (x.im)*(y.re);
return(z);
}

COMPLEX kompdiv(COMPLEX x,COMPLEX y)
{
COMPLEX z;
float betrag;
betrag = sqr(y.re) + sqr(y.im);
z.re = (x.re*y.re + x.im*y.im)/betrag;
z.im = (-x.re*y.im + y.re*x.im)/betrag;
return(z);
}

void ausgabe(COMPLEX x)
{
double fabs();
if (x.im >= 0) printf("%f + %f*i\n",x.re,x.im);
else printf("%f - %f*i\n",x.re,fabs(x.im));
}
```

Die komplexe Arithmetik wird hier von Funktionen übernommen, die jeweils
wieder ein komplexes Resultat liefern. Natürlich hätte man auch vier entsprechende Prozeduren formulieren können, die durch Call-by-reference ihre
Werte übergeben. Die komplexen Zahlen werden als Zahlenpaare eingegeben,
7-2i als "7 -2",entsprechend 5+3i als "5 3". Man erhält die Ausgabe

```
Summe: 12 + 1*i
Differenz: 2 - 5*i
Produkt: 41 + 11*i
Quotient: 0.852941 - 0.911765*i
```

Auch **Polarkoordinaten** können als Verbunde definiert werden.

```
/* polar.c */

#include <math.h>

#define SQR(x)  ((x)*(x))

const float PI = 3.14159265;

typedef struct
           { double r,phi;
           } POLAR;
typedef struct
           { double x,y;
           } KART;

void main(void)
{
KART k;
POLAR z,umrechnung(KART k);
void exit(int);
```

```
printf("Gib kartesische Koordinaten ein! ");
scanf("%lf %lf",&k.x,&k.y);
if (k.x==0.0 && k.y==0)
   printf("\aUrsprung nicht eindeutig!\n"),exit(-1);
z = umrechnung(k);
printf("\nRadiusvektor r= %f\n",z.r);
printf("Polarwinkel %c = %f%c\n",232,z.phi,248);
return;
}


POLAR umrechnung(KART k)
{
POLAR z;
double sqrt(double);
double atan2(double,double);
z.r = sqrt(SQR(k.x) + SQR(k.y));
if (k.x==0.0)
      z.phi = (k.y > 0.0) ? 90.0 : -90.0;
else
   {
   z.phi = 180.*atan2(k.y,k.x)/PI;
   if (z.phi < 0) z.phi += 360.0;
   }
return z;
}
```

Auch die kartesischen Koordinaten x,y sind hier als STRUCT definiert. Die Eingabe "3 4" liefert z.B. die Polarkoordinaten

```
Radiusvektor = 5
Polarwinkel = 53.130102°
```

11.4 Der Datentyp union

Während in einem Verbund alle Komponenten festliegen, ist es manchmal nützlich mit variablen Komponenten zu arbeiten. Ein solcher Verbund wird dann auch **Variante** genannt. Die Komponenten können u.U. sogar verschiedene Datentypen enthalten. Z.B. könnte in einer Datenbank die Adresse wahlweise eine Geschäfts- bzw. eine Privatadresse sein. Varianten können in C mit dem Datentyp **union** realisiert werden.

Eine Literaturstelle soll z.B. wahlweise ein Buch oder ein Zeitschriftenartikel sein:

```
union literaturstelle
     {
      struct BUCH buch;
      struct ARTIKEL artikel;
     };
```

Dabei sind die Strukturen BUCH und ARTIKEL wie folgt definiert:

```
typedef struct
      {
        char *autor;
        char *titel;
        char *verlag;
        int erschein_jahr;
      } BUCH;

typedef struct
      {
        char *autor;
        char *titel;
        char *zeitschrift_name;
        int nummer;
        int jahrgang;
      } ARTIKEL;
```

Der Compiler muß soviel Speicherplatz reservieren, daß entweder BUCH oder
ARTIKEL gespeichert werden kann. Der Zugriff auf die richtige Struktur liegt
in der Hand des Programmierers.

Eine wichtige Anwendung des union-Typs sind die Register des 8086-Prozes-
sors, die wahlweise in Byte (8 Bit) bzw. in Maschinenworten (16 Bit) angesprochen werden (vgl. Abschnitt 15).

Das Verschachteln von UNION und STRUCT-Typen in einer Datenbank zeigt
das folgende Beispiel:

```
/* kfz.c */

#define PKW 1
#define LKW 2
#define BUS 3

typedef enum { otto,diesel} MOTOR;

struct pers_kraftwagen
    {
    int leistung;
    MOTOR motor;
    };

struct lastkraftwagen
    {
    int ladegewicht;
    int achsen;
    };

struct omnibus
    {
    int personenzahl;
    int geschwindigk;
    };
```

```
    struct
      {
      int kfz_art;
      int baujahr;
      char *fabrikat;
      long int listenpreis;
      union
      {
      struct pers_kraftwagen pkw;
      struct lastkraftwagen lkw;
      struct omnibus bus;
      } typ;
      } wagen;

main()
{
wagen.kfz_art = PKW;
wagen.baujahr = 1988;
wagen.listenpreis = 29000;
wagen.fabrikat = "BMW 318";
wagen.typ.pkw.motor = otto;
wagen.typ.pkw.leistung = 110;
if (wagen.kfz_art == PKW)
{
printf("Für den PKW gelten folgende Daten:\n\n");
printf("Fabrikat........... %s\n",wagen.fabrikat);
printf("Baujahr............ %d\n",wagen.baujahr);
printf("Motorleistung...... %d PS\n",wagen.typ.pkw.leistung);
(wagen.typ.pkw.motor==otto) ? printf("Otto-Motor\n") :
            printf("Diesel-Motor\n");
printf("Listenpreis........ %d DM\n",wagen.listenpreis);
}
}
```

Obwohl hier nur ein Datensatz gegeben ist, läßt sich das Prinzip, mit dem die
Datensätze ausgewertet werden, gut erkennen. In der Praxis wird man natürlich
umfangreiche Datensätze in einer eigenen Datei speichern.

11.5 Der Datentyp Bitfeld

Ein Spezialfall des Verbundes STRUCT ist das **Bitfeld**. Bei vielen System-
funktionen wie Bildschirmsteuerung, Speicherzugriffen und Zeichenmustern
werden solche Bitfelder verwendet. Die Bildschirm-Attribute z.B. werden unter
MS-DOS durch ein Byte, d.h. durch 8 Bits, wie folgt codiert:

```
    struct video_attrib
    {
    unsigned int foreground : 3;   /* bit 0..2 */
    unsigned int intense    : 1;   /* bit 3 */
    unsigned int background : 3;   /* bit 4..6 */
    unsigned int blinker    : 1;   /* bit 7 */
    }
```

Die Komponenten eines Bitfeldes müssen vom int-Typ sein. Bitfelder finden
außer bei den oben erwähnten Betriebssystem-Funktionen Anwendung bei der
Verschlüsselung von Nachrichten, beim Komprimieren von Daten und ähnlichen Vorgängen.

Bitfelder unterliegen jedoch einigen *Einschränkungen*: So sind Felder aus Bitfeldern nicht erlaubt, ebensowenig kann ein Adreßoperator oder ein Pointer auf
sie angewandt werden. Ein ganz wesentlicher Unterschied gegenüber anderen
Datentypen ist bei den Bitfeldern zu beachten: Sie sind nämlich maschi-
nenabhängig, da die Größe eines Maschinenworts (16 oder 32 Bit) und die Numerierung der Bits (z.B. von rechts nach links oder umgekehrt) explizit in die
Definition des Bitfelds eingeht.

Als Anwendung von Bitfeldern werden 4 Buchstaben in eine Langzahl "gepackt", ein Verfahren, das bei der Datenverschlüsselung häufig Anwendung
findet.

```c
/* pack.c */

#define ZWEIHOCH8   256L
#define ZWEIHOCH16  65536L
#define ZWEIHOCH24  16777216L

typedef struct word
    {
    unsigned int byte0 : 8;
    unsigned int byte1 : 8;
    unsigned int byte2 : 8;
    unsigned int byte3 : 8;
    } WORD;

void main()
{
 char a ='A',b ='B',c ='C',d ='D';
 WORD p,pack();

void unpack();
long int wert;

  puts("------------------------------------------------");
  puts("  Packen von 4 Zeichen in eine Langzahl");
  puts("------------------------------------------------");

  printf("Gepackte Zeichen %c %c %c %c \n",a,b,c,d);
  p = pack(a,b,c,d,&p);

  wert = p.byte0+ZWEIHOCH8*p.byte1+ZWEIHOCH16*p.byte2
        +ZWEIHOCH24*p.byte3;
  printf("\nGepackte Darstellung = %ld\n",wert);

  unpack(wert,&a,&b,&c,&d);
  printf("\nEntpackte Zeichen %c %c %c %c\n",a,b,c,d);
}

WORD pack(char a,char b,char c,char d)
{
  WORD p;
  p.byte0 = a;
  p.byte1 = b;
  p.byte2 = c;
  p.byte3 = d;
  return p;
}
```

```
void unpack(long int v,char *a,char *b,char *c,char *d)
{
 *a = v & 0xff;
 *b = (v & 0xff00 ) >> 8;
 *c = (v & 0xff0000 ) >> 16;
 *d = (v & 0xff000000 ) >> 24;
 return ;
}
```

Das "Packen" geschieht in der Prozedur pack, indem die vier Werte als Bytes mit den entsprechenden Zweierpotenzen 2^8, 2^{16} und 2^{24} multipliziert und in ein Machinenwort gesetzt werden. Das "Entpacken" verläuft analog. Zunächst werden die entsprechenden Bytes mit Hilfe der Masken 0xFF, 0xFF00 usw. ausgewählt und mittels der Shift-Operatoren nach rechts auf ihren ursprünglichen Wert verschoben.

12 Dynamische Datenstrukturen

Da die obere Indexgrenze eines Feldes zur Compilierzeit festliegen muß und auch zur Laufzeit nicht geändert werden kann, ist der Speicherbedarf eines Feldes genau festgelegt. Hinzu kommt, daß bei den kleineren Speichermodellen die Größe eines Feldes auf ein Segment, d.h. auf 64K, beschränkt ist. Das Feld stellt daher einen **statischen** Datentyp dar, im Gegensatz zu **dynamischen** Datentypen, bei denen der benötigte Speicherplatz nach Bedarf vergrößert oder verkleinert werden kann. Solche dynamische Datenstrukturen werden rekursiv definiert und mit Hilfe von Pointern realisiert. Als Beispiel solcher dynamischen Strukturen sollen Stacks, verkettete Listen und Binärbäume besprochen werden.

12.1 Der Stack

Ein Stack (oder Stapelspeicher) ist ein Speicher, der nach dem Prinzip arbeitet, daß der zuletzt gespeicherte Wert als erster entnommen wird. Dieses Prinzip wird im Englischen LIFO (last in - first out) genannt. Der Stack ist ein fester Bestandteil der Konzeption des 8088-Prozessors, da einige Register als Stapel arbeiten (vgl. Abschnitt 16.1). Dort wird gespeichert, von wo Unterprogramme aufgerufen und welche Parameter übergeben werden.

Für Stacks gibt es zwei grundlegende Tätigkeiten:

> **push** - einen Wert auf den Stack legen
>
> **pop** - obersten Wert vom Stack entfernen

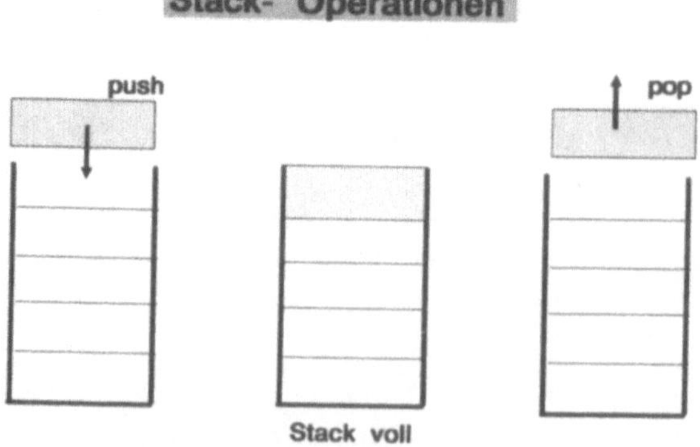

Abb.12.1 Stapel-Operationen

Ein Stackelement wird in geeigneter Weise als Verbund definiert. Dieser Verbund besteht aus zwei Komponenten, wobei die erste den gespeicherten Wert z.B. vom Typ int angibt. Die zweite Komponente ist ein Zeiger auf das nächste Stackelement:

```c
typedef struct stack
  {
  int info;
  struct stack *next;
  } STACK;
```

Die Prozedur push muß zunächst einen Pointer erzeugen, indem mittels der malloc()-Funktion ein Speicherplatz belegt wird (vgl. Abschnitt 6.6). Dann erhält das neue Stackelement den übergebenen Wert, und der Zeiger wird auf das vorher gespeicherte Element gesetzt.

```c
void push(STACK **s,int item)
{
STACK *new;

new = (STACK *) malloc(sizeof(STACK));
new->info = item;
new->next = *s;
*s = new;
return;
}
```

Die Operation pop liefert einen int-Wert und wird daher als int-Funktion definiert. Für den Fall des leeren Stacks führt man noch eine Fehlervariable ein, die angibt, ob ein Element entnommen werden kann. Der Wert des obersten Elements wird an die Funktion übergeben und der Speicherplatz freigegeben:

```c
int pop(STACK **s,int *error)
{
STACK *old = *s;
int old_info;

if (*s)
  {
  old_info = old->info;
  *s = (*s)->next;
  free(old);
  *error = 0;
  }
else
  {
  old_info = 0;
  *error = 1;
  }
return(old_info);
}
```

Das folgende Programm legt zum Testen der Stack-Funktionen die Zahlen 10 bis 15 auf den Stapel und entnimmt sie wieder.

```c
/* stack.c */

#include <alloc.h>

typedef struct stack
  {
  int info;
  struct stack *next;
  } STACK;

STACK s;

void main()
{
int i,x,error;
void push(STACK **,int);
int pop(STACK **,int *);

for (i=10; i<16; i++)
  {
  push(&s,i);
  printf("%d auf Stack gelegt\n",i);
  }
for (i=10; i<16; i++)
  {
  x = pop(&s,&error);
  if (!error) printf("%d vom Stack geholt\n",x);
  else printf("Stack leer!\n");
  }
}

void push(STACK **s,int item)
{
STACK *new;
void *malloc();

new = (STACK *) malloc(sizeof(STACK));
new->info = item;
new->next = *s;
*s = new;
return;
}

int pop(STACK **s,int *error)
{
STACK *old = *s;
int old_info;

if (*s)
  {
  old_info = old->info;
  *s = (*s)->next;
  free(old);
  *error = 0;
  }
else
  {
  old_info = 0;
  *error = 1;
  }
return(old_info);
}
```

Natürlich lassen sich Stacks auch mit Hilfe eines Feldes stack[MAX] realisieren. Die Position des obersten Elements wird durch die Variable top geliefert. Der Stack ist dann leer, wenn gilt: top==0 . Entsprechend ist der Stack voll, wenn gilt: top==MAX. Die Funktion push() kann dann wie folgt codiert werden:

```
int push(int x)
{
if (top==MAX)
  {
  printf("\nempty stack\n");
  return(0);
  }
stack[++top] = x;
return(1);
}
```

Analog die Funktion pop:

```
int pop(int *x)
{
if (top==0)
  {
  printf("\nempty stack\n");
  return(0);
  }
*x = stack[top--];
return(1);
}
```

Als Anwendung wird eine Zeichenkette rückwärts gelesen, indem die Buchstaben des Strings auf einen Stapel gelegt und wieder eingelesen werden.

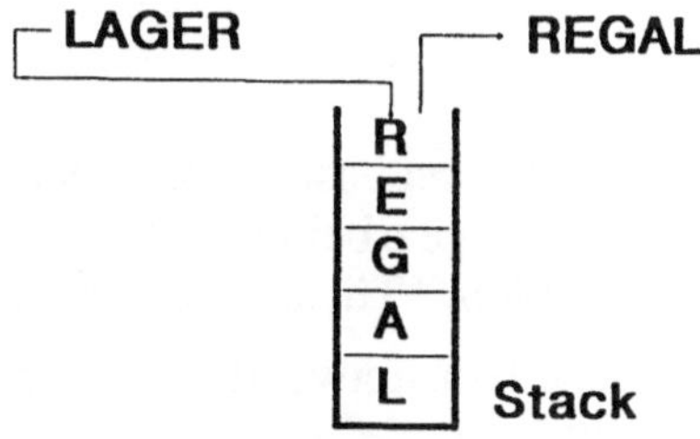

Umdrehen eines Wortes mittels Stack

Abb.12.2 Umdrehen eines Strings

```c
/* stack2.c */

#define MAX 80

char stack[MAX+1];
int top=0;

void main()
{
char ch,str[80],*p;

printf("Eingabe des Strings: ");
scanf("%s",str);
p = str;
while (*p) push(*(p++));
printf("\nString rückwärtsgelesen: ");
while (pop(&ch))
  printf("%c",ch);
}

int push(char ch)
{
if (top==MAX)
  {
  printf("\nstack overflow\n");
  return(0);
  }
stack[++top] = ch;
return(1);
}

int pop(char *ch)
{
if (top==0)
  {
  printf("\nempty stack\n");
  return(0);
  }
*ch = stack[top--];
return(1);
}
```

Stapel sind auch in der Informatik von besonderer Bedeutung, da mit ihrer Hilfe jedes Rekursionsschema iterativ abgearbeitet werden kann. Dies soll an dem in Abschnitt 10.4 behandelten Problem "Türme von Hanoi" gezeigt werden.

Die für den Transport der Scheiben notwendigen Werte von quelle, ziel, hilfe werden von den Stapeln st_quell, st_ziel und st_hilf verwaltet. Ebenfalls benötigt werden je ein Stack st_n für die laufende Zahl der Scheiben und ein Stack st_adr für die jeweilige Rücksprung-Adresse im Programm.

Das Abarbeiten eines rekursiven Aufrufs geht prinzipiell in zwei Schritten vonstatten. Zuerst müssen die alten Parameterwerte auf den jeweiligen Stack gelegt und die neuen Werte berechnet werden. Im zweiten Schritt müssen die entsprechenden Schritte ausgeführt werden. Das Ganze wiederholt sich, bis der Stapel st_n, der die Rekursionstiefe angibt, leer ist.

```c
/* hanoi_it.c */

/* Iterative Lösung des Problems Türme von Hanoi */

#define MAX 20

void main()
{
int n;
void hanoi(int,int,int,int);
printf("Wieviele Scheiben (max.%d)? ",MAX);
scanf("%d",&n);
hanoi(n,1,2,3);
}

void hanoi(int n,int quelle,int hilf,int ziel)
{
int top,h,adr;
int st_n[MAX+1],st_quel[MAX+1],st_hilf[MAX+1],
  st_ziel[MAX+1],st_adr[MAX+1];

top = 0;
start :
if (n==1)
  {
  printf("Bringe Scheibe %d von Turm %d nach Turm %d\n",
  n,quelle,ziel);
  goto schritt2;
  }
top++;
st_n[top] = n;
st_quel[top] = quelle; st_hilf[top] = hilf;
st_ziel[top] = ziel; st_adr[top] = 1;
n--;
h = hilf; hilf = ziel; ziel = h;
goto start;

schritt1 :
printf("Bringe Scheibe %d von Turm %d nach Turm %d\n",
n,quelle,ziel);
top++;
st_n[top] = n;
st_quel[top] = quelle; st_hilf[top] = hilf;
st_ziel[top] = ziel; st_adr[top] = 2;
n--;
h = quelle; quelle = hilf; hilf = h;
goto start;

schritt2 :
if (top == 0) return;
n = st_n[top];
quelle = st_quel[top]; hilf = st_hilf[top];
ziel = st_ziel[top]; adr = st_adr[top];
top--;
if (adr==1) goto schritt1;
else goto schritt2;
}
```

Vergleicht man die rekursive und iterative Fassung des Hanoi-Programms,
sieht man wie kurz und elegant die rekursive Lösung ist. Die mühevolle Stapel-

Verwaltung und das Buchführen der Parameterwerte erledigt hier der C-Compiler.

12.2 Die verkettete Liste

Der am häufigsten verwendete dynamische Datentyp ist der der **verketteten Liste** (englisch *linked list*). Eine Liste ist in natürliche Weise rekursiv. Sie besteht aus dem ersten Element (Listenkopf) und der Restliste. Diese Definition kann in Programmiersprachen wie Lisp oder Prolog direkt verwendet werden [8]. In C wird die verkettete Liste zweckmäßigerweise wieder als Verbund definiert. Soll die Liste ganze Zahlen enthalten, so besteht ein Listenelement aus einer int-Zahl und einem Zeiger auf das nächste Listenelement.

```
typedef struct liste
  {
  int info;
  struct liste *next;
  } LISTE;
```

Eine Liste von ganzen Zahlen kann erzeugt werden durch:

```
p = (LISTE *)NULL;
for (i=1; i<N; i++)
{
q = p;
p = (LISTE *)malloc(sizeof(LISTE));
p->info = i;
p->next = q;
}
```

Diese List wird ausgedruckt mit

```
for (p=q; p!=NULL; p=p->next)
  printf("%5d",p->info);
```

Das folgende Programm zeigt das Durchlaufen einer Liste von ganzen Zahlen.

```
/* llist.c */

#include <stdio.h>
#include <alloc.h>

typedef struct liste { int info;
                       struct liste *next;
                       } LISTE;

void main()
{
int N;
LISTE *p,*q;
void *malloc(int size);
int i,size = sizeof(LISTE);
```

```c
    printf("Welche Listenlänge ? ");
    scanf("%d",&N);

    p = (LISTE *) NULL;
    for (i=N; i>=0; i--)
        {
        q = p;
        p = (LISTE *)malloc(size);
        p->info = i;
        p->next = q;
        }
    for (p=q; p != NULL; p=p->next)
        printf("%5d",p->info);
    printf("\n");
    }
```

In der Praxis werden verkettete Listen natürlich nicht nur aus ganzen Zahlen
bestehen. Als Beispiel werden die Bahnhöfe des Intercity-Zugs von München
nach Hamburg als Liste aufgebaut.

```c
/* bahn.c */

/* Nord-Verbindung einer Bahnstrecke als verkettete Liste */

#include <stdio.h>
#define ANZAHL 12

typedef char string[11];
typedef struct bahnhof {
                string name;
                struct bahnhof *sued;
                } BAHNHOF;

void main()
{
BAHNHOF *p,*q,*station;
int i,size= sizeof(BAHNHOF);
void *malloc(int size);
char *ortsname(int i);

p = (BAHNHOF *) NULL;
for (i=ANZAHL-1; i>=0; i--)
    {
    q = p;
    p = (BAHNHOF *)malloc(size);
    strcpy(p->name,ortsname(i));
    p->sued = q;
    }
station = (BAHNHOF *)malloc(size);
printf("Noerdliche Route:\n");
for (station = p; station != NULL; station=station->sued)
    printf("   %s\n",station->name);
}

char *ortsname(int i)
{
static char *ort[] =
   { "Muenchen",
     "Augsburg",
     "Ulm",
```

```
         "Stuttgart",
         "Heidelberg",
         "Mannheim",
         "Frankfurt",
         "Fulda",
         "Bebra",
         "Goettingen",
         "Hannover",
         "Hamburg" );
   return ort[i];
}
```

Typische Operationen auf verketteten Listen sind (vgl. Abb.12.3):

- Entfernen eines Elements (remove)

- Einfügen eines Elements (insert)

- Durchsuchen nach einem bestimmten Element (search)

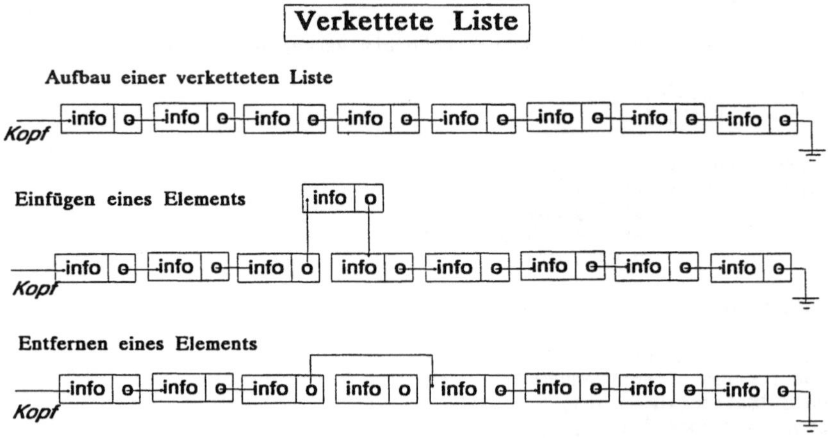

Verkettete Liste

Aufbau einer verketteten Liste

Kopf

Einfügen eines Elements

Kopf

Entfernen eines Elements

Kopf

Abb.12.3 Verkettete Liste

Typische Listenoperationen zeigt das folgende Programm, das einen beliebigen String in eine verkettete Liste verwandelt.

```
/* liste.c */

typedef struct liste {
              char info;
              struct liste *next;
              } LISTE;

void main()
{
LISTE *lst,*baue_liste();
void druck_liste();
int such_liste();
int zaehl_liste();
char ch,*str;
int z;
```

```c
printf("Welcher String soll in eine Liste verwandelt werden? \n");
scanf("%s",str);
lst = baue_liste(str);
printf("\nDie sich ergebende Liste ist: \n");
druck_liste(lst);
printf("\nDie Liste hat %d Elemente\n",zaehl_liste(lst));
printf("\nWelches Zeichen soll gesucht werden?
");
scanf("%s",&ch);
z = such_liste(ch,lst);
printf("Zeichen %s gefunden!\n",(z==1)?"":"nicht");
return;
}


LISTE *baue_liste(char s[])
{
LISTE *kopf;
void *malloc();
if (strlen(s)== 0) return(NULL);
else
      {
      kopf = (LISTE *) malloc(sizeof(LISTE));
      kopf ->info=s[0];
      kopf->next=baue_liste(s+1);
      }
return(kopf);
}


void druck_liste(LISTE *kopf)
{
if (kopf==NULL) printf("NULL\n");
else
     {
     printf("%c ->",kopf->info);
     druck_liste(kopf->next);
     }
return;
}


int such_liste(char ch,LISTE *kopf)
{
while (kopf)
     {
     if (kopf->info==ch)  return(1);
     else kopf=kopf->next;
     }

 return(0);
 }

 int zaehl_liste(LISTE *kopf)
 {
 if (kopf==NULL) return(0);
 else
      return(1+zaehl_liste(kopf->next));
 }
```

12.3 Die doppelt verkettete Liste

Bei der **doppelt verketteten Liste** (englisch *double linked list*) hat jedes Element zwei Zeiger, die auf den Vorgänger bzw. Nachfolger des Elements weisen. Das Programm bahn.c kann leicht auf diesen Fall erweitert werden. Die Pointer weisen dann jeweils auf den nördlichen und südlichen Bahnhof.

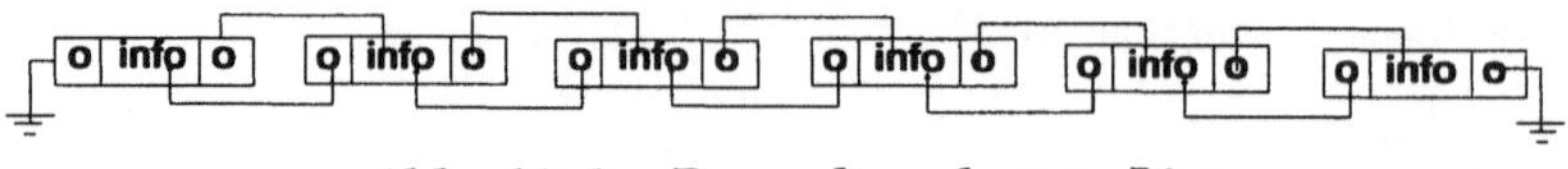

Abb. 12.3 a Doppelt verkettete Liste

```
/* bahn2.c */

/* Nord-Sued-Verbindung einer Bahnstrecke    als doppelt-verkettete Liste
*/

#include <stdio.h>
#define ANZAHL 12

typedef enum {noerdlich,suedlich} RICHTUNG;
typedef char string[11];
typedef struct bahnhof {
                string name;
                struct bahnhof *nord,*sued;
                } BAHNHOF;

void main()
{
BAHNHOF *p,*q,*r,*station;
RICHTUNG richtung;
int i,size= sizeof(BAHNHOF);
void *malloc(int size);
char *ortsname(int i);

p = (BAHNHOF *) NULL;
for (i=10; i>=1; i--)
   {
   q = p;
   p = (BAHNHOF *)malloc(size);
   strcpy(p->name,ortsname(i)); p->sued = q;
   }
r = (BAHNHOF *) NULL;
for (i=1; i<=ANZAHL; i++)
   {
   q = r;
   r = (BAHNHOF *)malloc(size);
   strcpy(r->name,ortsname(i));
   r->nord = q;
   }
```

```
        station = (BAHNHOF *)malloc(size);
        for (richtung=noerdlich; richtung<=suedlich; richtung++)
        switch(richtung)
          {
          case noerdlich :
            {
            printf("Noerdliche Route:\n");
            for (station = p; station != NULL; station=station->sued)
            printf(" %s\n",station->name);
            break;
            }
          case suedlich :
            {
            printf("Suedliche Route:\n");
            for (station = r; station != NULL; station=station->nord)
            printf(" %s\n",station->name);
            break;
            }
          }
        }

        char *ortsname(int i)
        {

        static char *ort[] =
            { "Muenchen",
              "Augsburg",
              "Ulm",
              "Stuttgart",
              "Heidelberg",
              "Mannheim",
              "Frankfurt",
              "Fulda",
              "Bebra",
              "Goettingen",
              "Hannover",
              "Hamburg" };
        return ort[i];
        }
```

12.4 Die verkettete Ringliste

Weist das das letzte Element einer verketteten Liste auf das erste, so spricht
man von einer **Ringliste** (englisch *circular list*). Als Beispiel soll das histo
rische Josephus- Problem dienen.

Der spätere jüdische Historiker JOSEPHUS (37-100) war bei der Eroberung de
Stadt Jotapata durch römische Truppen zusammen mit 40 anderen umzingel
worden. Um der römischen Sklaverei zu entkommen, wurde der allgemeine
Selbstmord beschlossen. Um sich und seinen Freund zu retten, schlug Josephu
vor, daß sich die Leute in einem Kreis aufstellen sollten und jeder Zehnte sicl
selbst töten solle. Wie mußte sich Josephus aufstellen, damit er der letzte in die
sem Kreis war und damit überlebte?

Zur Lösung werden die 41 Leute in eine Ringliste aufgenommen und durchnummeriert. Dann wird sukzessive jedes zehnte Listenelement gelöscht, indem der Zeiger auf Nachfolger entsprechend auf den Nachfolger des Nachfolgers gesetzt wird. Das Problem ist gelöst, wenn die Liste nur noch aus einem Element besteht; dieses ist dann sein eigener Nachfolger. Das folgende Programm ist allgemein geschrieben, so daß es das Abzählen einer beliebigen Leutezahl ermöglicht.

```c
/* josephus.c */

#include <stdio.h>
#include <alloc.h>

typedef struct liste { int nummer;
                                struct liste *next;
                                } PERSON;
PERSON *mann;

main()
{
void im_kreis_aufstellen(int);
void abzaehlen(int);
int anzahl,schrittw;

printf("----------------------\n");
printf("   Josephus-Problem\n");
printf("----------------------\n");
printf("Wieviel Mann? ");
scanf("%d",&anzahl);
printf("Jeder wievielte wird ausgeschieden? ");
scanf("%d",&schrittw);
printf("\nIn dieser Reihenfolge wird ausgeschieden: \n");
im_kreis_aufstellen(anzahl);
abzaehlen(schrittw);
}

void im_kreis_aufstellen(int anzahl)
{
PERSON *erster,*nachf;
int i;
void *malloc();
erster = (PERSON *) malloc(sizeof(PERSON));
erster->nummer=1;
mann = erster;
for (i=2; i<= anzahl; i++)
    {
    nachf = (PERSON *) malloc(sizeof(PERSON));
    nachf->nummer = i;
    mann->next = nachf;
    mann=nachf;
    }
mann->next = erster;
return;
}
```

```
void abzaehlen(int schrittw)
{
int i;
do
  { for (i=1; i< schrittw; i++)
     mann=mann->next;
   printf("%5d",mann->next->nummer);
   mann->next = mann->next->next;
   }
while(mann->next != mann);
printf("%5d",mann->nummer);
printf("\n");
return;
}
```

Man erhält folgende Ausgabe:

```
10   20   30   40    9   21   32    2   14   26
38   11   24   37   12   27    1   17   34    8
29    6   28    7   33   16   41   25   18    5
 3   39    4   15   23   13   36   22   31   19   35
```

Josephus und sein Freund mußten sich somit an die Positionen 19 und 35 stellen.

12.5 Der Binärbaum

Ein **Binärbaum** (englisch *binary tree*) ist eine Baumstruktur, bei der ausgehend von einer Wurzel jede Verzweigung höchstens zwei Äste hat. Ein Binärbaum heißt vollständig, wenn jede Verweigung (außer den Spitzen) genau zwei Äste hat. Vergleicht man einen Binärbaum mit einem Stammbaum, so nennt man den Ast, der sich verzweigt, auch den *Vater*, die Äste dann den *linken* bzw. *rechten* Sohn.

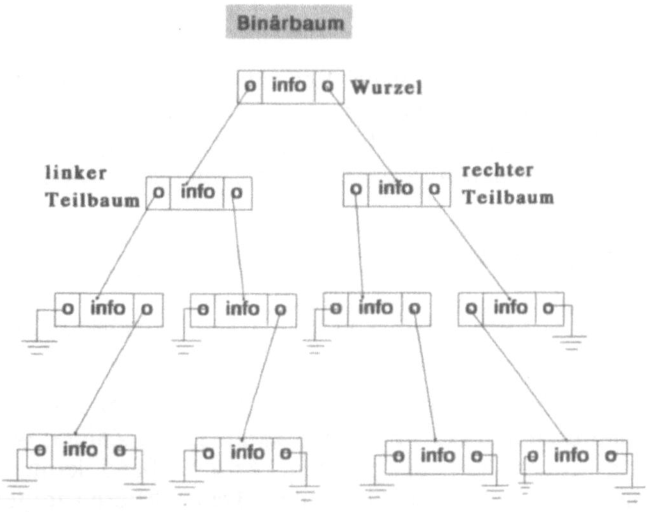

Abb.12.4 Binärbaum

Der Binärbaum kann analog zur doppelt verketteten Liste implementiert werden

```c
typedef struct baum
  {
  int info;
  struct baum *left,*right;
  } BAUM;
```

Ein Binärbaum kann wieder rekursiv erzeugt werden. Ist die Wurzel leer, so
wird ein linker und rechter Ast erzeugt, von denen jeder auf NULL weist. Ist
die Wurzel nicht leer, ruft sich die Prozedur selbst auf, einmal mit dem rechten
Ast und zum anderen mit dem linken.

```c
BAUM *make_tree(BAUM *p,int i)
{
void *malloc();
if (p == NULL)
    {
    p = (BAUM *)malloc(sizeof(BAUM));
    p->info = i;
    p->left = p->right = NULL;
    }
else if (i<p->info)
  p->left = make_tree(p->left,i);
else
    p->right = make_tree(p->right,i);
return p;
}
```

Aus das Ausdrucken des Baums wird rekursiv formuliert:

```c
void print_tree(BAUM *p)
{
if (p != NULL)
    {
    print_tree(p->left);
    printf("%8d",p->info);
    print_tree(p->right);
    }
  }
```

Das Durchmustern des Baums nach dem int-Wert i wird rekursiv geführt. Ist
der Baum leer oder befindet sich der gesuchte Wert in der Wurzel, wird der
entsprechende Zeiger zurückgegeben. Oder aber der gesuchte Wert befindet
sich im linken oder rechten Ast; dann wird search_tree() wieder rekursiv aufgerufen.

```c
BAUM *search_tree(BAUM *p,int i)
{
if (p == NULL || i == p->info) return(p);
else return(search_tree((i<p->info ? p->left : p->right),i));
}
```

Als Beispiel folgt ein vollständiges Programm, bei dem der Benützer beliebig
viele int- Zahlen ungleich Null eingeben kann. Diese Zahlen werden mit Hilfe
des Binärbaum sortiert und ausgegeben. Anschließend kann der Binärbaum
nach beliebigen Zahlen durchsucht werden. Das Sortieren mittels eines Binärbaums wird im nächsten Abschnitt besprochen.

```c
/* bintree.c */

#include <stdio.h>
#include <alloc.h>

typedef struct baum { int info;
                      struct baum *left,*right;
                      } BAUM;

void main()
{
int i;
BAUM *root, *ptr;
BAUM *make_tree(BAUM *p,int i);
BAUM *search_tree(BAUM *p,int i);
void print_tree(BAUM *p);

root = (BAUM *)NULL;
printf("Geben Sie ganze Zahlen ein ! Ende 0\n");
while(scanf("%d",&i),i)
  root = make_tree(root,i);
printf("\nSortiert :\n");
print_tree(root);
printf("\nNach welcher Zahl soll gesucht werden? ");
scanf("%d",&i);
(ptr = search_tree(root,i), ptr == NULL) ?
     printf("Zahl nicht gefunden.\n"):
     printf("Zahl gefunden !\n");
}

BAUM *make_tree(BAUM *p,int i)
{
void *malloc();
if (p == NULL)
   {
   p = (BAUM *)malloc(sizeof(BAUM));
   p->info = i;
   p->left = p->right = NULL;
   }
else if (i<p->num)
  p->left = make_tree(p->left,i);
else
    p->right = make_tree(p->right,i);
return p;
}

void print_tree(BAUM *p)
{
if (p != NULL)
   {
   print_tree(p->left);
   printf("%8d",p->info);
   print_tree(p->right);
   }
 }

BAUM *search_tree(BAUM *p,int i)
{
if (p == NULL || i == p->info) return(p);
else return(search_tree((i<p->info ? p->left : p->right),i));
}
```

12.6 Heapsort

Neben der Pointerdarstellung können Binärbäume auch durch Felder realisiert
werden. Meist wird hier die Standard-Numerierung nach Abb. 12.5 verwendet.

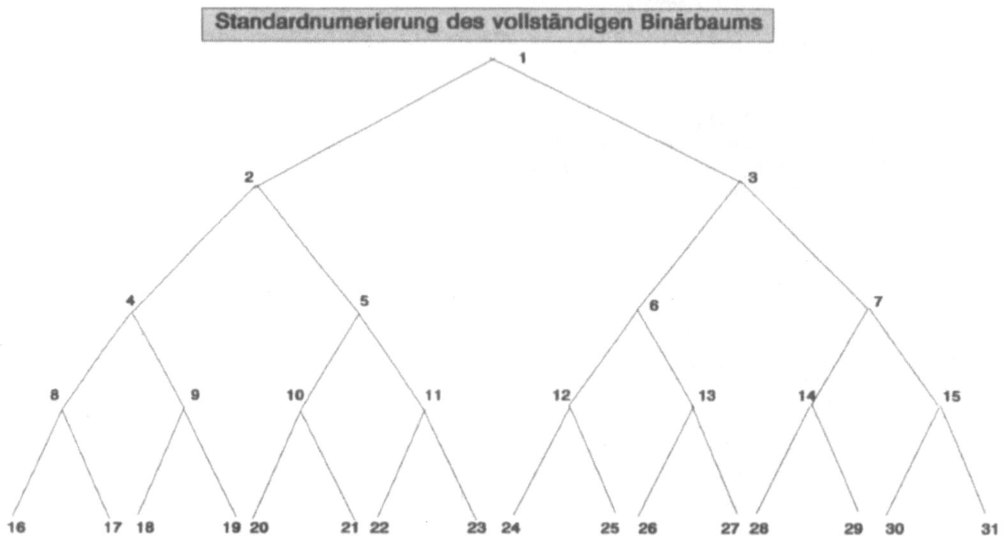

Abb.12.5 Standard-Numerierung eines Binärbaums

Ein so numerierter Binärbaum heißt **Heap,** wenn für die Nummer j in einem bestimmten Bereich zwischen 1 und n folgende Ungleichungen gelten:

```
info[j] >= info[2*j]
info[j] >= info[2*j+1]
```

Der Name hat nichts zu tun mit dem Speicherbereich *Heap* des 8088-Micropro-
zessors. Diese Heap-Bedingung bedeutet nichts anderes, als daß bei einem Binärbaum der Vater einen größeren oder gleichen Betrag trägt wie seine Söhne.
Auf dieser Heap-Bedingung baut das 1964 von J.WILLIAMS gefundene Sortierverfahren auf.

Das Verfahren besteht darin, das zu sortierende Feld in einen Heap einzubauen
(siehe Abb. 12.6). Damit liegt das größte Element an der Wurzel. Entfernt man
dieses, so erfüllt der verbleibende Baum die Heap-bedingung nicht mehr. Somit
wird die Prozedur, die den (neuen) Heap aufbaut, erneut aufgerufen. Der Vorgang setzt sich solange fort, bis das letzte Element und damit das kleinste an der
Wurzel steht. Damit sind die entnommenen Werte vollständig sortiert.

In der Literatur findet manchmal genau die umgekehrte Anordnung des Heaps,
bei der das kleinste Element an der Spitze steht. Damit erhält eine Sortierung in
aufsteigender Ordnung. Das Heapsort kann wie folgt codiert werden:

```c
/* heapsort.c */

#define ANZAHL 100

void main()
{
int i,a[ANZAHL];
void heapsort();
void ausgabe();

for (i=0; i<ANZAHL; i++)
  a[i] = (i*19) % ANZAHL;
printf("unsortiert:\n");
ausgabe(a,ANZAHL);
heapsort(a,ANZAHL);
printf("sortiert:\n");
ausgabe(a,ANZAHL);
}

void heapsort(int a[],int n)
{
int h,l,r;
void make_heap();

l = n/2; r=n-1;
while (l>0)
  {
  l--;
  make_heap(a,l,r);
  }
while (r>0)
  {
  h = a[l],a[l] = a[r],a[r]=h;
  r--;
  make_heap(a,l,r);
  }
return;
}

void make_heap(int a[],int l,int r)
{
int i=l,j=2*i,h=a[i];
while (j<=r)
  {
  if (j<r)
          if (a[j]<a[j+1]) j++;
  if (h>=a[j]) goto fertig;
  a[i]=a[j]; i=j; j = 2*i;
  }
fertig : a[i]=h;
return;
}

void ausgabe(int a[],int N)
{
int i;
for (i=0; i<N; i++)
  printf("%5d",a[i]);
printf("\n");
return;
}
```

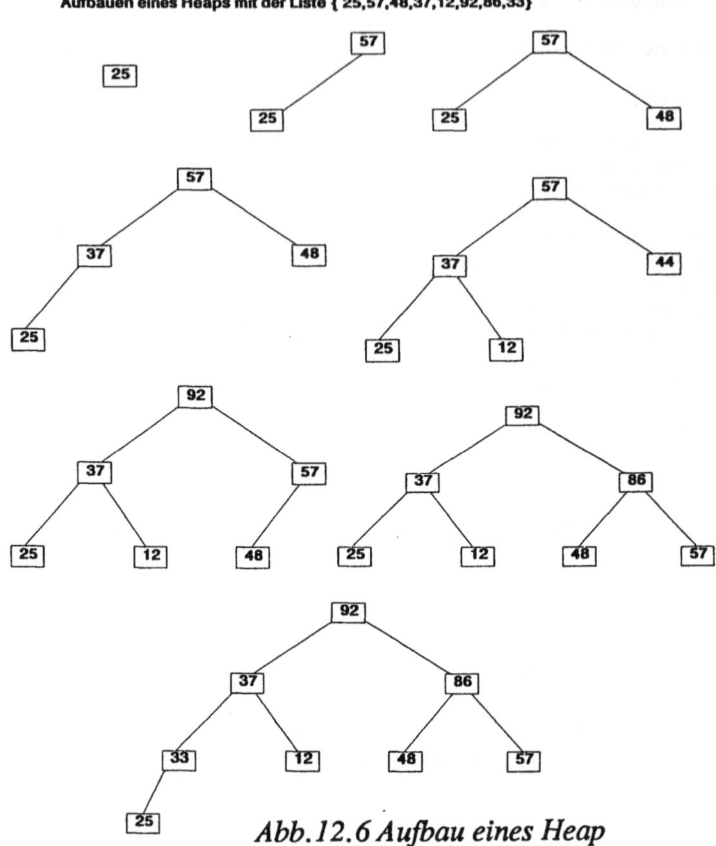

Abb.12.6 Aufbau eines Heap

12.7 Der Huffmann-Algorithmus

Als weiteres Anwendungsbeispiel der Binärbaum-Struktur wird die optimale
Binärcodierung nach D.HUFFMANN behandelt.

Wie bekannt, werden Daten an den meisten Rechenanlagen binär dargestellt
und - wie beim PC - hexadezimal gespeichert. Die an Rechenanlagen verwendete Codierungen, wie der hier besprochene erweiterte ASCII-Code, benutzen
in der Regel für alle Zeichen dieselbe Wortlänge, z.B. 8 Bit. Man kann jedoch
zeigen, daß diese Art der Codierung keineswegs optimal ist. Effektiver ist es
natürlich, die am häufigsten vorkommenden Zeichen kürzer, d.h. mit weniger
Bit, zu codieren. Die so erreichbare mittlere Wortlänge kann jedoch nicht beliebig klein gemacht werden. Sie ist vielmehr nach unten beschränkt durch die
sog. **Entropie** der Nachrichtenquelle.

Der 1952 von HUFFMANN angegebene Algorithmus bestimmt für beliebige Zei-
chenvorräte bei gegebener Häufigkeit die optimale Binärcodierung. Dies bedeutet, daß die mittlere Anzahl der Bit je Zeichen minimal ist. Gewählt wird hier

die Buchstaben-Häufigkeit der englischen Sprache. Die Buchstaben weisen dort
in alphabetischer Reihenfolge folgende relativen Häufigkeiten auf (jeweils in
Promille):

{82,14,28,38,131,29,20,53,63,1,4,34,25,71,80,20,1,68,61,105,25,9,15,2,20,1};

Der etwas umfangreiche Algorithmus kann wie folgt codiert werden:

```c
/* huffmann.c */

#define ANZAHL 26
#define GROESSE (2*ANZAHL-1)
#define TRUE 1
#define FALSE 0

static char zeich[ANZAHL+1] = "_ABCDEFGHIJKLMNOPQRSTUVWXYZ";
static int gewicht[GROESSE+1] = {0,82,14,28,38,131,29,20,53,
     63,1,4,34,25,71,80,20,1,68,61,105,25,9,15,2,20,1 };
int links[GROESSE+1];
int rechts[GROESSE+1];
int belegt[GROESSE+1];
int frei,pos_A,pos_B;

void main()
{
int i;
void huffmann();

for (i=1; i<=ANZAHL; i++)
   printf("%6d %6c %6d %6% 6d \n ",
i,zeich[i],gewicht[i],links[i],rechts[i]);
huffmann();
for (i=ANZAHL+1; i<=GROESSE; i++)
printf("%6d %13d %6d %6d\n",i,gewicht[i],links[i],rechts[i]);
}

void huffmann()
{
int i;
void such_min();

frei = ANZAHL;
for (i=1; i<=GROESSE; i++)
  {
  belegt[i] = FALSE;
  links[i] = 0;
  rechts[i] = 0;
  }
for (i=1; i<=ANZAHL; i++)
   {
   such_min(frei,pos_A,pos_B);
   frei++;
   links[frei] = pos_A;
   rechts[frei] = pos_B;
   gewicht[frei] = gewicht[pos_A]+gewicht[pos_B];
   belegt[frei] = FALSE;
   }
return;
}

void such_min()
{
int i,min1=9999,min2=9999;
```

```
for (i=1; i<=frei; i++)
{
if (!(belegt[i]))
   {
   if (gewicht[i]< min1)
     {
     min1 = gewicht[i];
     pos_A = i;
     }
   }
}
belegt[pos_A] = TRUE;
for (i=1; i<=frei; i++)
{
if (!(belegt[i]))
    {
    if (gewicht[i]< min2)
       {
       min2 = gewicht[i];
     pos_B = i;
     }
    }
}
belegt[pos_B] = TRUE;
return;
}
```

Die Ausgabe des HUFFMANN-Baums erfolgt als Feld. Zu jedem Sohn wird die
Nummer des Vaters angegeben. Das Programmausdruck liefert zuerst den eingebenen Zeichenvorrat mit der eingegebenen Numerierung und die Häufigkeiten. Der zweite Teil der Ausgabe liefert bringt die Baumstruktur mit den jeweiligen Verweisen auf den linken bzw. rechten Sohn.

Nr.	summ.Häuf.	rechter	linker Sohn
27	2	10	17
28	3	26	24
29	5	27	28
30	9	11	29
31	18	22	30
32	29	2	23
33	38	31	7
34	40	16	25
35	50	13	21
36	57	3	6
37	63	32	12
38	76	4	33
39	90	34	35
40	110	8	36
41	124	19	9
42	131	37	18
43	147	14	38
44	162	15	1
45	195	39	20
46	234	40	41
47	262	5	42
48	309	43	44
49	429	45	46
50	571	47	48
51	1000	49	50

Zeichnet man diesen Baum auf, so erhält man Abb. 12.7. Daraus kann nun die optimale Codierung abgelesen werden:

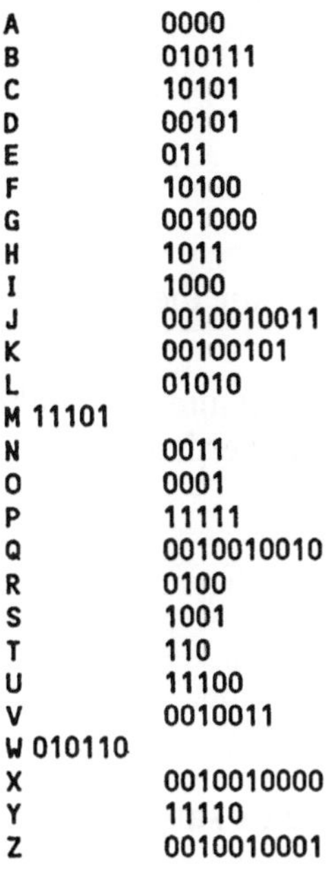

A	0000
B	010111
C	10101
D	00101
E	011
F	10100
G	001000
H	1011
I	1000
J	0010010011
K	00100101
L	01010
M	11101
N	0011
O	0001
P	11111
Q	0010010010
R	0100
S	1001
T	110
U	11100
V	0010011
W	010110
X	0010010000
Y	11110
Z	0010010001

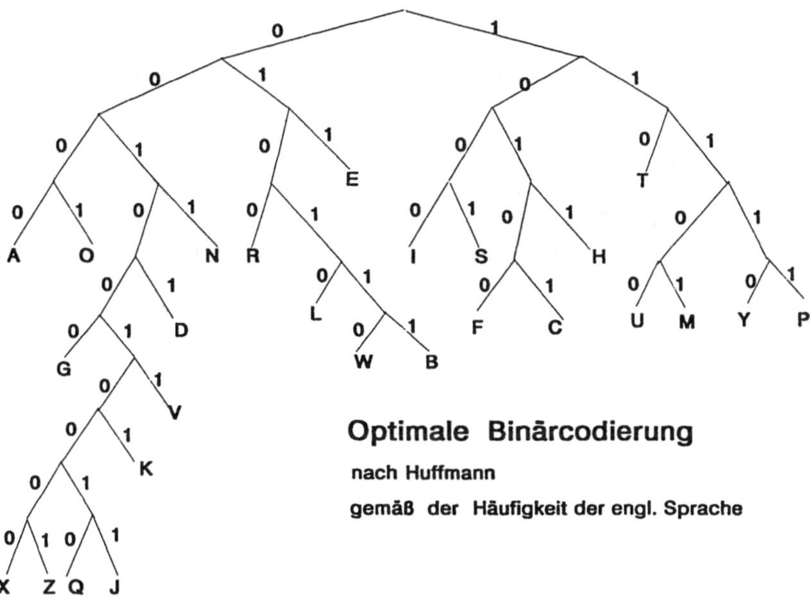

Abbildung 12.7 Optimale Binärcodierung

13 Präprozessor und Bibliotheken

13.1 Der Präprozessor

Der Präprozessor ist ein Programm, das den Quellcode für die Compilerübersetzung vorbereitet.

Mit der **#define**-Direktive kann eine Text- oder Zahlkonstante als symbolische Konstante unter einem Namen ins Programm eingegeben werden

```
#define PI 3.14159265L
#define ZEHNHOCHACHT 100000000U
#define MAX 100
#define FEHLER "Bad Parameters"
#define MICROSOFT
#define TRUE 1
#define FALSE 0
```

Das Substituieren einer Konstante - auch **Macro** genannt - kann mit der Direktive #undef rückgängig gemacht werden.

```
#undef TEST   /* wenn Testphase beendet */
```

Unter bestimmten Bedingungen ist es nützlich zu wissen, ob eine bestimmte Konstante bereits gesetzt wurde. Dies kann abgefragt werden mit der Direktive

```
#ifdef TEST
    printf("%d",testvariable)
```

Mit der Direktive **#ifdef** kann die Aktion des Präprozessors von einer Bedingung abhängig gemacht werden. Soll z.B. ein Programm von verschiedenen Compilern übersetzt werden, kann mit #ifdef die jeweils benötigte Datei eingebunden werden

```
#ifdef MICROSOFT
#include "math.h"
#else
#include "stdlib.h"   /* für TURBO C */
#endif
```

Weitere von der ANSI C-Norm eingeführte Direktiven sind

```
#error
#pragma
#line
```

Die Präprozessor-Direktive **#error** erlaubt eine bestimmte Fehlermeldung aus-
zugeben:

```
#ifndef MACRO_1
#error "ERROR : macro_1 nicht definiert! "
#endif
```

Ebenfalls zur Fehlersuche ist es nützlich, bestimmte Zeilen im Quellcode mit
der Direktive **#line** anders zu numerieren, z.B. durch eine runde Zahl.

```
void main()
{ .....
  .....
#line 100 ........
  .....
  .....
#line 200 ........
  .....
}
```

Mit der **#pragma**-Direktive können compiler-spezifische Anweisungen gegeben
werden. Wird das Programm dann von einem anderen Compiler übersetzt, so
wird sichergestellt, daß eine dem Compiler unbekannte #pragma-Anweisung
keine Fehlermeldung hervorruft. Der Microsoft-C Compiler kennt folgende
#pragma-Direktiven:

```
#pragma loop_opt(on/off)  /* nur Microsoft-C */
#pragma intrinsic (function1,..)
#pragma function (function1,..)
#pragma check_stack(on/off)
#pragma pack(yes/no)
```

Diese Compiler-Optionen regeln die Schleifen-Optimierung, den Aufruf von
Funktionen, die Stack-Prüfung und das Packen von Strukturen bei der Speicher-
platzbelegung. Turbo-C kennt zwei #pragma-Direktiven

```
#pragma inline /* nur Turbo-C */
#pragma wxxx
```

Während *inline* auf einen Assemblercode innerhalb des C-Programms hinweist,
stellt die Zeichenkette wxxx einer der 27 möglichen Compilerwarnungen dar.
Beispiele sind:

```
wdup (Neudefinition)
wstr (Fehler in Struktur)
wstu (undefinierte Struktur)
wsus (verdächtige Pointer-Konversion)
wvoi (Funktion vom Typ void liefert keinen Wert) usw.
```

Die drei erwähnten Präprozessor-Direktiven sind jedoch noch nicht vollständig
in allen C-Compilern implementiert. So wird z.B. die #error-Anweisung noch
nicht von Quick-C unterstützt.

Damit erkennt der Präprozessor die Direktiven

```
#define
#error
#include
#if
#else
#elif (verkürzt für #else #if)
#endif
#ifdef
#ifndef
#undef
#line
#pragma
```

Weitere von der ANSI C-Norm vorgeschriebene Macros sind:

```
_LINE_
_FILE_
_DATE_
_TIME_
_STDC_
```

Der vorangestellte tiefgesetzte Strich (underscore) kennzeichnet die Macros als
Systemkonstanten. Dabei ist _LINE_ die Nummer der aktuellen Zeile im Quellcode (in Dezimaldarstellung). _FILE_ stellt den Namen (als Zeichenkette) des
aktuellen Quellcodes dar. _DATE_ und _TIME_ beinhalten Datum und Zeit
des Compilerstarts in Form von Zeichenketten "mm tt jjjj" bzw. "hh:mm:ss".
STDC ist 1 (=wahr), wenn der Compiler streng nach ANSI C-Vorschriften
übersetzen soll, ansonsten undefiniert.

Alle Compiler verfügen zusätzlich noch über eigene Systemkonstanten.
Microsoft verwendet die Macros

```
MSDOS
M_I86
NO_EXT_KEYS
_CHAR_UNSIGNED
```

MSDOS und M_I86 ist an allen Rechnern mit einem 80x86-Prozessor unter
MS-DOS stets wahr.

NO_EXT_KEYS schließt beim Compilieren Microsoft-spezifische Schlüsselwörter aus. _CHAR_UNSIGNED erklärt Zeichen als vorzeichenlos.

Turbo-C definiert die eigenen Macros:

```
_TURBOC_
_PASCAL_
_CDECL_
_MSDOS_
_TINY_
_SMALL_
_MEDIUM_
_COMPACT_
_LARGE_
_HUGE_
```

Hier liefert _TURBOC_ die Versionsnummer des Compilers. _PASCAL_ bzw. _CDECL_ legt die Parameterübergabe beim Linken von verschiedenen Programmteilen fest. _MSDOS_ entspricht dem MSDOS-Macro von Microsoft. Die letzten 6 Macros liefern jeweils das verwendete Speichermodell.

13.2 Die Header-Dateien

Eine wichtige Aufgabe des Präprozessors ist das Einbinden der Systemroutinen aus der Bibliothek mittels der sog. **Header-Dateien** in den jeweiligen Quellcode.

```
#include <stdio.h>
#include "math.h"
```

Ist der Header-Dateiname in spitze Klammern eingeschlossen, so wird die Datei im Standardverzeichnis, z.B. \INCLUDE gesucht. Befindet sich der Dateiname in Anführungszeichen ("   "), so wird die Datei im aktuellen Verzeichnis gesucht.

Nach der ANSI C-Norm müssen mindestens folgende Header-Dateien vorhanden sein:

assert.h	Diagnose
ctype.h	char-Funktionen
float.h	Implementation des float-Typs
errno.h	Fehler im Klartext
limits.h	Implementationsgrenzen
locale.h	setlocal-Funktion
math.h	mathematische Funktionen
setjmp.h	nicht-lokale Sprünge
signal.h	Signal-Funktionen
stdarg.h	variable Argumente
stddef.h	Implementation von size_t usw.
stdio.h	Standard-Ausgabe/Eingabe
stdlib.h	Allgemeine Funktionen
string.h	Stringfunktionen
time.h	Datums- u. Zeitroutinen

In der Datei *stddef.h* stehen die Datentypen von size_t (unsigned int-Wert des sizeof-Operators) und ptrdiff_t (int-Wert der Differenz zweier Pointer).

Die Datei *errno.h* definiert Kurzformen häufig vorkommender MS-DOS-Fehler, z.B.:

```
EMFILE       4  (Zuviele Dateien geöffnet)
EACCES       5  (Zugang verweigert)
ENOMEM       8  (Nicht genug Speicher)
EINVAL      19  (falsches Argument)
E2BIG       20  (Argumentliste zu groß)
ENOEXEC  21 (Falsches EXE-Format
EDOM        33 (Math. Bereichsfehler)
ERANGE      34 (Resultat zu groß)
EEXIST      35 (Datei existiert bereits)
```

Die Datei *limits.h* enthält die Bereichsgrenzen der jeweiligen Ganzzahl-Arithmetik:

```
CHAR_BIT 8                          (8 Bit je Character)
SCHAR_MIN -127                      (signed char Minimum)
SCHAR_MAX 127                       (signed char Maximum)
CHAR_MIN 0                          (char Minimum)
CHAR_MAX 255                        (char Maximum)
INT_MIN -32767                      (int Minimum)
INT_MAX 32767                       (int Maximum)
UINT_MAX 65535                      (unsigned int Minimum)
LONG_MIN -21474826477L             (long int Minimum)
LONG_MAX 21474826477L              (long int Maximum)
ULONG_MAX 4294967295UL             (unsigned long int Maximum)
usw.
```

Analog enthält *float.h* die Grenzen der float- bzw. double-Arithmetik:

```
DBL_DIG 15                              (Stellenzahl von double-Variablen)
FLT_DIG 6                               (Stellenzahl von float-Variablen)
DBL_EPSILON 1.220446049250303131e-16   (kleinste positive double-Zahl mit 1.0+x<>x)
FLT_EPSILON 1.19209290e-7
DBL_MIN 2.225073858072014e-308          (kleinste positive double-Zahl)
FLT_MIN 1.17549435e-38F
usw.
```

Neben den mathematischen Standardfunktionen enthält die Header-Datei *math.h* auch die Ausnahmebehandlungen (englisch *exceptions*):

```
        DOMAIN          1 (Bereichsüberschreitung)
        SING            2 (Singularität d.Funktion)
        OVERFLOW        3
        UNDERFLOW       4
        TLOSS           5 (Totaler Genauigkeitsverlust)
        PLOSS           6 (Teilweiser Genauigkeitsverlust)
```

Diese sind definiert durch

```
struct exception {
    int type;               /* Numerierung wie oben */
    char *name;      /* Name der Funktion */
    double arg1;     /* Wert des 1.Arguments */
    double arg2;     /* 2.Argument (falls vorhanden) */
    double retval;   /* Zurückgegebener Wert */
}
```

Diese Fehlermeldungen können mit Hilfe der Funktion *matherr()* ausgegeben werden, die vom Programmierer für eigene Zwecke geändert werden kann.

Die Wirkung der matherr()-Funktion zeigt das folgendem Programm:

```
/* matherr.c */

#include <stdio.h>
#include <math.h>

void main()
{
double log(),sqrt(),exp(),sin();
printf("log(-1) = %f\n\n",log(-1));
printf("sqrt(-1) = %f\n\n",sqrt(-1));
printf("1/0 = %e\n\n",pow(0.0,-1.0));
printf("exp(1000) = %e\n\n",exp(1000.0));
printf("exp(-1000) = %e\n\n",exp(-1000.0));
printf("sin(1.0e70) = %f\n\n",sin(1.0e70));
}
```

Man erhält eine Ausgabe der Art:

```
log: DOMAIN error
log(-1) = 0.000000

sqrt: DOMAIN error
sqrt(-1) = 0.000000

pow: DOMAIN error
1/0 = 1.79769e+308

exp: OVERFLOW error
exp(1000) = 1.79769e+308

exp(-1000) = 0.000000e+00

sin(1.0e70) = 0.000000
```

Bei den letzten beiden Ausgaben wurden vom Compiler die Fehler UNDER-FLOW von exp(-1000.0) und TLOSS von sin(1.0e70) nicht erkannt.

Mit der Datei *locale.h* versucht man vom Amerikanischen abweichende Schreibweisen wie Dezimalzeichen, Datums- und Zeit-Formate usw. greifbar zu machen. Die Datei enthält die Funktion

```
char *setlocale(category,locale)
```

mit der der lokale Parametersatz (category) gesetzt oder abgefragt werden kann. Die lokalen Parameter beginnen mit den Buchstaben LC:

LC_ALL	(alle Kategorien)
LC_CTYPE	(Char-Funktionen)
LC_NUMERIC	(Dezimalzeichen)
LC_TIME	(Ausgabe durch strftime())

usw.

Alle lokalen Parameterwerte können mit folgendem Programm abgefragt werden:

```
#include <locale.h>

void main()
{
printf(setlocale(LC_ALL,"");
}
```

Die Datei locale.h wird von den Compilerversionen Turbo C 2.0 und Microsoft C 5.1 noch nicht unterstützt. Die Header-datei *time.h* enthält die verschiedenen Zeitfunktionen:

```
double difftime()         (Zeitdifferenz in Sek.)
time_t time()             (Kalenderzeit)
clock_t clock()           (Rechnerzeit)
char *asctime()           (liefert Datum und Zeit in Stringform)
size_t strftime()
struct tm *localtime()    (Lokalzeit)
struct tm *gmtime()       (Universal Time)
```

Dabei wird das Datum mit Uhrzeit durch folgenden Verbund repräsentiert:

```
struct tm {
  int tm_sec;      /* Sekunden 0..59 */
  int tm_min;      /* Minuten 0..59 */
  int tm_hour;     /* Stunden 0..23 */
  int tm_mday;     /* Tag 1..31 */
  int tm_mon;      /* Monat 0..11 */
  int tm_year;     /* Jahr seit 1900 */
  int tm_wday;     /* Tage seit Sonntag 0..6 */
  int tm_yday;     /* Tage seit 1.Jan 0..365 */
  int tm_isdst;    /* Sommerzeit j/n */
  }
```

Die Funktion

```
size_t strftime(char *s,size_t smax,const char *fmt,const struct tm *tp)
```

gibt dabei Datum und Zeit von *tp in s gemäß dem Format fmt aus. Sie wird von den Compilerversionen Turbo C 2.0 und Microsoft C 5.1 noch nicht unterstützt. Diese Formate sind ähnlich wie bei der printf()-Funktion. So bedeuten:

```
%d             Tag im Monat
%H             Stunde (0..23)
%i             Stunde (0..12)
%j             Tag im Jahr (1..366)
%m             Monat (1..12)
%M             Minute (0..59)
usw.
```

Mit dem folgenden Programm kann die Lokalzeit und die Universalzeit (früher
Greenwich Mean Time) ermittelt werden:

```
#include <time.h>
#include <stddef.h>

void main()
{
struct tm *local,*gmt;
time_t t;

t = time(NULL);
local = localtime(&t);
printf("Lokalzeit und Datum : %s\n",asctime(local);
gmt = gmtime(&t);
printf("Greenwich Mean Time und Datum : %s\n",asctime(gmt);
}
```

Die Funktion asctime() liefert jeweils Datum und Zeit im folgenden Format:

```
Mon  Feb  20  16:54:48  1989
```

Die Datei time.h wird vom Turbo C-Compiler 2.0 und vom Microsoft C-Compiler 5.1 nur teilweise unterstützt. Die Datei *assert.h* enthält das Macro

```
void assert(expression)
```

das, wenn der Ausdruck expression falsch wird, folgende Meldung an die Feh-
lerausgabe stderr ausgibt:

Assertion failed : *expression*, file *name*,line *xxx*

Dabei werden die Werte der Macros _FILE_ und _LINE_ benutzt.

Zu erwähnen sind noch die Header-Dateien stdarg.h, setjmp.h und signal.h.
Mit Hilfe von *setarg.h* kann die Parameterliste einer Funktion ermittelt werde,
wenn die Anzahl und der Datentyp der Parameter unbekannt sind. *setjmp.h* ermöglicht es, bei verschachtelten Funktionsaufrufen in bestimmten Fällen den
Programmablauf zu stoppen. Schließlich gestattet es die Datei *signal.h* in Aus-
nahmesituationen Signale abzugeben, wie z.B.

```
SIGABRT        (Abort) Abbruch
SIGFPE         (Floating point exception) Arithmetischer Fehler
SIGILL         (illegal instruction)falsche Anweisung
SIGINT         (interrupt)Unterbrechung
SIGSEGV        (segment violation)Speicherfehler
```

usw.

Die Dateien setjmp.h, signal.h und setarg.h werden von den genannten Compilerversionen nur teilweise unterstützt.

13.3 Funktionsähnliche Macros

Die Substitution eines Macros kann in C auch **formale** Parameter einschließen.
Man kann damit Macros definieren, die funktionsähnlich sind, wie z.B.:

```
#define SQUARE(x)  ((x)*(x))
#define ABS(x)  ((x>=0) ? (x) : (-x))
#define SGN(x)  ((x>0) ? 1 : (x==0) ? 0 : -1)
#define MAX(x,y) ((x) >= (y) ? (x) : (y))
#define MIN(x,y) ((x) <= (y) ? (x) : (y))
#define PRINT(x) printf("%5d\n",x)
```

Diese Macros haben zwei Vorteile gegenüber Funktionen. Zum einen sind sie
unabhängig vom Datentyp; d.h. das Macro SQUARE z.B. kann sowohl mit
ganzen Zahlen wie auch mit reellen Zahlen aufgerufen werden. Zum anderen
kann ein Macro jederzeit mit #undef wieder aufgehoben werden.

Völlig neu von der ANSI C-Norm eingeführt wurden die Stringoperationen
Stringizing und *Token pasting*. Das Stringizing findet statt, wenn in einem
Macro dem formalen Parameter ein "#" vorausgeht.

```
#define print(x) printf(#x" = %d\n",x)
```

wird für x = xyz substitutiert zu

```
printf("xyz" " = %d\n",xyz)
```

das gleichbedeutend ist mit

```
printf("xyz = %d\n",xyz)
```

Neben einander stehende Token werden hierbei vom Präprozessor verkettet.

```
"1" "2" "3"
```

wird so zu

```
"123"
```

Für das Verketten von Zeichenketten beim Token pasting wird durch die Operatoren "##" bewirkt.

```
#define JOIN(a,b) (a ## b)
```

Dadurch wird

```
JOIN (Buch,titel)
```

durch den Präprozessor ersetzt durch

```
"Buchtitel"
```

Auch hier kann es zu Nebeneffekten kommen:

```
#define x1 17
#define INDEX(a) a ## 1
```

Der Macroaufruf INDEX(x) liefert für x zunächst das Token x1 und nach dem *Rescannen* damit den Wert "17".

Prinzipiell beachten ist, daß ein Präprozessor nur eine mechanische Textsubstitution ausführt und keine mathematische Regeln wie "Punkt vor Strich" kennt. Durch Setzen von Klammern muß daher dafür gesorgt werden, daß die Ausdrücke bei der Substitution ihren beabsichtigten Wert behalten.

Würde man das Macro

```
#define SUMME(x,y)  x+y  /* falsch */
```

ohne Klammern schreiben, so würde der Ausdruck

```
z = SUMME(a,b)*SUMME(c,d)
```

durch den Präprozessor ersetzt werden durch

```
z = a + b * c + d
```

was sicher nicht zum gewünschten Wert führt. Die richtige Schreibweise des Macros SUMME ist daher

```
#define SUMME(a,b) ((a)+(b))
```

Ein Nachteil von funktionsähnlichen Macros ist, daß es hier u.U. zu unerwünschten Nebeneffekten kommen kann. Als Beispiel wird

```
#define SQUARE(x) (x)*(x)

void main()
{
int i=1;
while (i<=10)
    printf("%d\n",SQUARE(i++));
}
```

betrachtet. Es liefert mit der Ausgabe "1, 9, 25, 49, 81" nicht das gewünschte Resultat, da es hier zu einem Seiteneffekt für i kommt.

13.4 Vorbereitung eines Quellcodes

Zusätzlich entfernt der Präprozessor im Quellcode alle überflüssigen Leerstellen und alle Kommentare. Zur Fehlersuche ist nützlich, einen Quellcode vom Präprozessor vorbehandeln zu lassen. Beim Quick C-Compiler wird dazu die Option /E (Ausgabe am Bildschirm) bzw. /P (Ausgabe in Datei) verwendet. Dazu im Folgenden ein Beispiel:

```
/* bremsweg.c */

#define BREMSVERZOEG 4.5 /* Bremsverzoegerung */
#define SCHRECKSEKUNDE 1.0
#define REAKTIONSWEG(x) ((x)*SCHRECKSEKUNDE)
#define BREMSWEG(x) (((x)*(x)/(2.0*BREMSVERZOEG))
#define FAKTOR 3.6  /* Umrechnungsfaktor */

#line 1
void main()
{
int v,v1;
printf(" Geschw.(km/h)  Anhalteweg(m)\n");
printf(" ----------------------------\n");
for (v=10; v<=140; v +=10)
    {
    v1 = v/FAKTOR; /* Umrechnung in m/s */
    printf("%10d  %10.0f\n",v,REAKTIONSWEG(v1)+BREMSWEG(v1));
    }
}
```

Der Aufruf qcl/EP bremsweg.c zeigt die Vorarbeit des Präprozessors im Code *bremsweg.i*

```
#line 1 "bremsweg.c"

void main()
{
int v,v1;
printf(" Geschw.(km/h)  Anhalteweg(m)\n");
printf(" ----------------------------\n");
for (v=10; v<=140; v +=10)
    {
    v1 = v/3.6;
    printf("%10d  %10.0f\n",v,(v1*1.0)+((v1)*(v1)/(2.0*4.5)));
    }
}
```

Wie man sieht, sind alle mit #define definierten Ausdrücke substituiert und alle Kommentare entfernt worden. Daneben gibt es Compileroptionen, die speziell formatierte Quell-Listings erzeugen; z.B. bei Quick C mittels der /Fs Option.

Die Präprozessor-Funktionen werden manchmal von einigen Didaktikern benutzt, um einen Pascal-ähnlichen Quellcode zu schreiben. So entsprechen sich z.B.

```
{              BEGIN
}              END
% MOD
/              DIV usw.
```

Damit könnte man folgendes Pascal-ähnliches Programm schreiben

```
/* pascal.c */

#define BEGIN {
#define END }
#define DO
#define THEN
#define INTEGER int
#define WRITELN(x) printf("%d\n",x)
#define FUNCTION
#define PROCEDURE void

PROCEDURE main()
BEGIN
INTEGER i,sum;
PROCEDURE fehlermeldung();

i = 1; sum = 0;
while (i<=100) DO
  BEGIN
  sum = sum + quadrat(i);
  i = i+1;
  END
if (sum<0) THEN fehlermeldung();
else WRITELN(sum);
END

INTEGER FUNCTION quadrat(INTEGER x)
BEGIN
return x*x;
END

PROCEDURE fehlermeldung()
BEGIN
printf("Integer-Overflow");
END
```

Mit Hilfe einiger Tricks sind hier auch noch die Schlüsselwörter FUNCTION bzw. PROCEDURE eingebracht worden. Die Frage stellt sich, ob es wirklich sinnvoll ist, in C Pascal zu simulieren. Ist es dann nicht besser, gleich in Pascal zu programmieren?

14 Dateien und stdin

14.1 Die Standard-Ausgabe (stdout)

Die am meisten verwendete Standard-Funktion, die eine formatierte Ausgabe liefert, ist printf(). Sie hat die Syntax

```
printf("%±m.nlt ....s",var1,....)
```

dabei steht t für einen der folgenden Typenbezeichner:

```
d  decimal
u  unsigned decimal
o  unsigned octal
x  unsigned hexadecimal
i  signed integer
f  float
e  exponential (float in Zehnerpotenzform)
g  float (kürzeres Format von f bzw. e)
c  character
s  string
p  pointer
O  wie o in Großbuchstaben
X  wie x in Großbuchstaben
```

l steht für long; d.h.

```
ld long decimal
lf (long float) double
```

oder für h (short-Typen).

Die Vorzeichen stehen für

```
+ rechtbündige Ausgabe (default)
- linksbündige Ausgabe
```

Die ganzen Zahlen m.n bedeuten bei

```
float  Ausgabe auf m Stellen, davon n nach dem Komma
string Ausgabe auf mindestens n,maximal m Stellen
```

s ist ein Steuerzeichen (auch ESCAPE-Sequenz genannt)

```
\n  neue Zeile
\t  Tabulator
\b  Backspace
\r  carriage return (Wagenrücklauf)
\f  form feed (Seitenvorschub)
\a  alert (BELL)
```

Letztere Steuersequenz wurde neu von der ANSI C-Norm eingeführt.

Die Ausgabe von Zeichen kann auch über die Funktion *putchar()* mit dem Prototyp

```
int putchar(char)
```

erfolgen, nicht zu Verwechseln mit der Funktion *putc()*, die ein Zeichen in eine Datei schreibt.

Eine automatischer Zeilenvorschub erfolgt nach der Ausgabe mittels der Funktion *puts()* mit dem Prototyp

```
char *puts(string)
```

puts("") ist also gleichbedeutend mit printf("\n").

14.2 Die Standard-Eingabe (stdin)

Die Standard-Eingabe scanf() hat die Syntax

```
scanf("%t ..",&var1,...)
```

wobei der Typenbezeichner t weitgehend dieselbe Bedeutungen hat wie bei der printf()-Funktion. Folgende Parameter gelten nur für scanf:

```
U unsigned decimal long integer
I signed long integer
D signed decimal long integer
```

Bemerkenswert ist, daß der Name der einzulesenden Variablen - außer bei Pointern - unter dem Adreßoperator erscheint. Zu berücksichtigen ist ferner, daß die Eingabe nur gelingt, wenn die Zeichenfolge zwischen den Anführungszeichen exakt eingehalten wird.

Die Eingabe von

```
scanf("%d %d %d",&tag,&monat,&jahr)
```

erfordert genau eine Leerstelle zwischen den Eingabewerten.

```
scanf("%d.%d.%d",&tag,&monat,&jahr)
```

gelingt bei den Eingaben 01.01.2000 oder 1.1.2000.

```
scanf("%c%3d%6s%2f",&a,&b,&c,&d)
```

liefert bei der Eingabe "123456789012" folgende Werte:

```
a = '1'; b = 234; c = "567890"; d = 12.000000
```

Die analogen Eingabefunktionen zu putchar() und puts() haben die Prototypen

```
int getchar(char)
char *gets(string)
```

Letztere Funktion fügt an den String die ASCII-Null an.

14.3 Sequentielle Dateien

Dateien sind aus der Sicht von C Pointer. Das Öffnen und Schließen einer solchen Datei geschieht durch Setzen eines Zeigers vom Typ FILE, dessen Prototyp sich in der Datei stdio.h befindet.

```
FILE *fp;      /* File Pointer */
FILE *fopen(char *,char *);
```

Das Öffnen und Schließen von Dateien führen die Funktionen fopen() und
fclose() vom Typ FILE aus

```
fp = fopen("datei.c","w");
if (fp != NULL)
    fclose(fp);
```

Der zweite Parameter der fopen()-Funktion kann dabei einen der folgenden
Werte annehmen:

```
"r"            read (Öffnen einer existierender Datei zum Lesen)
"w"            write (Erzeugen einer Datei zum Schreiben)
"a"            append (Anfügen an eine existierende Datei)
"r+"           lesen und schreiben (einer existierenden Datei)
"w+"           lesen und schreiben (Datei wird überschrieben, falls
existent)
"a+"           lesen und anfügen (Datei wird erzeugt, wenn nicht
existent)
```

Wichtig ist zu wissen, daß eine existierende Datei beim Schreibzugriff überschrieben wird, und damit der alte Inhalt verloren geht.

Die Ausgabe in einer sequentiellen Datei kann durch folgende Funktionen erfolgen:

```
int fputc(char,datei)
int fputs(string,datei)
int fprintf(datei,format,var1,..)
```

Das folgende Programm erzeugt 100 dreistellige Zufallszahlen und schreibt
diese in eine Datei.

```
/* datschr.c */

/* Schreiben einer sequentiellen Datei */

#include <stdio.h>
#include <stdlib.h>
#include <time.h>

void main()
{
FILE *fopen(),*datei;
char name[12];
int i,x,N=100;
long now;
void srand(unsigned);
```

```
 puts("Welche Datei soll erzeugt werden ?");
 gets(name);
 if ((datei=fopen(name,"w"))==NULL)
  {
  puts("Datei kann nicht erzeugt werden");
  exit(-1);
  }
 srand(time(&now) % 37);
 for (i=0; i<N ; i++)
  {
  x = rand() % 1000;
  fprintf(datei,"%5d",x);
  }
 fclose(datei);
 }
```

Die Eingabe in sequentiellen Dateien erfolgt durch die Funktionen

```
int fgetc(datei)
char *fgets(string,laenge,datei)
int fscanf(datei,format,var1,..)
```

Beim formatierten Einlesen mittels der fscanf()-Funktion ist genau darauf zu achten, daß das Format der Daten exakt mit der Formatbedingung übereinstimmen muß, da sonst die Eingabe nicht gelingt.

Mit dem folgenden Programm kann die oben erwähnte Zufallszahlen-Datei wieder gelesen werden:

```
/* datles.c */

/* Lesen einer sequentiellen Datei */

#include <stdio.h>

void main()
{
FILE *fopen(),*datei;
char name[12];
int i,x,N=100;

puts("Welche Datei soll gelesen werden ?");
gets(name);
if ((datei=fopen(name,"r"))==NULL)
  {
  puts("Datei kann nicht geoeffnet werden!");
  exit(-1);
  }
for (i=0; i<N ; i++)
  {
  fscanf(datei,"%5d",&x);
  printf("%5d",x);
  }
fclose(datei);
}
```

14.4 Umleitung von stdin/stdout

Die Umleitung der Ein- und Ausgabe wird in C durch Setzen eines Pointers auf
die entsprechende Datei ermöglicht. Die Ein- bzw. Ausgabe erfolgt dann nicht
mehr über die Tastatur bzw. den Bildschirm, sondern aus bzw. in die entsprechende Datei. Solche Umleitungen sind von MS-DOS her wohlbekannt:

```
copy datei.txt lpt1:
dir > dir.txt
more < dir
```

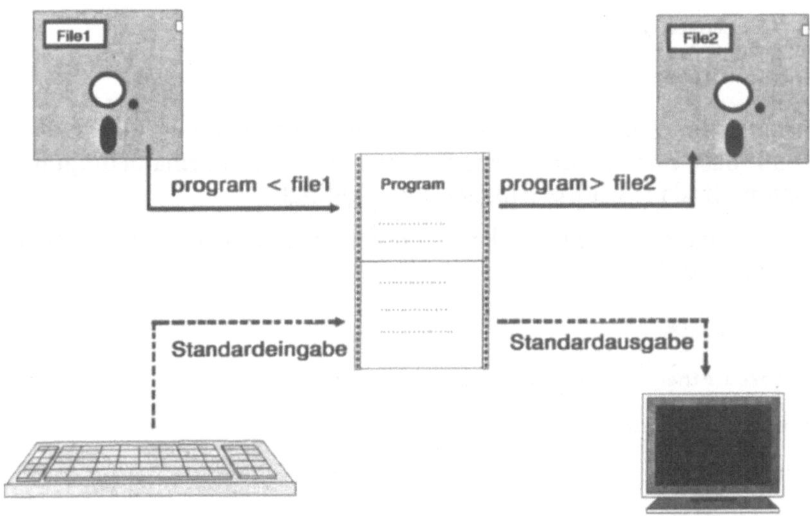

Abb.14.1 Umleitung der Ein-/Ausgabe

Solche Umleitungen sind in C sehr einfach zu bewerkstelligen. Die Übergabe
von MS-DOS an ein Programm erfolgt mittels einer **Kommandozeile,** die aus
dem Namen des aufgerufenen Programms und einer Reihe von weiteren Zeichenketten bzw. Parametern (in Form von Strings) besteht. Die Befehle

```
qc test.c
tc test.c
```

z.B. rufen den Quick-C bzw. Turbo-C-Compiler auf und laden gleichzeitig das
Programm test.c. Die Zeichenketten der Kommandozeile werden als Parameter
an das Hauptprogramm main() übergeben. Das Format ist

```
void main(int argc,char *argv[])
```

Da die Anzahl der Zeichenketten bzw. Parameter nicht festliegt, werden die
Zeichenketten nicht als Feld, sondern als Pointer ***argv** auf char deklariert.
argc vom Typ int ist die Anzahl der Zeichenketten. Die Zählung beginnt, wie
in C üblich, bei Null. Da ältere Compiler- und DOS-Versionen bei Eins zu
zählen anfangen, wurde dies ausdrücklich im ANSI C-Entwurf festgelegt.
argv[0] zeigt also auf den Programm-Namen (wie bei MS-DOS 3.x), argv[1]
auf das erste Argument usw. Das Ende der Kommandozeile wird durch den
Null-Pointer argv[argc] gebildet. Das folgende Programm zeigt, wie die einzelnen Parameter einer Kommandozeile ermittelt werden können:

```c
/* argv.c */

/* Zerlegen der Kommandozeile in Argumente */

void main(int argc,char *argv[])
{
int i=0;

if (argc >1)
   printf("argc = %d\n",argc);
while (argv[i++])
   printf("argv[%d] = %s\n",i,argv[i]);
}
```

Die Kommandozeile

```
argv gutes neues jahr 31 Dez 1989
```

liefert hier die Ausgabe

```
argc = 7
argv[1] = gutes
argv[2] = neues
argv[3] = jahr
argv[4] = 31
argv[5] = Dez
argv[6] = 1989
argv[7] = (null)
```

Die Übergabe eines einzelnen Wertes vom Programm an das MS-DOS erfolgt
mit Hilfe des RETURN-Wertes von main(). Liefert main() einen int-Wert, so
ist es entsprechend als

```c
int main(int argc,char *argv[])
```

zu deklarieren. Im Fehlerfall wird meist der Wert 0 oder -1 übergeben, in anderen Fällen ein positiver Wert. Dieser Wert kann auch zur Steuerung einer
Batch-Datei verwendet werden (siehe Abschnitt 16.7).

14.5 Der Standarddrucker (stdprn)

Der Standarddrucker ist eine der fünf in C unter MS-DOS vordefinierten Standard-Dateien. Diese Dateien sind

```
stdin          Standardeingabe (Tastatur)
stdout         Standardausgabe (Bildschirm)
stderr         Standard-Fehlerausgabe (Bildschirm CON)
stdprn         Standarddrucker PRN
stdaux         Standardschnittstelle AUX
```

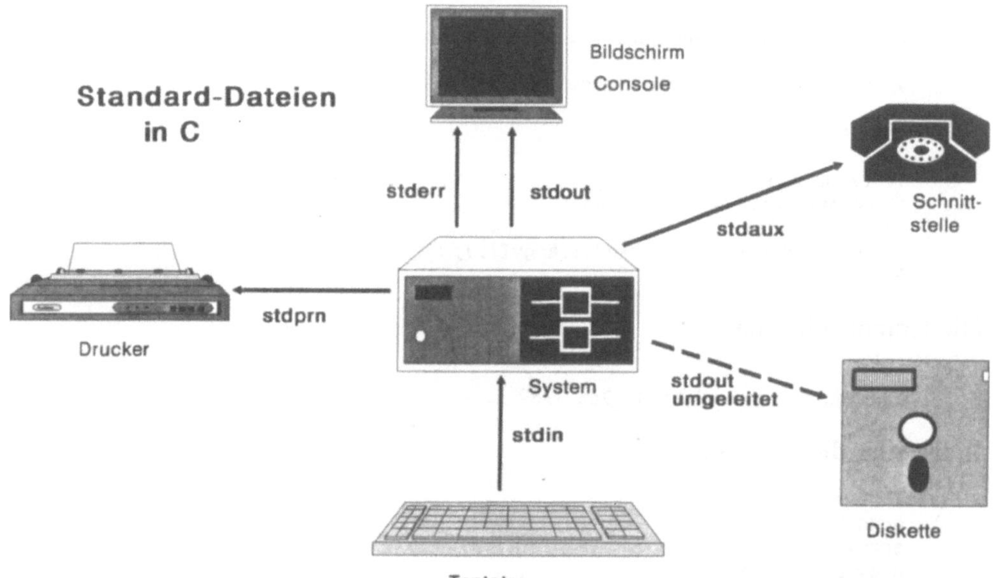

Abb.14.2 Standard-Dateien in C

Diese Standarddateien müssen nicht explizit geöffnet bzw. geschlossen werden.
Jedoch kann durch Öffnen des Druckerkanals mittels der Funktion fopen() geprüft werden, ob der Drucker betriebsbereit ist.

```
FILE *drucker;

if ((drucker=fopen("PRN","w"))==NULL)
  fprintf(stderr,"Drucker nicht bereit!\n");
```

Die Druckerausgabe eines Textfiles ermöglicht das folgende Programm. Der
Name der auszugebenden Datei ist in der Kommandozeile einzugegeben, z.B.
print datei.txt

```c
/* print.c */

/* Ausgabe einer Textdatei am Drucker */

#include <stdio.h>
#define ZEILE 80

int main(int argc,char *argv[])
{
FILE *datei,*drucker;
char string[ZEILE+1];

if (argc!=2)
  {
  printf("Eingabe: print datei.txt\n");
  exit(-1);
  }
if ((datei=fopen(argv[1],"r"))==NULL)
 {
  printf("Datei %s kann nicht geöffnet werden!\n",argv[1]);
  exit(-1);
  }
if ((drucker=fopen("PRN","w"))==NULL)
 {
  printf("Drucker nicht bereit!\n");
  exit(-1);
  }
while (fgets(string,80,datei))
  fputs(string,drucker);
fclose(datei); fclose(drucker);
return(1);
}
```

Eine wahlweise Ausgabe am Bildschirm bzw. Drucker erhält man, wenn der
File-Pointer entweder auf den Bildschirm (stdout) oder auf den Drucker (PRN)
gesetzt wird. Als Programmbeispiel dient die Tilgungsrechnung eines Annuitä-
ten-Darlehens (bei jährlicher Anrechnung der Zinsen).

```c
/* tilgung.c */

#include <stdio.h>
#include <math.h>
FILE *fp;

main()
{
void tilgung(double kap,double p,int n,int i);
FILE *fopen();
double kap,p;
int i,n;
char ch;

printf("Welches Kapital in DM? ");
scanf("%lf",&kap);
printf("Welche Laufzeit in (ganzen)Jahren? ");
scanf("%d",&n);
printf("Welcher Zinssatz p.a.in %%? ");
scanf("%lf",&p);
printf("Wieviele Zinsperioden pro Jahr? ");
```

```c
scanf("%d",&i);
printf("Ausgabe am Drucker(D) oder Bildschirm(B)? ");
if (tolower(ch=getche())==100)
  fp= fopen("PRN","w");
else
  fp = stdout;
printf("\n");
tilgung(kap,p,n,i);
}


void tilgung(double kap,double p,int n,int i)
{
double pow(double,double);
double annuit,tilg,zins,q;
int j;
p /= 100.0*i; /* jaehrl.Verrechnung */
q = pow(1.0+p,(double)n*i);
annuit = kap*q*p/(q-1);
fprintf(fp,"-------------------------------------------------
\n");
fprintf(fp,"Periode Annuitaet     Tilgung         Zins     Restschuld\n");
fprintf(fp,"-------------------------------------------------
\n");
for (j=1; j<=n*i; j++)
  {
 zins = kap*p;
 tilg = annuit-zins;
 kap -= tilg;
 fprintf(fp,"%3d %12.2lf %12.2lf %12.2lf %12.2lf\n",
  j,annuit,tilg,zins,kap);
 }
fprintf(fp,"-------------------------------------------------
\n");
fprintf(fp,"\n");
}
```

Für die Eingabe

```
Kapital 100000 DM
Laufzeit 12 Jahre
Jahreszins 8.5 %
Zahl der Zinsperioden pro Jahr 1
```

erhält man folgenden Tilgungsplan wahlweise am Bildschirm oder am Drucker:

```
-------------------------------------------------
Periode Annuitaet  Tilgung    Zins    Restschuld
-------------------------------------------------
      1   13615.29    5115.29    8500.00    94884.71
      2   13615.29    5550.09    8065.20    89334.63
      3   13615.29    6021.84    7593.44    83312.79
      4   13615.29    6533.70    7081.59    76779.09
      5   13615.29    7089.06    6526.22    69690.02
      6   13615.29    7691.63    5923.65    61998.39
      7   13615.29    8345.42    5269.86    53652.97
      8   13615.29    9054.78    4560.50    44598.18
      9   13615.29    9824.44    3790.85    34773.74
     10   13615.29   10659.52    2955.77    24114.23
     11   13615.29   11565.58    2049.71    12548.65
     12   13615.29   12548.65    1066.64       -0.00
-------------------------------------------------
```

14.6 Arbeiten mit Textdateien

Analog zum Programm print.c kann die Ausgabe eines Textfiles natürlich auch am Bildschirm erfolgen.

```c
/* show.c */

#include <stdio.h>
#define ZEILE 255

void main(int argc,char *argv[])
{
char line[ZEILE+1];
FILE *fp,*fopen();

if (argc <= 1)
 fprintf(stderr,"Eingabe show file.xxx\n");
else
 {
 if ((fp=fopen(argv[1],"r"))==NULL)
 fprintf(stderr,"Datei kann nicht geöffnet werden\n");
 else
  {
  while(fgets(line,ZEILE,fp))
  fputs(line,stdout);
  fclose(fp);
  }
 }
}
```

Nützlich ist das folgende Programm, das die Ausgabe eines Quellcodes mit Zeilennumerierung ermöglicht:

```c
/* numline.c */

#include <stdio.h>
#define ZEILE 255

void main(int argc,char *argv[])
{
char line[ZEILE+1];
int num=0;
FILE *fp,*fopen();

if (argc <= 1)
  fprintf(stderr,"Eingabe: numline datei.xxx\n");
else
  {
  if ((fp=fopen(argv[1],"r"))==NULL)
   fprintf(stderr,"Datei kann nicht geöffnet werden\n");
  else
   {
  while(fgets(line,ZEILE,fp))
   printf("%d %s",++num,line);
   fclose(fp);
   }
 }
printf("\n");
}
```

Als weiteres Beispiel soll ein Programm gegeben werden, das die Zeichen einer Textdatei verschlüsselt, indem die Bytes mit einem bestimmten Schlüssel - hier das Zeichens "*"- durch das ausschließende Oder (xor) verknüpft werden.

```
/* encrypt.c */

const char key='*';

int main(int argc,char *argv[])
{

printf("Eingabefile : %s\n",argv[1]);
printf("Ausgabefile : %s\n",argv[2]);
if (argc !=4)
 {
 printf("Eingabeformat : encrypt input output decode|encode \n");
 return(-1);
 }
if (toupper(argv[3])=='E')        code(argv[1],argv[2]);
else  decode(argv[1],argv[2]);
return(1)
}

void code(char *input,char *output)
{
int ch;
FILE *fp1,*fp2;
if ((fp2=fopen(input,"r"))==0)
  { printf("Input-Datei kann nicht geöffnet werden!\n");
  exit(-1);  }
if ((fp1=fopen(output,"w"))==0)
  { printf("Output-Datei kann nicht geöffnet werden!\n");
  exit(-1);  }
do
  { ch = getc(fp1);
  if (ch==EOF) break;
  ch = ch^key;
  if (ch==EOF) ch++;
  putc(ch,fp2);  }
while(1);
fclose(fp1);fclose(fp2);
}


void decode(char *input,char *output)
{
int ch;
FILE *fp1,*fp2;
if ((fp1=fopen(input,"r"))==0)
  { printf("Input-Datei kann nicht geöffnet werden!\n");
  exit(-1);  }
if ((fp2=fopen(output,"w"))==0)
  { printf("Output-Datei kann nicht geöffnet werden!\n");
  exit(-1);  }
do
   { ch = getc(fp1);
   if (ch==EOF) break;
   ch = ch^key;
   if (ch==EOF) ch--;
   putc(ch,fp2); }
while(1);
fclose(fp1);fclose(fp2);
}
```

Die Kommandozeile zum Verschlüsseln ist hier

```
encrypt eingabefile ausgabefile encode
```

Zum Entschlüsseln lautet sie

```
encrypt eingabefile ausgabefile decode
```

14.7 Öffnen eines Binärfiles

Wie bekannt ist, sind die unter MS-DOS ausführbaren Programme keine Text-
dateien, sondern Binärdateien. Es ist im Rahmen des Buches nicht möglich, das
Arbeiten mit Binärdateien vollständig darzustellen. Der Leser wird hier auf das
Handbuch seines Compilers verwiesen. Als Beispiel für das Arbeiten mit
Binärdateien folgt ein Programm, das ein sog. **Hexdump** ermöglicht.

```
/* dump.c */

/* Hex-Dump eines Binaerfiles */

#include <stdio.h>
#include <ctype.h>
#define LENGTH 15
#define TRUE 0
#define FALSE -1

int main(int argc,char *argv[])
{
FILE *fp;
unsigned int ch;
int j,not_eof;
unsigned char buffer[LENGTH+1];
int toupper();

if (argc !=2)
  {
  printf("Eingabe : dump file.xxx\n");
  return(-1);
  }
if ((fp = fopen(argv[1],"rb"))==NULL) /* Binäres lesen */
  {
  printf("Datei %s kann nicht geöffnet werden!\n",argv[1]);
  return(-1);
  }
not_eof = TRUE;
do {
  for (j=0; j< LENGTH; j++)
  {
  if ((ch=getc(fp))==EOF)
          not_eof = FALSE;
  printf("%3X ",ch);
  *(buffer+j) = (ch>31) ? ch : '.';
  }
  *(buffer+j) = '\0';
  printf(" %s\n",buffer);
  }
while(not_eof==TRUE);
fclose(fp);
return(1);
}
```

Wie man sieht, unterscheiden sich Binär- und Text-Dateien in einigen Punkten
voneinander: Neben den verschiedenen Zeichen für das Zeilen- bzw. Datei-
Ende, muß für die Übergabe der Zeichen an einen Puffer gesorgt werden, was
bei Textdateien vom System übernommen wird. Wendet man das kompilierte
Programm durch den Aufruf

```
dump dump.exe
```

auf sich selbst an, so erhält man als letzten Bildschirm das folgende Hexdump:

```
00  00  00  00  00  00  00  60  06  11  00  45  69  6E  67    ........'...Eing
61  62  65  20  3A  20  64  75  6D  70  20  66  69  6C  65    abe : dump file
2E  78  78  78  0A  00  00  72  62  00  00  44  61  74  65    .xxx...rb..Date
69  20  25  73  20  6B  61  6E  6E  20  6E  69  63  68  74    i %s kann nicht
20  67  65  6F  65  66  66  6E  65  74  20  77  65  72  64    geoeffnet werd
65  6E  21  0A  00  00  25  33  58  20  00  00  20  25  73    en!...%3X .. %s
0A  00  00  3C  3C  4E  4D  53  47  3E  3E  00  00  52  36    ...<<NMSG>>..R6
30  30  30  0D  0A  2D  20  53  74  61  70  65  6C  81  62    0000..- Stapelüb
65  72  6C  61  75  66  0D  0A  00  03  00  52  36  30  30    erlauf.....R600
33  0D  0A  2D  20  47  61  6E  7A  7A  61  68  6C  64  69    3..- Ganzzahldi
76  69  73  69  6F  6E  20  64  75  72  63  68  20  30  0D    vision durch00.
0A  00  09  00  52  36  30  30  39  0D  0A  2D  20  4E  69    ....R6009..- Ni
63  68  74  20  67  65  6E  81  67  65  6E  64  20  53  70    cht genügend Sp
65  69  63  68  65  72  70  6C  61  74  7A  20  66  81  72    eicherplatz für
20  55  6D  67  65  62  75  6E  67  0D  0A  00  FC  00  0D    Umgebung... ..
0A  00  FF  00  4C  61  75  66  7A  65  69  74  2D  46  65    .. .Laufzeit-Fe
68  6C  65  72  20  00  02  00  52  36  30  30  32  0D  0A    hler ...R6002..
2D  20  47  6C  65  69  74  6B  6F  6D  6D  61  20  6E  69    - Gleitkomma ni
63  68  74  20  67  65  6C  61  64  65  6E  0D  0A  00  01    cht geladen....
00  52  36  30  30  31  0D  0A  2D  20  5A  75  77  65  69    .R6001..- Zuwei
73  75  6E  67  20  64  75  72  63  68  20  4E  75  6C  6C    sung durch Null
2D  5A  65  69  67  65  72  0D  0A  00  FF  FF  FF  FFFF FFFF   -Zeiger...
```

15 Programmier-Prinzipien

Stößt man auf eine besonders elegante Formulierung eines Algorithmus, fragt man sich oft, wie der Autor auf die entsprechende Programmidee gekommen ist. Mustert man jedoch eine Vielzahl von Programmen genauer, erkennt man bald, daß es im Grunde nur wenige grundlegende Programmierprinzipien gibt. Einige dieser Programmiertechniken sollen im folgenden dargestellt werden.

15.1 Die Iteration

Die **Iteration** ist eine der ältesten Programmiertechniken, die insbesondere in der numerischen Mathematik zahlreiche Anwendungen gefunden hat. Ein Problem, z.B. eine nichtlineare Gleichung, wird gelöst, indem man sich - von einem Startpunkt ausgehend - schrittweise der gesuchten Lösung nähert. Dabei wird ein Iterationsschema durchlaufen, das bei jedem Schritt sicherstellt, daß man sich der Lösung nähert oder zumindest nicht entfernt.

Werden Iterationsverfahren bei Problemen verwendet, die mehrere Lösungen haben, kann im allgemeinen nicht immer vorausgesagt werden, gegen *welche* Lösung das Iterationsverfahren konvergiert. Dies ist insbesondere bei der Bestimmung von Nullstellen oder Extremwerten der Fall. Hier muß zusätzlich geprüft werden, ob noch weitere Nullstellen oder Extrema existieren.

Zwei bekannte Iterationsverfahren stellen die im Kapitel 4.2 besprochenen Methoden des *arithmetischen und geometrischen Mittels* (Programm ln.c) und die im Abschnitt 4.3 behandelte NEWTON-Iteration (Programm wurzel.c) dar. Eine weiteres Verfahren ist die **Fixpunkt**-Iteration, die hier zur Lösung der nichtlinearen Gleichung

```
    x = cos(x)
```

angewendet werden soll.

```
    /* fixpunkt.c */

    #include <math.h>
    #define EPSILON 1.0e-7

    void main()
    {
    double x,y;
    double cos(),fabs();
```

```
y = 1.0;   /* Startwert */
do
  {
    x = y;
    y = cos(x);
    printf("%8.6lf\n",y);
  }
while(fabs(x-y) > EPSILON);

printf("Fixpunkt = %8.6lf\n",y);
}
```

Die Ausgabe des Programms liefert die Lösung

```
0.540302    0.857553    0.654290
0.793480    0.701369    0.763960
0.722102    0.750418    0.731404
0.744237    0.735605    0.741425
0.737507    0.740147    0.738369
0.739567    0.738760    0.739304
0.738938    0.739184    0.739018
0.739130    0.739055    0.739106
0.739071    0.739094    0.739079
0.739089    0.739082    0.739087
0.739084    0.739086    0.739085
0.739086    0.739085    0.739085
0.739085    0.739085    0.739085
0.739085
Fixpunkt = 0.739085
```

15.2 Die Rekursion

Ein Objekt bzw. eine Funktion heißt **rekursiv**, wenn es sich selbst enthält oder
auf sich selbst zurückgreift. Die in Abschnitt 10.1 gegebene Definition des EU-
KLIDschen Algorithmus zur Bestimmung des größten gemeinsamen Teilers ist
ein bekanntes Beispiel einer rekursiv definierten Funktion:

```
ggt(a,b) = ggt(b,a mod b)   für b>0
              a     für b=0
```

Viele Algorithmen und Datenstrukturen, wie z.B. die verkettete Listen (vgl.
Abschnitt 12), sind in natürlicher Weise rekursiv, so daß eine Transformation
auf ein iteratives Schema nicht notwendig ist. Die Erzeugung aller 01-Folgen
der Länge k - auch **01-k-Tupel** genannt, ist ein Beispiel eines einfachen rekursiven Schemas, ähnlich dem im Abschnitt 10 gegebenen Permutationsschema.

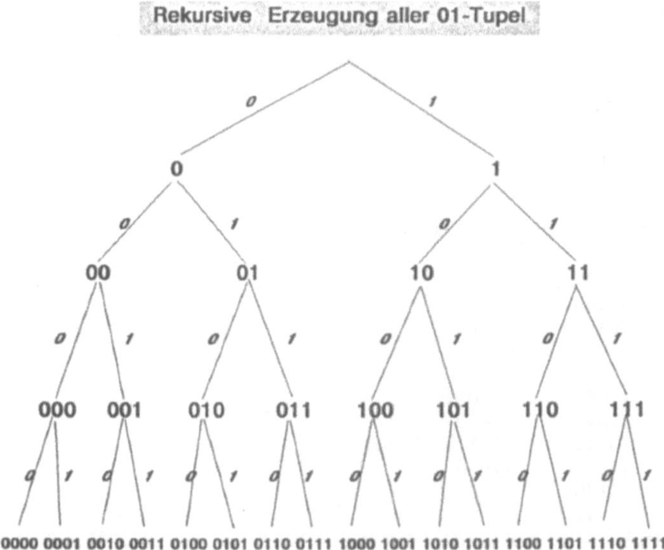

Hieran erkennt man das Rekursionsschema leicht : die Elemente der Tupel werden abwechselnd 0 bzw. 1 gesetzt, und dieses Setzen wird solange fortgesetzt,
bis die gewünschte Länge k erreicht ist.

```c
/* 01tupel.c */

#define MAX 10

int N,tupel=0;
int a[MAX+1];

void main()
{
void erzeuge();

printf("Welche Länge der 01-Tupel(<= %d? ",MAX);
scanf("%d",&N);
erzeuge(1);
printf("%d 01-Tupel\n",tupel);
}

void erzeuge(int m)
{
void ausgabe();

a[m] = 0;
if (m<N) erzeuge(m+1);
else ausgabe();
a[m] = 1;
if (m<N) erzeuge(m+1);
else ausgabe();
}
```

```
void ausgabe()
{
int i;
tupel++;
for (i=1; i<=N; i++)
  printf("%d",a[i]);
printf("\n");
}
```

Für k=5 liefert das Programm die Ausgabe:

```
00000     00001     00010
00011     00100     00101
00110     00111     01000
01001     01010     01011
01100     01101     01110
01111     10000     10001
10010     10011     10100
10101     10110     10111
11000     11001     11010
11011     11100     11101
11110     11111
32 01-Tupel
```

15.3 Das Teile-und-Herrsche-Prinzip

Das **Teile-und-Herrsche**-Prinzip (engl. *divide-and-conquer*) ist eine Programmiertechnik, bei der der jeweilige Problemumfang schrittweise auf die Hälfte oder einen anderen Bruchteil reduziert wird. Diese Reduktion wird dann solange fortgesetzt, bis die verbleibenden Fälle in einfacher Weise gelöst werden können. Die Gesamtlösung setzt sich dann - meist rekursiv - aus den Einzellösungen zusammen.

Genau diese Strategie liegt der Binärsuche zugrunde, die im Abschnitt 5.4 programmiert wurde. Hierbei wird die zu untersuchende Liste jeweils auf *die* Hälfte reduziert, in der sich das gesuchte Element befindet. Die Binärsuche endet spätestens dann, wenn die Liste nur noch ein Element enthält. Das Prüfen dieses Elements zeigt den Erfolg der Suche.

Auch beim rekursiven Quicksort (siehe Abschnitt 10.6) führte das Teile-und-Herrsche-Prinzip auf immer kleiner werdende Teillisten, die, richtig angeordnet, die Gesamtsortierung der ganzen Liste liefern.

Daß beim Teile-und-Herrsche-Prinzip manchmal der Problemumfang auch gedrittel werden kann, zeigt das bekannte Wägeproblem, bei dem ein schwerere Münze aus 12 anderen mit höchsten 3 Wägungen herausgefunden werden soll. Diese Dreiteilung ist hier sehr effektiv, da sich durch Ausswiegen zweier Drittel stets sagen läßt, wo sich die schwerere Kugel befindet. Ist eines der beiden Drittel schwerer, so enthält es die gesuchte Kugel; sind die beiden Drittel gleich schwer, so kann sich die gesuchte Kugel nur im letzten Drittel befinden. Durch fortgesetztes Dritteln wird die schwere Kugel leicht gefunden.

```c
/* waegepro.c  */

#define MAX 100
int anzahl,i,index,waegezahl,obgrenze,untgrenze;
int kugel[MAX+1] = {1};

void main()
{
waegezahl = 0;
printf("Wieviele Kugeln? ");
scanf("%d",&anzahl);
printf("Welche Kugel soll schwerer sein? ");
scanf("%d",&index);
kugel[index] = 2;
auswiegen();
printf("\nDie schwerere Kugel hatte die Nr.%d\n",obgrenze);
printf("Es waren %d Wägungen nötig\n",waegezahl);
}


void auswiegen(void)
{
int grenze1,grenze2,laenge,gewicht1,gewicht2;

untgrenze = 1; obgrenze = anzahl;
do {
    laenge = (obgrenze - untgrenze + 2)/3;
    grenze1 = untgrenze + laenge - 1;
    grenze2 = grenze1 + laenge;
    gewicht1 = 0; gewicht2 = 0;
    for (i = untgrenze; i <= grenze1; i++)
        gewicht1 = gewicht1 + kugel[i];
    for (i = grenze1 + 1; i <= grenze2; i++)
        gewicht2 = gewicht2 + kugel[i];
    waegezahl++;
    if (gewicht1 == gewicht2)
        untgrenze = grenze2+1;
    else
    if (gewicht1 > gewicht2)
      obgrenze = grenze1;
    else
      {
       untgrenze = grenze1+1;
       obgrenze = grenze2;
      }
  } while (obgrenze!=untgrenze);
}
```

Im Programm werden die gewöhnlichen Kugeln durch das Gewicht 1, die schwerere Kugel durch das Gewicht 2 dargestellt. Es kann eingegeben werden, welche der Kugeln die schwerere sein soll. Der Programmlauf zeigt, daß stets die Lösung mit maximal 3 Wägungen gefunden wird.

15.4 Die Simulation

Die **Simulation** ist ein Programmierprinzip, bei dem ein Experiment oder ein komplexer Vorgang am Rechner nachvollzogen wird. Dies geschieht meist, wenn die Durchführung entweder technisch nicht möglich, zu kostspielig oder gefährlich ist. Die Anwendungen für Simulationen sind vielfältig: Neben Autofahr- und Flugzeug-Simulatoren gibt es sogar solche, bei denen der Betrieb eines Kernkraftwerkes nachgeahmt wird.

Eine weitere wichtige Anwendung findet die Simulation in der dynamischen Systemtheorie, bei denen Auswirkungen in vernetzten Regelkreisen studiert werden können. Das bekannteste Beispiel war wohl die 1972 erschienene Studie "Die Grenzen des Wachstums" von D.MEADOWS (1972), die ein Ende unserer Wirtschaft in den Jahren 2020- 2060 voraussagte, wenn der Energieverbrauch, die Ausbeutung der Bodenschätze und die Umweltverschmutzung weiterhin exponentiell zunehmen.

Bekannt sind ferner Simulationen von Wahrscheinlichkeiten oder Erwartungswerten mit Hilfe von Zufallszahlen, die auch **Monte-Carlo**-Simulationen genannt werden. Diese Methode war 1942 in den USA beim Bau der Atombombe entwickelt worden, um die Streuung von Neutronen an einem Modell zu studieren.

Als erstes Beispiel soll die Ausbreitung einer Epidemie unter 1000 Leuten simuliert werden. Die Zahl der Infizierten wird proportional zur Anzahl der Kontaktmöglichkeiten zwischen Kranken und Gesunden gesetzt. Diese Proportionalitätskonstante heißt Infektionsrate und wird hier auf 0.0005 gesetzt. Die Zahl der Gesunden vermindert sich um diese Zahl der Infizierten. Ein gewisser Bruchteil der Kranken wird immum gegen die Krankheit und kann daher nicht mehr infiziert werden. Dieser Bruchteil, Immunitätsrate genannt, wird 0.05 gewählt. Die Zahl der Kranken, anfangs 3 gesetzt, ergibt sich entsprechend aus der Gesamtzahl aller Leute, verringert um die Zahl der Gesunden und Immunen. Dies gilt dann, wenn die Krankheit nicht lebensgefährlich ist.

```c
/* epidemie.c */

main()
{
unsigned int p,infizierte,gesamt,
gesunde=997,kranke=3,immune=0;
float infektionsrate = 0.0005,immunitaetsrate = 0.05;

gesamt = gesunde+kranke+immune;
printf("Periode Gesunde   Kranke   Immune\n");
printf("----------------------------------------\n");

for (p=1; p<=50; p++)
 {
 printf("%5d %8u %8u %8u\n",p,gesunde,kranke,immune);
 infizierte = infektionsrate*gesunde*kranke;
 gesunde -= infizierte;
 immune += immunitaetsrate*kranke;
 kranke = gesamt-gesunde-immune;
 }
}
```

Der Programm-Ausdruck für die ersten 25 Tage lautet:

```
Periode  Gesunde     Kranke    Immune
- - - - - - - - - - - - - - - - - - - - - - - - - - - - - - - - - - -
   1      997          3         0
   2      996          4         0
   3      995          5         0
   4      993          7         0
   5      990         10         0
   6      986         13         1
   7      980         18         2
   8      972         25         3
   9      960         35         5
  10      944         48         8
  11      922         66        12
  12      892         90        18
  13      852        121        27
  14      801        160        39
  15      737        208        55
  16      661        264        75
  17      574        325       101
  18      481        386       133
  19      389        440       171
  20      304        481       215
  21      231        506       263
  22      173        514       313
  23      129        507       364
  24       97        489       414
 259       74        464       462
```

Es zeigt sich, daß fast alle Leute erkranken, davon am 21. bis zum 23.Tag mehr als die Hälfte gleichzeitig. Nur 12 der insgesamt 1000 bleiben gesund. Dies zeigt deutlich, wie verheerend die Auswirkungen einer solchen Epidemie sein können.

Als Beispiel zur Berechnung eines Erwartungswertes soll das Sammeln von Sammelbildern (engl. *coupon collectors problem*) dienen. Wieviele Bilder schätzen Sie, muß man sammeln, um eine Serie von 50 Stück zu komplettieren? Die sicher überraschende Antwort ist 225 Stück! Diese Werte können mit folgendem Programm simuliert werden:

```c
/* collect.c */

/* Warten auf einen vollständigen Satz von Bildern */

#define SIMULATIONEN 100
#include <stdlib.h>

void main()
{
int anzahl,summe;
void auslosen();

printf("Wieviele Bilder? ");
scanf("%d",&anzahl);
auslosen(anzahl,&summe);
printf("\nZur Erlangung eines vollständigen Satzes ");
printf("von %3d Bildern\nmüssen durchschnittlich",anzahl);
printf(" %.1f Bilder gesammelt werden\n",(float)summe/SIMULATIONEN);
}
```

```
void auslosen(int N,int *gesamt)
{
register int i,bild;
long now;
int doub[500];
void srand();

*gesamt =0;
srand(time(&now) % 37);
for (i=0; i<SIMULATIONEN; i++)
  {
  for (bild=0; bild<N; bild++) doub[bild]=0;
  bild = 0;
  while (bild<=N-1)
  {*
    if (doub[bild]>0) bild++;
    else doub[rand() % N]++;
  }
  for (bild=0; bild<N; bild++)
        *gesamt += doub[bild];
  }
return;
}
```

Die Zahl der Doubletten wird hier im Feld doub gespeichert. Die Summe dieser
Feldelemente liefert die Gesamtzahl der jeweils gesammelten Bilder. Dividiert
man die Summe durch die Anzahl der Simulationen, erhält man den gesuchten
Durchschnittswert, der bei 100 Bildern ungefähr bei 225 liegen wird. Die genauen Ausgabewerte des Programms sind natürlich zufällig und ändern sich bei
jedem Programmlauf statistisch.

Als zweites Beispiel zur Monte-Carlo-Simulation soll eine Wahrscheinlichkeit
ermittelt werden:

Romeo und Julia wollen sich zwischen 0 und 1 Uhr im Stadtpark treffen. Jeder
kommt zufällig und wartet maximal 10 Minuten auf den anderen. Mit welcher
Wahrscheinlichkeit treffen sie sich unter diesen Bedingungen?

Die Ankunftszeit der Beiden ist eine reelle Zufallszahl zwischen 0 und 1. Zu einer Begegnung kommt es, wenn sich beide Zahlen höchstens um 1/6 (entsprechend 10 Min.) unterscheiden. Ist dies der Fall, wird ein entsprechender Zähler
erhöht. Die relative Häufigkeit der Begegnungen ist der simulierte Wert der gesuchten Wahrscheinlichkeit. Die exakte Wahrscheinlichkeit ist 11/36.

```
/* romeo.c */

/* Romeo und Julia wollen sich täglich zwischen 0 Uhr und 1 Uhr im
Stadtpark treffen. Beide kommen zufällig und warten maximal 10 Minuten
auf den anderen. Mit welcher Wahrscheinlichkeit treffen sie sich ?  */

#include <math.h>
#include <stdlib.h>
#define SIMULATIONEN 10000
#define MAXINT 32767.0
#define SECHSTEL 1./6.
```

```c
void main()
{
int i,zaehl=0;
double ankunft1,ankunft2,fabs();
long now;
void srand();

srand(time(&now) & 37);
for (i=1; i<=SIMULATIONEN; i++)
  {
  ankunft1 = rand()/MAXINT;
  ankunft2 = rand()/MAXINT;
  if (fabs(ankunft1-ankunft2)< SECHSTEL) zaehl++;
  }
printf("Romeo & Julia treffen sich mit der Wahrscheinlichkeit
%3.1f%%\n",
100.0*zaehl/SIMULATIONEN);
}
```

15.5 Das Backtracking

Das **Backtracking** (deutsch etwa Rückverfolgung) ist ein spezielles rekursives
Verfahren zur Entwicklung einer "intelligenten" Suchtechnik. Dabei müssen
diejenigen Schritte zur Lösung des Problems, die in eine Sackgasse führen,
rückgängig gemacht werden und ein neuer Anlauf gestartet werden. Mit Hilfe
von Backtracking kann z.B. ein Weg aus einem Labyrinth gesucht werden; es
stellt somit eine grundlegende Methode zur Entwicklung von künstlicher Intel-
ligenz dar. In nicht-prozeduralen Programmiersprachen wie Prolog ist das
Backtracking sogar Bestandteil der Programmiersprache [8]; d.h. das Programm versucht selbständig mittels Backtracking alle gegebenen Regeln und
Prädikate zu erfüllen.

Nach WIRTH [30] kann das Backtracking durch folgende rekursive Prozedur
beschrieben werden:

```
versuche(int i)
{
int k=0;
do {
    k++;
    wähle k-ten Kandidaten;
    if (annehmbar) zeichne ihn auf;
    if (i<n) versuche(i+1);
        if (!erfolgreich) lösche Aufzeichnung;
    } while (!erfolgreich && k<m);
}
```

Ein bekanntes Beispiel, das mittels Backtracking gelöst werden kann, ist das
Acht-Damen-Problem. Wieviele Möglichkeiten gibt es, 8 Damen so auf ein
Schachbrett zu stellen, daß sie sich gegenseitig nicht bedrohen? Da es hier nicht
weniger als 92 Stellungen gibt, verwundert es nicht, daß GAUSS 1850 nicht alle

Lösungen fand. Wendet man das obengegebene Backtracking-Schema auf das Damenproblem an, so ergibt sich:

```
versuche(int i)
    {
    initialisiere Wahl für i-te Dame;
    do {
        wähle nächste Dame;
        if (!bedroht) setze Dame;
        if (i<8) versuche(i+1);
            if (!erfolgreich) entferne Dame;
        } while (!erfolgreich && !(alle Positionen probiert));
    }
```

Um die Bedrohung der Damen in den Diagonalen des Schachbretts geeignet codieren zu können, werden die Diagonalen gemäß Abb.15.2 numeriert.

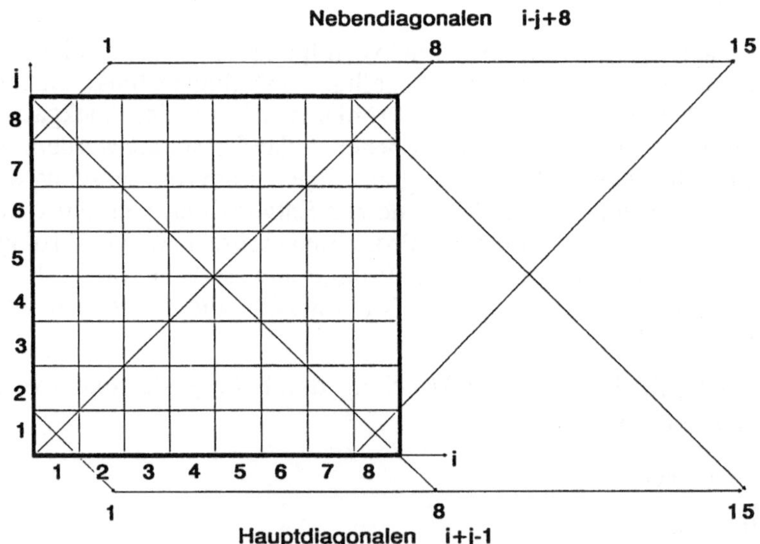

Numerierung der Diagonalen beim 8-Damen-Problem

Abb.15.2 Koordinatensystem beim 8-Damenproblem

```c
/* damen.c */

typedef enum { FALSE,TRUE } BOOLEAN ;

BOOLEAN hpt_diag[16],neb_diag[16],zeil[9];
int spalt[9],c=0;

void main(void)
{
BOOLEAN versuch(int i);
void ausgabe(void);
int i;

for (i=1; i < 16; i++)
 hpt_diag[i] = neb_diag[i] = TRUE;
for (i=1; i < 9; zeil[i++]=TRUE);
versuch(1);
printf("\n%d Loesungen gefunden\n",c);
}


void ausgabe(void)
{
int i;
for (i=1; i < 9; printf("%4d",spalt[i++]));
printf("\n");c++;
}


BOOLEAN versuch(int i)
{
void ausgabe(void);
int j;
for (j=1; j<9 ; j++)
 if (hpt_diag[i+j-1] && neb_diag[i-j+8] && zeil[j])
 {
 spalt[i] = j;
 hpt_diag[i+j-1] = neb_diag[i-j+8] = zeil[j] = FALSE;
 if (i < 8) versuch(i+1);
   else ausgabe();
 hpt_diag[i+j-1] = neb_diag[i-j+8] = zeil[j] = TRUE;
 }
return(TRUE);
}
```

Die erste der 92 Lösungen ist

        1 5 8 6 3 7 2 4

D.h., die erste Dame steht in Zeile 1, die zweite in Zeile 5; entsprechend die
restlichen in den Zeilen 8, 6, 3, 7, 2 und 4. Diese Lösung wird in Abb. 15.3
dargestellt.

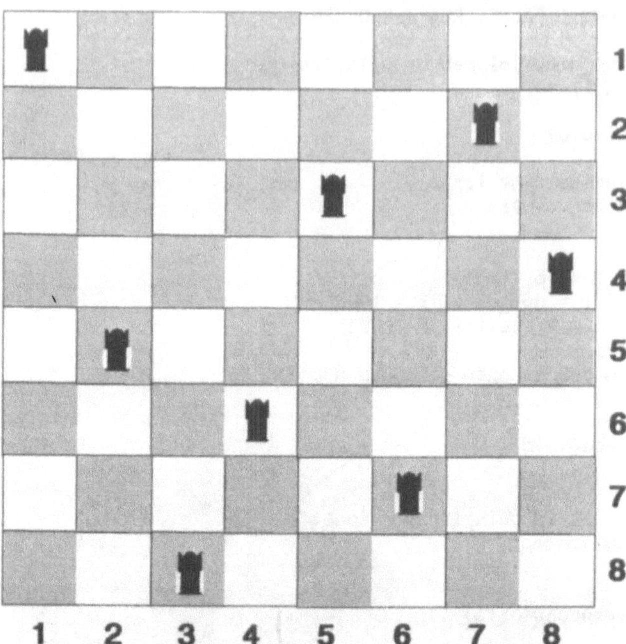

Abb.15.3 1.Lösung des 8-Damen-Problems

15.6 Branch & Bound

Das **Branch & Bound**-Verfahren ist ein Spezialfall des Backtrackings, bei dessen Lösungssuche zwar alle Verzweigungen **(branch)** durchlaufen werden, jedoch die Wege nicht länger verfolgt werden, die eine Lösung oberhalb einer bestimmte Grenze **(bound)** liefern.

Als Beispiel wird ein bekanntes Problem des **Operations Research**, das sog. **Rucksack**-Problem, behandelt. Welche Investitionen soll ein Unternehmer starten, wenn er nur ein beschränktes Kapital zur Verfügung hat und die Ertragssumme maximal sein soll? Anschaulich gesehen ist das Problem gleichbedeutend mit der Aufgabe einen Rucksack von beschränktem Fassungsvermögen mit möglichst vielen Objekten so zu packen, daß die Summe aller eingepackten Werte maximal wird.

Wie beim Backtracking, wird man hier versuchen, eine rekursive Prozedur zur
Lösungssuche zu formulieren:

```
void versuche(int i)
{
if (Einschluß möglich)
        schließe i-tes Objekt ein;
        if (i<n) versuche (i+1);
                else prüfe Optimalität;
        eliminiere i-tes Objekt;
if (Ausschluß möglich)
        if (i<n) versuche (i+1);
        else prüfe Optimalität;
}
```

Ein Objekt kann eingepackt werden, wenn die Hinzunahme seines Gewichtes
nicht die vorgegebene Schranke überschreitet. Ein Objekt wird ausgeschlossen,
wenn der mit der gegenwärtigen Auswahl noch erreichbare Wert kleiner ist als
das bisherige Optimum.

Als Zahlenbeispiel wird ein Rucksack vom Fassungsvermögen 110 behandelt,
in den folgende Objekte gepackt werden sollen:

```
Gewichte:   10,11,12,13,14,15,16,17,18,19
Werte:      18,20,17,19,25,21,27,23,25,24


    /* rucksack.c */

    #define N 10
    #define HOECHSTGEW 110
    #define TRUE 1
    #define FALSE 0

    typedef struct objekt
      {
      int v;
      int w;
      } OBJEKT;
    OBJEKT obj[N+1];
    static int gewicht[N+1] = {0,10,11,12,13,14,15,16,17,18,19};
    static int wert[N+1] = {0,18,20,17,19,25,21,27,23,25,24};
    int s[N+1],opt[N+1],maxv;

    void main()
    {
    int i,totalv=0,gesv=0,gesw=0;
    void versuche(int,int,int);
    maxv = 0;
    for (i=1; i<=N; i++)
      {
      obj[i].w = gewicht[i];
      obj[i].v = wert[i];
      totalv += obj[i].v;
      }
    for (i=1; i<=N; i++) s[i] = opt[i] = FALSE;
    versuche(1,0,totalv);
    printf("Optimale Auswahl :");
```

```
for (i=1; i<=N ; i++)
if (opt[i])
  {
  gesv += obj[i].v;
  gesw += obj[i].w;
  printf("%-5d",i);
  }
printf("\noptimaler Wert : %d\n",gesv);
printf("erreichtes Gewicht : %d\n",gesw);
printf("Hoechstgewicht : %d\n",HOECHSTGEW);}

void versuche(int i,int tw, int av)
{
if (tw+obj[i].w <= HOECHSTGEW)
{
s[i] = TRUE;   /* Versuche Objekt Nr.i */
if (i<=N) versuche(i+1,tw+obj[i].w,av);
  else
  if (av>maxv) /* neues Maximum erreicht */
          {
          maxv = av;
          for (i=1; i<=N; i++) opt[i]=s[i];
          }
s[i] = FALSE; /* Gib Objekt Nr.i auf */
}
if (av > maxv+obj[i].v)
{
if (i<=N) versuche(i+1,tw,av-obj[i].v);
  else
  {
  maxv = av-obj[i].v;

  for (i=1; i<=N; i++) opt[i]=s[i];
  }
}
return;
}
```

Die Objekte sind als Feld von Verbunden aus Gewicht obj.w und Wert obj.v definiert. Die Variablen av und maxv liefern jeweils den aktuellen bzw. den maximalen Gesamtwert (Bound). totalw gibt das Gesamtgewicht an; die Menge der aktuellen bzw. optimalen Objekte sind in den Feldern s bzw. opt mit dem Wert 1 gespeichert. Bei einem Fassungsvermögen von 110 Gewichtseinheiten besteht die optimale Auswahl aus den Objekten mit folgenden Gewichten:

10, 11, 12, 13, 14, 15, 16, 18

Dadurch erreicht die optimale Rucksackfüllung den Gesamtwert 172.

16 System-Programmierung

Obwohl die in diesem Abschnitt verwendeten Schlüsselwörter MS-DOS-spezifisch sind und daher nicht der ANSI C-Norm entsprechen, soll an einigen Beispielen gezeigt werden, wie man in C Zugang zum MS-DOS-Betriebssystem erhält. Eine vollständige Darstellung ist im Rahmen des Buches natürlich nicht möglich. Es wird hier verwiesen auf die Literatur [13] bzw. [22].

16.1 Die Register des 8086

Der 8088/8086-Prozessor verwendet 14 Register, in denen die Daten verarbeitet werden, und der Programmablauf gesteuert wird. Diese Register werden wie folgt eingeteilt:

> Allgemeine Register
>
> Base-Pointer- und Index-Register
>
> Segment-Register
>
> Spezielle Register

Die allgemeinen Register werden mit A, B, C und D bezeichnet

A	Akkumulator
B	Basis-Register
C	Count-Register
D	Daten-Register

Alle Register fassen je ein Maschinenwort zu 2 Bytes und können entweder als 16-Bit-Register oder als zwei Byte-Register angesprochen werden. Die beiden Bytes der allgemeinen Register werden durch H für **high** und L für **low** gekennzeichnet.

In diesen Registern finden die arithmetischen und Vergleichs-Operationen und die Sprunganweisungen statt. Die Basispointer- und Index-Register unterstützen die relative Adressierung, den Stack-Pointer und die Block-Befehle. Die Segment-Register realisieren die Segment-Speicherstruktur des Prozessors. Das CS-Register enthält das aktuelle Code-Segment, entsprechend DS das Datensegment, ES das Extra- und SS das Stack-Segment.

Diese wahlweise Einteilung der Register (REGS) in Maschinenwörter
(WORDREGS) und Bytes (BYTEREGS) kann in C durch den Datentyp
UNION realisiert werden, dabei sind WORDREGS und BYTEREGS als Ver-
bund definiert.

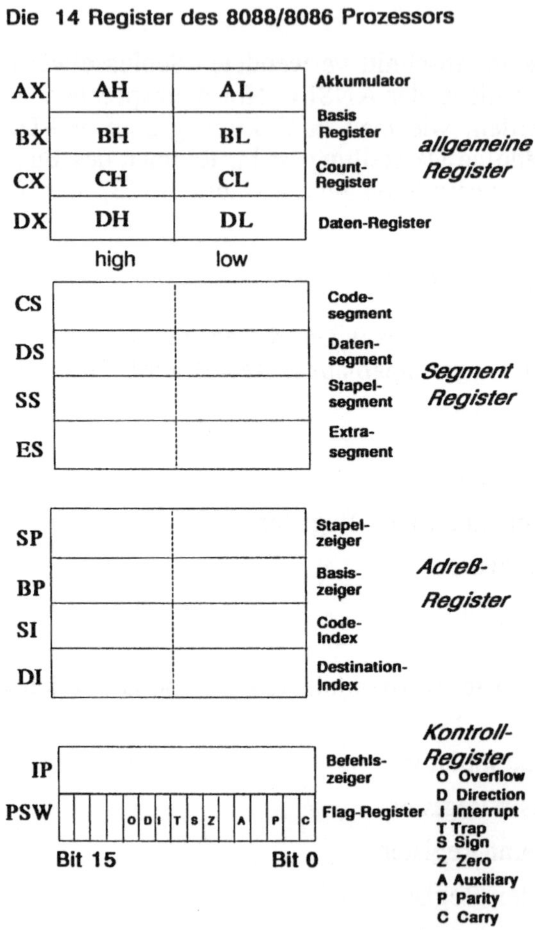

Die 14 Register des 8088/8086 Prozessors

Abb.16.1 Register des 8086

```
struct WORDREGS {
     unsigned int ax;
     unsigned int bx;
     unsigned int cx;
     unsigned int dx;
     unsigned int si;
     unsigned int di;
     unsigned int cflag;
     };
```

```
struct BYTEREGS {
    unsigned char al, ah;
    unsigned char bl, bh;
    unsigned char cl, ch;
    unsigned char dl, dh;
    };

union REGS {
    struct WORDREGS x;
    struct BYTEREGS h;
    };
```

16.2 Das BIOS

Ein **Interrupt** ist ein spezieller Befehl, der bewirkt, daß das System anhält, die aktuellen Systemparameter auf den Stack legt und die Interrupt-Routine anspringt, die durch die Nummer des Interrupts gegeben ist. Nach Ausführung der Interrupt-Routine wird die ursprüngliche Aufgabe wieder aufgenommen. Man unterscheidet zwischen den Interrupts, die von Software- bzw. Hardware-Seite bewirkt werden. Hier interessieren natürlich nur die Software-Interrupts.

MS-DOS definiert eine Tabelle (Interrupt Vector Table), in der die Interrupt-Vektoren des BIOS (Basic Input/Output System) und des DOS (Disk Operating System) verzeichnet sind. Alle Betriebssystems-Funktionen werden unter MS-DOS mittels solcher Software-Interrupts ausgeführt.

Jeder Interrupt spricht bestimmte Funktionen an, die durch den Wert des AH-Registers unterschieden werden. Werden zusätzliche Informationen benötigt, so werden die Werte an die AL-, BX-, CX- und DX-Register übergeben bzw. von diesen übernommen. Beispiele für BIOS-Interrupts sind

```
Interrupt-Nr.              Funktion
   5H                      Print screen
  10H                      Video I/O
  11H                      Equipment list
  12H                      Speichergröße
  13H                      Disk I/O
  14H                      Serieller Ausgang
  16H                      Tastatur I/O
  17H                      Drucker I/O
  18H                      ROM-BASIC
  19H                      Bootstrap Loader
  1AH                      Zeit-/Datums-Routinen
```

Die BIOS-Interrupts werden mit Hilfe der **int86()**-Funktion ausgeführt. Ihr Prototyp ist

```
int int86(intnr,inregs,outregs);
```

dabei stellt intnr die Nummer des Interrupts dar. inregs und outregs sind vom Typ union REGS und stellen die Registerwerte vor und nach dem Interrupt dar.

Als Beispiel soll mittels des 10H-Video-Interrupts der Bildschirm gelöscht werden

```
/* cls.c */

#include <dos.h>
#define VIDEO 0x10

void main()
{
void cls();
cls();
}

void cls()  /* clear screen */
{
union REGS inregs;

inregs.h.ah = 6;  /* scroll code */
inregs.h.al = 0;  /* Clear screen code */
inregs.h.ch = 0;  /* Anfangszeile */
inregs.h.cl = 0;  /* Anfangsspalte */
inregs.h.dh = 24; /* Endzeile */
inregs.h.dl = 79; /* Endspalte */
inregs.h.bh = 7;  /* schwarz  */
int86(VIDEO,&inregs,&inregs);
return;
}
```

Das C- und D-Register enthält hier die zu löschenden Zeilen und Spalten. Mittels desselben Interrupts kann auch der Cursor an die Bildschirmstelle (x,y) gè-
bracht werden:

```
/* gotoxy.c */

#include <dos.h>
#define VIDEO 0x10

void main()
{
void gotoxy();
gotoxy(10,10);
}

void gotoxy(int x,int y)
{  /* set cursor position to x,y */
union REGS inregs;

inregs.h.ah = 2; /* cursor function */
inregs.h.dl = y; /* Spalte */
inregs.h.dh = x; /* Zeile */
inregs.h.bh = 0; /* video page */
int86(VIDEO,&inregs,&inregs);
return;
}
```

Hier enthält das D-Register die Bildschirmposition, auf die der Cursor gesetzt
wird.

16.3 Die DOS-Funktionen

Die DOS-Funktionen werden über den Interrupt 21H angesprochen. Die Tabelle zeigt einige dieser Funktionen

```
AH-Register           Funktion
    1                 Zeichen von Tastatur
    2                 Zeichen an Bildschirm
    3                 Zeichen von serieller Schnittstelle
    4                 Zeichen an serielle Schnittstelle
    5                 Zeichen an Drucker
    8                 prüft Tastatur-Status
    E                 setzt Default-Laufwerk
    2A                liest Systemdatum
    2B                setzt Systemdatum
    2C                liest Systemzeit
    2D                setzt Systemzeit
```

Ein 21H-Interrupt wird mithilfe der Funktionen **bdos()** und **intdos()** ausgeführt. Sie haben die Prototypen

```
int bdos(functno,dx,al);
int intdos(inregs,outregs);
```

Dabei ist funcno die Nummer der DOS-Funktion, die Werte dx und al werden dabei in die entsprechenden Register eingelesen. Die Parameter inregs und outregs sind wieder vom Typ union REGS wie bei der Funktion int86(). Als Anwendung der bdos()-Funktion wird die Ausgabe eines Strings an den Drucker (Funktion 5) gezeigt:

```
/* prints.c */

#include <dos.h>

void main()
{
static char *string = "Programming in C";
void prints();

prints(string);
prints("\n");
}

void prints(char *str)
{
while(*str) bdos(0x5,*str++,0);
return;
}
```

Die Funktion 19 liefert das aktuelle Laufwerk

```
/* drive.c */

#include <dos.h>

void main()
{
char curr_drive();

printf("Aktuelles Laufwerk : %c\n",curr_drive());
}

char curr_drive()
{
char drive;

drive = bdos(0x19,0,0);
return(drive+'A');
}
```

Analog kann mit den Funktionen 1A bzw. 4E der Inhalt des aktuellen Laufwerks ermittelt werden. Für Turbo-C muß hier die Funktion bdos() durch
bdosptr() ersetzt werden.

```
/* direc.c */

#include <dos.h>

void main()
{
void direc();
direc();
}

void direc()
{
char dir_list[44];

bdos(0x1a,dir_list,0);
bdos(0x4e,"*.*",0);

/* für TURBO-C
bdosptr(0x1a,dir_list,0);
bdosptr(0x4e,"*.*",0);
*/

printf("%s\n",&dir_list[30]);
for ( ; ; )
  {
  if (bdos(0x4f,0,0)==18) break;
  printf("%s\n",&dir_list[30]);
  }
return;
}
```

Beispiele für den Einsatz der intdos()-Funktion zeigt die Abfrage der Betriebs-systems-Versionsnummer mittels der Funktion 30:

```
/* dosver.c */

#include <dos.h>

void main()
{
int *minor,*major;
int dos_version();

dos_version(&major,&minor);
printf("DOS Version %d.%d\n",major,minor);
}

int dos_version(int *maj,int *min)
{
union REGS inregs,outregs;

inregs.h.ah = 0x30;
intdos(&inregs,&outregs);
*maj = outregs.h.al;
*min = outregs.h.ah;
}
```

Die Systemzeit kann mittels der Funktion 2C abgefragt werden:

```
/* gettime.c */

#include <dos.h>

void main()
{
int std,min,sec,hdt;
int get_time();

get_time(&std,&min,&sec,&hdt);
printf("Uhrzeit = %02d:%02d:%02d:%02d\n",std,min,sec,hdt);
}

int get_time(int *std,int *min,int *sec,int *hdt)
{
union REGS inregs,outregs;

inregs.h.ah = 0x2C;
intdos(&inregs,&outregs);
*std = outregs.h.ch;
*min = outregs.h.cl;
*sec = outregs.h.dh;
*hdt = outregs.h.dl;
}
```

Den noch verfügbaren Speicherplatz im aktuellen Laufwerk liefert der Aufruf
der Funktion 36:

```
/* diskfree.c */

#include "dos.h"

void main()
{
void get_free_space(void);
get_free_space();
}

void get_free_space(void)
{
union REGS inreg,outreg;
long sectors,clusters,bytes,cpd,
     total,capacity;

inreg.h.ah = 0x36;
inreg.h.dl = 0x0;
intdos(&inreg,&outreg);

sectors = outreg.x.ax;
clusters = outreg.x.bx;
bytes = outreg.x.cx;
cpd = outreg.x.dx;
total =  bytes*sectors*clusters;
capacity = bytes*sectors*cpd;
printf("Drive Bytes = %ld\n",capacity);
printf("Bytes free = %ld\n",total);
return;
}
```

Die Funktion 48 liefert den momentan noch freien Speicherplatz. Das folgende
Programm liefert hier eine besonders nützliches Hilfsprogramm, da es unter
MS-DOS 3.x keine eigenen Befehl dafür gibt:

```
/* memfree.c */

#include "dos.h"

union REGS inregs,outregs;
struct SREGS segregs;

void main()
{
long int freemem;

inregs.h.ah = 0x48;
inregs.x.bx = 65000;
intdos(&inregs,&outregs);

freemem = outregs.x.bx;
freemem *= 16L;
freemem /= 1000L;
printf("%ld kb Memory free\n",freemem);
```

```
    inregs.h.ah = 0x49;
    segregs.es = outregs.x.ax;
    intdosx(&inregs,&outregs,&segregs);
}
```

Mit der Funktion 32 wird das Programm-Segment-Präfix (PSP) angesprochen. Im Feld 9 mit dem Offset 2C enthält es das sog. DOS-Environment. Die gesetzten Enviroment-Variablen können mit folgendem Programm abgefragt werden:

```
/* environ.c */

#include <dos.h>

/* Ausgabe des DOS-Environment
Offset 2C im Programm-Segment-Praefix */

void main()
{
union REGS inregs,outregs;
long int psp,envir;
int far *ptr;
char far *cptr;
int i;

inregs.x.ax = 0x6200;
intdos(&inregs,&outregs);
psp = outregs.x.bx;

ptr = (int far *)((psp << 16) + 0x2C);
envir = (int far *) *ptr;
cptr = (char far *)(envir << 16);
for (i=0; *(cptr+i)||*(cptr+i+1); i++)
  *(cptr+i) ? printf("%c",*(cptr+i)) :
printf("\n");
}
```

Dies entspricht dem SET-Befehl. Man erhält eine Ausgabe in der Art von

```
PROMPT=$P$G
PATH=c:\;c:\util;c:\dos;c:\msc;
COMSPEC=c:\command.com
LIB=C:\LIB;
INCLUDE=C:\INCL;
```

16.4 Die in/outport-Funktion

In manchen Büchern wird behauptet, man könne ohne Assembler-Routinen nicht den im PC eingebauten Lautsprecher ansprechen. Um einen Port, z.B. den Lautsprecher, adressieren zu können, verwendet man die **inport()** bzw. **outport()**-Funktion mit den Prototypen

```
int inp(unsigned port);  /* Microsoft */
int outp(unsigned port,int byte);
int inport(int port);            /* Turbo-C */
int outport(int port,char byte);
```

Dabei ist port die Port-Nummer und byte ein int- bzw. char-Wert. Die Deklarationen finden sich beim Microsoft-Compiler in der Datei conio.h und bei Turbo-C in dos.h. Im folgenden Beispiel wird eine Tonfolge mit absteigender Frequenz erzeugt. Dabei wird der 8253-Timer in Zusammenhang mit der internen Oszillatorfrequenz verwendet. Der Port 67 erhält den Wert 182 zum Übernehmen des Signals. Am Port 66 wird dann das L- und H-Byte getrennt ausgegeben.

Da die Funktionen inport() bzw. outport() bei den Compilern nicht übereinstimmen, wird die Microsoft-Version bei Definition von TURBOC mit Hilfe des Präprozessors umgeschrieben:

```
/* sound.c */

#define MICROSOFT /* bzw. TURBOC */

#ifdef TURBOC
#define inp(x) inportb(x)
#define outp(x,y) outportb(x,y)
#endif

#include <dos.h>
#include <conio.h>

#define OSZILLATOR 1193180L
#define DELAY 64000
#define RATE 250

void main()
{
void celesta();
printf("Sound\n\n");
printf("Ende---> Taste\n");
do  celesta();
    while (!kbhit());
}

void celesta()
{
unsigned i,freq;
union {
        long divisor;
        unsigned char c[2];
        } signal;
unsigned char p;

p = inp(97);
outp(97,p | 3);     /* speaker on */
for (freq = 12000; freq>400; freq -=RATE)
  {
  signal.divisor = OSZILLATOR/freq;
  outp(67,182);
  outp(66,signal.c[0]);
  outp(66,signal.c[1]);
  for (i=0; i<DELAY; ++i);
  }
outp(97,p & 253);  /* speaker off */
}
```

16.5 Abfragen von Speicherstellen

Da der Speicherbereich des Betriebssystems ausserhalb des Code- bzw. Daten-Segments (vergleiche Abschnitt 1.3) liegt, müssen Pointer auf diesen Bereich als far-Pointer definiert werden. Die im Abschnitt 6 verwendeten Pointer werden dagegen als near bezeichnet, da sie im small Speichermodell nicht aus dem Code/Daten-Segment herauszeigen. Wie eingangs erwähnt, gehören die Schlüsselwörter **far** bzw. **near** nicht zum ANSI C-Standard.

Als erstes Beispiel soll das Lesen des ROM- (Read Only Memory) Datums erfolgen. Dies geschieht durch Setzen eines far-Pointers auf den Speicherplatz f000fff5:

```
/* romdate.c */

#define ROM_DATE 0xF000FFF5

void main()
{
char far *ptr;
int i;

printf("ROM Date :");
/* bei COMPAQ-Rechnern i<=8 */
for (i=0,ptr = ROM_DATE; i<8; i++)
  printf("%c",*(ptr+i));
printf("\n");
}
```

Analog kann auch der Bildschirm gefüllt werden, wenn man die Zeichen in die Bildschirmadresse schreibt. Diese Adressen sind

```
0xB8000000       /* Farb-Adapter */
0xB0000000       /* Monochrom-Adapter */


/* scrnfill.c */

#include "stdio.h"
#define LENGTH 2000        /* 80*25 */
#define VIDEO 0xB8000000L  /* für Color */
/* 0xB0000000L für Monochrom */

void main()
{int far *ptr;
int addr;
char ch;
printf("Type character to fill screen - X to end ");
ptr = (int far *) VIDEO;
while ((ch=getche()) != 'X')
for (addr=0; addr<LENGTH; addr++)
        *(ptr+addr) = ch | 0x0700;
}
```

Aus dem der Tastatur-Speicherbereich kann abgefragt werden, ob eine bestimmte Taste gedrückt wurde. Folgende Programme schalten die NUMLOCK- bzw. CAPSLOCK-Taste aus:

```
/* numlock.c */

int main()
{
char far *ptr = (char far *)0x400017L;
*ptr &=  0xdf;
}
```

```
/* capslock.c */

int main()
{
char far *ptr = (char far *)0x400017L;
*ptr &= & 0xbf;
}
```

16.6 Die ANSI.SYS-Datei

Zugang zur Bildschirmsteuerung bietet auch die Datei **ansi.sys**, die Bestandteil des MS-DOS-Systems ist. Sie wird geladen, indem man der Befehl

```
device = ansi.sys
```

in die Datei *config.sys* einfügt. Mit Hilfe der ansi.sys kann die Farbe des Bildschirms und die Betriebssystem-Anzeige (prompt) beim Starten des Rechners gewählt werden. Mit Hilfe der Escape-Sequenzen können Bildschirmfarbe, Attribute, Modus, Tastaturbelegung und Promptzeichen gesteuert werden.

```
ESC-Sequenz   Parameter m   Attribut
ESC[#;.;#m        0          weiß auf schwarz
                  1          intensiv
                  4          unterstreichen
                  5          blinkend
                  7          invers
                  8          unsichtbar
                             schwarz auf schwarz
```

```
ESC-Sequenz   Parameter m   Vordergrund
ESC[#;.;#m       30          schwarz
                 31          rot
                 32          grün
                 33          gelb
                 34          blau
                 35          türkis
                 36          rosa
                 37          weiß
```

```
ESC-Sequenz    Parameter m    Hintergrund
ESC[#;.;#m      40             schwarz
               41             rot
               42             grün
               43             gelb
               44             blau
               45             türkis
               46             rosa
               47             weiß
```

```
ESC-Sequenz          Funktion
ESC[#;#H             setzt Cursor auf x,y-Position
ESC[#A               Cursor nach oben
ESC[#B               Cursor nach unten
ESC[#C               Cursor nach rechts
ESC[#D               Cursor nach links
ESC[2J               Bildschirm löschen
ESC[K                löscht Zeile links vom Cursor
ESC[s                speichert Cursorposition
ESC[u                setzt auf alte Cursorposition
```

Da das ESC-Zeichen gleich dezimal 27, oktal 33 oder hex 1B ist, kann das Bildschirmlöschen z.B. mittels

```
puts("\33[2J");
puts("\x1B[2J");
```

erfolgen. Das folgende Programm zeigt eine Vielzahl von Macros, die auf diesen Esc-Sequenzen beruhen. Nützlich ist, wenn man diese Macros in eine eigene Header-Datei, z.B. ansisys.h schreibt und bei Bedarf mittels der #include-Anweisung in die aktuelle Datei einbindet.

```
/* ansisys.h */

#define CLEAR_SCREEN printf("\x1B[2J")
#define CURSOR_UP  printf("\x1B[A")
#define CURSOR_RIGHT printf("\x1B[C")
#define CURSOR_DOWN printf("\x1B[B")
#define CURSOR_LEFT printf("\x1B[D")
#define CURSOR_HOME printf("\x1B[H")
#define GOTOXY(x,y) printf("\x1B[%d;%dH",x,y)
#define SAVEXY   printf("\x1B[s")
#define RECALLXY  printf("\x1B[u")
#define NORM_VIDEO printf("\x1B[0m")
#define HIGH_VIDEO printf("\x1B[1m")
#define REVERS_VIDEO printf("\x1B[7m")
#define BLINK_VIDEO printf("\x1B[5m")
```

Diese Datei kann z.B. auf folgende Weise verwendet werden:

```
/* ansi.c */

#include <stdio.h>
#include "ansisys.h"
```

```
void main()
{
 CLEAR_SCREEN;
 GOTOXY(10,10);
 NORM_VIDEO;
 printf("normale Anzeige\n");
 GOTOXY(12,10);
 REVERS_VIDEO;
 printf("inverse Anzeige\n");
 GOTOXY(14,10);
 BLINK_VIDEO;
 printf("blinkende Anzeige\n");
 GOTOXY(16,10);
 NORM_VIDEO;
 printf("wieder normale Anzeige\n");
}
```

16.7 Werteübergabe an MS-DOS

Genauso wie die main()-Funktion eines C-Programms über eine Kommandozeile Parameterwerte vom Betriebssystem übernehmen kann, genauso wird der
RETURN-Wert von main() an das Betriebssystem übergeben. Ein solcher Wert
kann beispielsweise in einer Batchdatei als Fehlercode (Errorlevel) auftreten.
Folgendes Programm liefert den Status der Numlock-Taste (ein = 1; aus = 0)
und schaltet den Tastenstatus um.

```
/* numlock2.c */

int main()
{
return(*(char far *)0x400017 ^= '\x20') & 0x20 ? 1: 0;
}
```

Dieser Wert kann in einer Batchdatei (z.B. autoexec.bat) zum Ausschalten der
Numlock-taste benützt werden:

```
:OFF
NUMLOCK
IF ERRORLEVEL 1 GOTO OFF
```

16.8 Erzeugen eines Assembler-Codes

Mit einem C-Compiler kann meist auch direkt ein Assemblerprogramm erzeugt
werden. Als Beispiel wird das folgende Programm betrachtet:

```
1   /* mini.c */
2   void main()
3   {
4   int a=2,b=3,c=4,d;
5   d = a*b+c;
6   printf("%d",d);
7   }
```

Der Befehl cl /Fa /Gs mini.c für den Microsoft-Compiler bzw. die Option -S
für Turbo C 2.0 (tcc) erzeugt die Assembler-Datei mini.asm

```
; Static Name Aliases
;
  TITLE   mini.c
  NAME    mini


  .8087
_TEXT     SEGMENT   WORD PUBLIC 'CODE'
_TEXT     ENDS
_DATA     SEGMENT   WORD PUBLIC 'DATA'
_DATA     ENDS
CONST     SEGMENT   WORD PUBLIC 'CONST'
CONST     ENDS
_BSS      SEGMENT   WORD PUBLIC 'BSS'
_BSS      ENDS
DGROUP    GROUP    CONST, _BSS, _DATA
ASSUME   CS: _TEXT, DS: DGROUP, SS: DGROUP
EXTRN       __acrtused:ABS
EXTRN       _printf:NEAR
CONST      SEGMENT
$SG107    DB         '%d',  00H
CONST      ENDS
_TEXT      SEGMENT
 ASSUME   CS: _TEXT
; Line 3
  PUBLIC  _main
_main     PROC NEAR
  push    bp
  mov     bp,sp
  sub     sp,8
; a = -2
; b = -4
; c = -6
; d = -8
; Line 4
  mov     WORD PTR [bp-2],2        ;a
  mov     WORD PTR [bp-4],3        ;b
  mov     WORD PTR [bp-6],4        ;c
; Line 5
  mov     WORD PTR [bp-8],10       ;d
; Line 6
  push    WORD PTR [bp-8] ;d
  mov     ax,OFFSET DGROUP:$SG107
  push    ax
  call    _printf
; Line 7
  mov     sp,bp
  pop     bp
  ret


_main     ENDP
_TEXT     ENDS
END
```

Man sieht, daß ein kleines C-Programm bereits zu einem größeren Assembler-Code führt. Nach Definition von Text, Data, Const und BSS-Segment werden zwei Funktionen acrtused() und printf() als externe Funktionen deklariert. Das eigentliche Text-Segment beginnt bei Zeile 3, wo zunächst alle Systemparameter auf den Stackpointer gelegt wurden. Sodann werden die vier Werte für a, b, c (Zeile 4) und das Ergebnis "10" (Zeile 5) für d auf den Stapel gelegt. Der letzte Wert wird in das AX-Register gebracht (Zeile 6) und die Funktion printf() aufgerufen. Schließlich wird der alte Zustand wiederhergestellt, indem alle Systemparamter vom Stackpointer auf den Basepointer gebracht werden (Zeile 7).

Da C einen relativ maschinennahen Code erzeugt, erhält man nach manuellen Entfernen aller unnötigen Stackbefehle ein und dem Compilieren mittels eines Macroassemblers ein schnell ausführbares Maschinenprogramm. Praktisch alle großen Programme unter MS-DOS, wie Lotus, dBase usw., wurden auf diese Weise programmiert.

17 Der Quick C-Compiler

17.1 Starten des Compilers

Im folgenden Abschnitt wurde die englische Version 1.0 des Quick C-Compilers verwendet. Dieser Compiler existiert in zwei Versionen: Der Compiler qc mit integriertem Editor und die Version qcl, die im Kommandozeilenmodus arbeitet . Der allgemeine Compiler- Aufruf für qc ist

```
qc /option /lib test.c
```

Als Option kann hier der Video-Modus eingegeben werden:

```
/b schwarz-weiß
/g CGA-Graphik
/h EGA- oder VGA-Modus
```

Ferner kann eine Bibliothek z.B. lib gewählt und gleichzeitig ein existierendes Programm, z.B. test.c, geladen werden.

Die Besonderheit des Quick C-Compilers ist, daß das Einbinden vieler Funktionen mit Hilfe der Header-Dateien *.h nicht notwendig ist. Es sind dies insbesondere die häufig verwendeten Dateien

```
stdio.h
stdlib.h
alloc.h
dos.h
string.h
ctype.h
```

Die vollständige Liste der integrierten Funktionen findet sich im Quick C-Handbuch auf Seite 126. Leider sind die mathematischen Standardfunktionen aus math.h hier nicht mit eingeschlossen. Eine Möglichkeit solche Funktionen einzuschließen, ist die entsprechende Header-Datei in den MAKE-File aufzunehmen. Eine andere Möglichkeit ist, solche Headerdateien oder auch selbsterstellte mit Hilfe des Compilers qcl in eine Bibliothek einzubinden. Dies wird im Handbuch im Abschnitt 9.4 beschrieben.

Die Kommandozeilen-Version des Compilers wird mit

```
qcl
```

gestartet. Sämtliche Optionen des qcl-Compilers müssen hier über eine Kommandozeile eingegeben werden. Mögliche Optionen sind:

```
/c      nur Compilieren
/Gs     Ausschalten der Stackprüfung
/Ot     Optimierung auf Laufzeit
/Ox     maximale Optimierung
/W0     Warnstufe 0
/W1     Warnstufe 1
/W2     Warnstufe 2
/W3     Warnstufe 3
/Za     Beschränkung auf ANSI C-Schlüsselwörter
/Zi     Vorbereitung für Debuggen mit Codeview
/Zr     Prüfen ob Null-Pointer
/Zs     Nur Syntax-Prüfung
/Help   Ausgabe aller Compiler-Optionen
/AS     Small-Memory-Modell
/AM     Medium-Memory-Modell
/AC     Compact-Memory-Modell
/AL     Large-Memory-Modell
/FPi    Emulation des math. Coprozessors
/FPi87  Verwendung des math. Coprozessors
/P      Präprozessorausgabe des Quellcodes an Datei
/E      Präprozessorausgabe des Quellcodes am Bildschirm
/G2     Erstellen eines Codes für 80286 Prozessor
/C      Erhalten der Kommentare
/Zl     Linken mit anderer Bibliothek
```

Beim qc-Compiler können alle diese Optionen mittels der sog. Pull-Down-Menüs gewählt werden, die mit der Maus leicht geöffnet werden können. Dieselben Optionen gelten übrigens auch für den Microsoft-C Compiler 5.x unter MS-DOS.

17.2 Das File-Menü

Das *File*-Menü wird entweder mit den Maus oder durch ALT-F aufgerufen. Es enthält 3 Gruppen von Funktionen

- Dateien-Operationen

- Erstellen eines MAKE-Files

- Schnittstelle zu MS-DOS

```
 File  Edit  View  Search  Run  Debug  Calls                        F1=Help
┌──────────────────────────┐── C:\MSC\huffmann.c ──────────────────────────┐↑
│ New                      │                                                │
│ Open...                  │                                                │
│ Open Last File      F2   │                                                │
│ Merge...                 │                                                │
│ Save                     │                                                │
│ Save As...               │                                                │
├──────────────────────────┤                                                │
│ Set Program List...      │ ] = "ABCDEFGHIJKLMNOPQRSTUVWXYZ";               │
│ Clear Program List       │ SE] = {82,14,28,38,131,29,20,53,               │
│ Edit Program List...     │ ,20,1,68,61,105,25,9,15,2,20,1 };              │
├──────────────────────────┤                                                │
│ Print...                 │                                                │
│ DOS Shell                │                                                │
│ Exit                     │                                                │
└──────────────────────────┘                                                │
│ {                                                                         │
│ int i;                                                                    │
│ void huffmann();                                                          │
│                                                                           │
│ huffmann();                                                               │
│ for (i=0; i< ANZAHL; i++)                                                 │↓
└────────────────────────────────────────────────────────────────────────┘
 Program List: <None>   Context: <Program not compiled>          00001:001
```

Abb.17.1 Das File-Hauptmenü

Im Untermenü *new* wird der Inhalt des Editors gelöscht. Mit *Open* kann eine beliebige Text-Datei geladen werden. *Open Last File* lädt stets das zuvor gespeicherte Programm. Beim Anklicken von *Open* erscheint ein Fenster, in dem die gewünschte Datei eingetippt werden kann. Durch Eingabe von "*.c" erscheint das Verzeichnis aller C-Programme des aktuellen Laufwerks. Hier kann auch eine Pfadangabe erfolgen:

```
z.B. "c:\turboc\*.c"
```

Mit *Merge* kann ein Textfile dem Editor hinzugefügt werden. Der Anfang des Files wird an die Cursor-Position gestellt. Das Programm kann mittels *Save* gespeichert werden. Der Menüpunkt *Save As* erlaubt der Datei einen neuen Namen zu geben. Auch hier kann eine Pfadangabe stehen.

Wählt man den Menüpunkt *Set Program List*, wird ein Make-File (*.MAK) erzeugt. Damit können mehrere zusammengehörige Programmteile, wie C- Programme, Objektcodes oder Header-Dateien, zu einem Ganzen zusammengebunden werden (vgl. Abb. 1.2). Es erscheint ein Fenster, bei dem alle zugehörigen Programmteile nur angeklickt werden müssen.

Die erste der Betriebssystem-Routinen ist das Druckmenü *Print*. Hier können beliebige Textdateien am Drucker ausgegeben werden. Mit *DOS Shell* gelangt man ins Betriebssystem. Dort können beliebige MS-DOS Befehle ausgeführt werden. Durch Eingabe von *Exit* gelangt man aus dem Betriebssystem wieder in das Hauptmenü des qc-Compilers. Mit dem Menüpunkt *Exit* kann die Quick C-Umgebung ganz verlassen werden.

17.3 Das Edit-Menü

Das *Edit*-Menü enthält die Editorbefehle

- Rückgängig machen (Undo)

- Löschen eines Textblocks (Cut)

- Kopieren auf das Clipboard (Copy)

- Kopieren vom Clipboard (Paste)

- Bildschirmlöschen (Clear)

Ein Textblock kann im Editor mit der Maus markiert werden, indem man am linken Rand des Blocks die linke Maustaste drückt und diese solange festhält, bis der untere rechte Rand des gewünschten Ausschnitts erreicht ist. Zum Zeichen, daß der Block markiert ist, erscheint der Block in invertierter Farbe.

Dieser Block kann z.B. durch Anklicken des Menüpunkts *Cut* gelöscht werden. Das Kopieren verläuft in zwei Phasen. Zunächst wird der Block markiert, und der Menüpunkt *Copy* angeklickt. Der Block wird auf das sog. Clipboard übertragen. Dann setzt man den Cursor an die Stelle, an die der Block kopiert werden soll. Durch Anklicken des Menüpunkts *Paste* wird der Block aus dem Clipboard an die Cursorstelle kopiert.

17.4 Das View-Menü

Das View-Menü besteht aus folgenden Menüpunkten:

- Include

- Options

- Output Screen

- Errors

Durch Anklicken des Menüpunkts *Include* wird der erste Include-File geladen. Beim zweiten Anklicken erscheint das *Open*-Menü zum Laden eines beliebigen Header-Files. Falls die Datei im Editor geändert worden ist, erscheint eine Meldung, ob die geänderte Datei gespeichert werden soll.

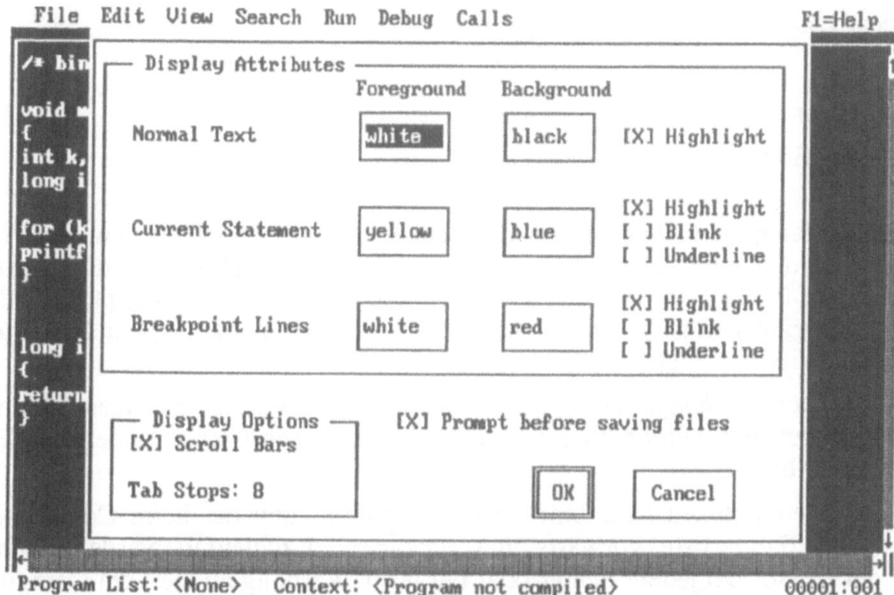

Abb. 17.2 Untermenü Optionen von View

Im Menüpunkt *Options* können die Bildschirm-Attribute des Editors eingestellt werden (vgl. Abb.17.2):

- Vorder- und Hintergrund des Textes

- Vorder- und Hintergrund der aktuellen Zeile

- Vorder- und Hintergrund des Breakpunktes (im Debug-Modus)

Modifiziert werden können auch die Textattribute intensiv, blinkend und unterstrichene Darstellung. Ferner können eingestellt werden:

- Die Leiste zum Verschieben des Bildschirms (Scroll bars)

- die Breite des Tabulators

- das automatische Speichern von Dateien nach dem Ändern

Beim Anklicken des letzten Menüpunkts *Errors* erscheint ein Fenster, das die beim Compilieren entstandene Fehlerliste enthält.

17.5 Das Search-Menü

Das Search-Menü enthält die Punkte:
- Find
- Selected Text

- Repeat Last Find

- Change..

- Next Error

- Previous Error

Mit dem Menüpunkt *Find* können Zeichenketten und Bezeichner usw. im Text gesucht werden. Die Art der Suche (Klein- bzw. Groß-Schreibung usw.) kann im nächsten Punkt *Selected Text* gewählt werden. Da die Suche stoppt, falls der gesuchte String gefunden wurde, kann mit dem Menüpunkt *Repeat Last Find* die Suche wieder aufgenommen werden.

Der Menüpunkt *Change* ermöglicht das Suchen und Ersetzen eines Strings. Hier kann gewählt werden zwischen dem automatischen Ersetzen oder dem Ersetzen auf Abfrage.

Mit den Menüpunkten *Next* bzw. *Previous Error* kann die beim Complieren entstandene Fehlerliste vorwärts und rückwärts durchlaufen werden. Dabei wird der Cursor bei jedem Fehler oder bei jeder Warnung an die vom Compiler monierte Stelle gesetzt.

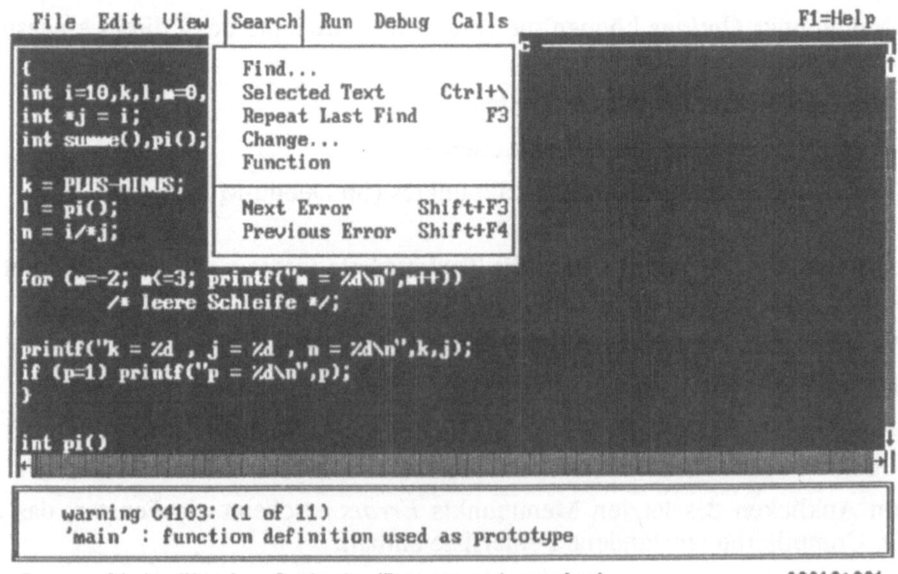

Abb. 17.3 Das Hauptmenü Search

17.6 Das Run-Menü

Das *Run*-Menü enthält alle wichtige Kommandos für den Compiler:

- Start

- Restart

- Continue

- Compile..

- Set Runtime Options

Mit *Start* bzw. *Restart* wird das compilierte Programm gestartet bzw. neu gestartet. Mit *Continue* kann das Programm, z.B. nach dem Debug-Modus, wieder fortgesetzt werden.

Beim Menüpunkt *Compile* erscheint das Untermenü von Abb. 17.4. Es enthält die wichtigsten Optionen für den Compiler:

- die Warnstufen 0 bis 3

- Erzeugen eines Objektcodes bzw. Exe-Files

- nur Syntaxprüfung

- Debug-Modus

- Pointer- und Stack-Prüfung

- Beschränkung auf ANSI C-Schlüsselwörter

- Optimierungen

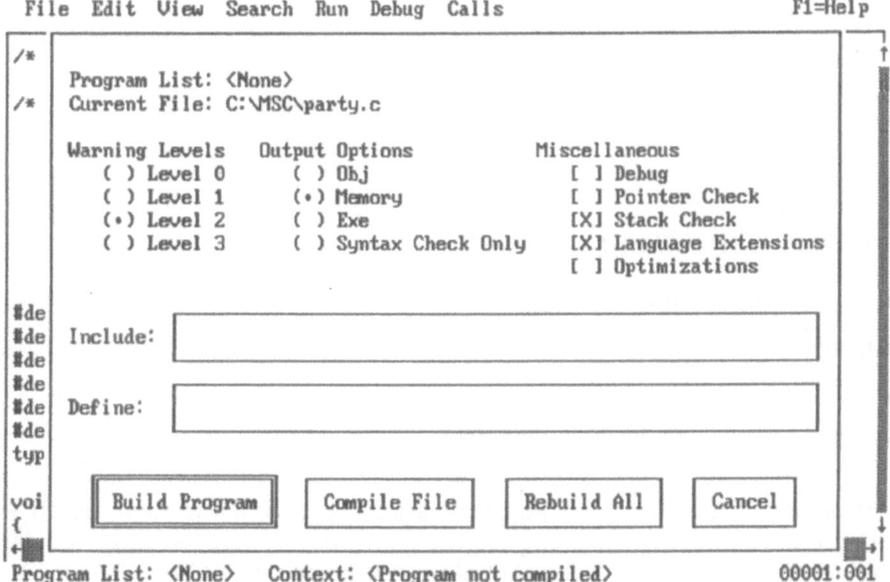

Abb.17.4 Untermenü Compile von Run

Ebenso können Include-Dateien aufgeführt und Konstanten definiert werden.
Der Menüpunkt *Build program* ermöglicht es, mehrere Dateien eines MAKE-
File gleichzeitig zu compilieren.

Wichtig ist insbesondere das Untermenü *Set Runtime Options*. Hier kann insbesondere die Kommandozeile für das laufende Programm eingeben werden. Sehr
klein ist der Speicherplatz, den der Quick C-Compiler dem Stack einräumt. Daher muß in der Regel bei jedem rekursiven Programm im Compile-Menü der
Stackplatz vergrößert werden.

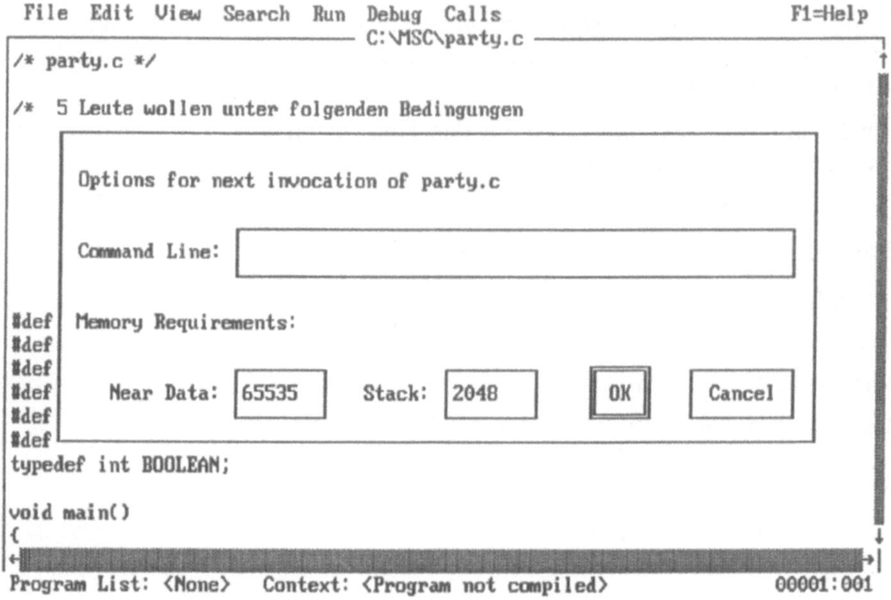

Abb. 17.5 Untermenü Runtime Options von Run

17.7 Das Debug-Menü

Das *Debug*-Menü hat drei Aufgaben:

- Anzeige der Watch-Variablen

- Einschalten des Debug-Modus

- Setzen und Löschen der Breakpunkte

Im Menüpunkt *Add Watch* können die Variable angegeben werden, deren Werte
während der Fehlersuche ständig angezeigt werden sollen. Wichtig ist, daß die
einzelnen Bezeichner durch Strichpunkte zu trennen sind (Abb. 17.6).

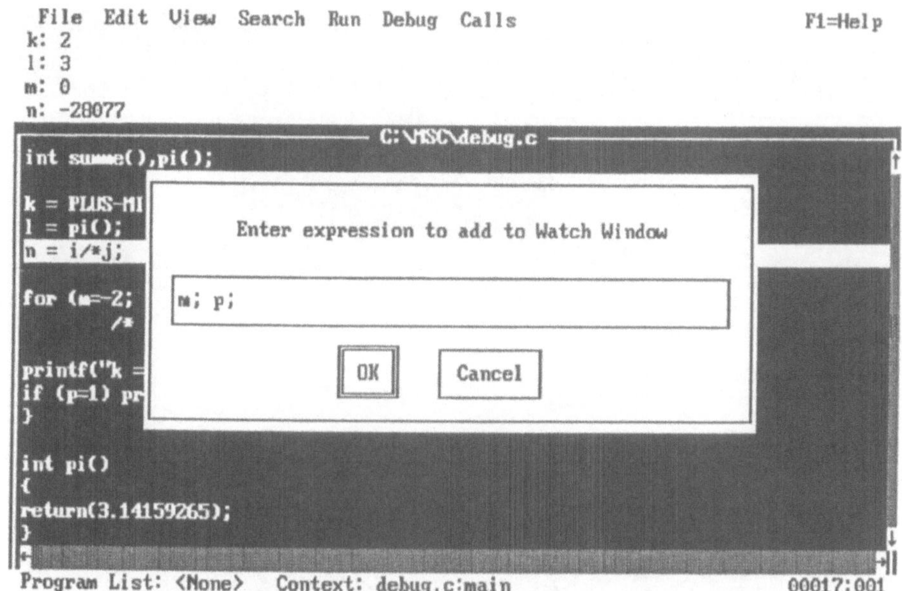

Abb.17.6 Untermenü Add Watch im Debug-Menü

Mit den beiden folgenden Menüpunkten

- Delete Last Watch

- Delete All Watch

kann die Anzeige der letztgewählten Variablen oder aller Variablen wieder abgeschaltet werden. Für Besitzer einer EGA- bzw. VGA- Karte ist es günstig im Debug-Modus den Editor in den 43- bzw. 50 Zeilen-Modus zu schalten, da hier der Textausschnitt sehr viel größer ist. Dies geschieht durch den schon erwähnten Befehl *qc/h*.

Der Einzelschritt-Modus zur Fehlersuche wird im Menüpunkt *Trace On* gewählt. Durch sukzessives Drücken des F8-Taste kann das Programm dann in Einzelschritten abgearbeitet werden.

Durch Anklicken des Menüpunkts *Toggle Breakpoint* oder Drücken der F9-Taste wird in der Cursorzeile ein Breakpunkt gesetzt (Abb. 17.7). An dieser Stelle wird der Programmablauf beim Fehlersuchlauf unterbrochen. Durch nochmaliges Anklicken wird der Breakpunkt wieder aufgehoben. Alle vorhandenen Breakpunkte können im Menüpunkt *Clear all Breakpoints* gelöscht werden. Zum Verfolgen der Bildschirmausgabe dient der Menüpunkt Screen *Swapping on.*

```
  File   Edit  View  Search  Run  |Debug| Calls                    F1=Help
  k: 2
  l: 3                            | Add Watch...                    |
  m: 0                           | Delete Last Watch    Shift+F2   |
                                  | Delete All Watch                |
 ----------------------------     |                                 |-----
 int *j = i;                      | √ Trace On                      |      ↑
 int summe(),pi();                | Screen Swapping On              |
                                  |                                 |
 k = PLUS-MINUS;                  | Toggle Breakpoint          F9   |
 l = pi();                        | Clear All Breakpoints           |
 m = i/*j;                        |_________________________________|

 for (m=-2; m<=3; printf("m = %d\n",m++))
        /* leere Schleife */;

 printf("k = %d , j = %d , m = %d\n",k,j);
 if (p=1) printf("p = %d\n",p);
 }

 int pi()
 {
 return(3.14159265);
 }

 ◄                                                                       ►
  Program List: <None>   Context: debug.c:main              00017:001
```

Abb.17.7 Setzen eines Breakpunkts im Debug-Menü

17.8 Das Call-Menü

Das *Call*-Menü ermöglicht im Debug-Modus das Umschalten auf die verschiedenen Funktionen. In diesem Menü erscheint beim Programmlauf die Liste aller Funktionen des aktuellen Programms. Nach Auswahl einer dieser Funktionen wird der Cursor an die Stelle gesetzt, an der das Abarbeiten der Funktion fortgesetzt werden würde.

17.9 Das Help-Menü

Sehr komfortabel sind die Hilfefunktionen des Quick C-Compilers, die entweder durch Anklicken des *Help*-Menüs oder Drücken der F1-Taste aktiviert werden. Er erscheint ein Zwischenmenü, das allgemeine Informationen oder Hinweise auf Schlüsselwörter bietet. Nach Anklicken des Menüpunkts *General* erscheint das Fenster von Abb.17.8 mit den wichtigsten Tastenbefehlen des Editors.

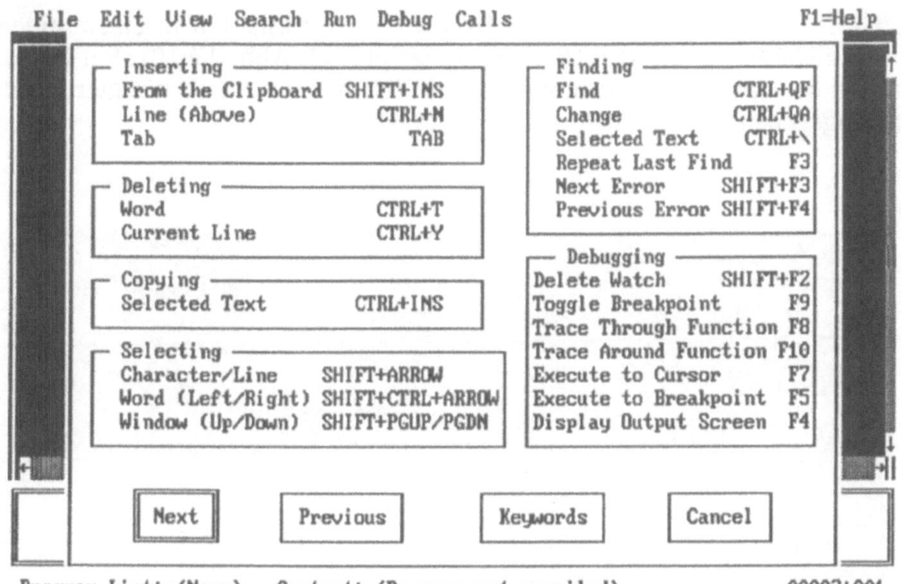

Abb.17.8 General-Untermenü von Help

Die Abbildung 17.9 zeigt das Menüfenster von *Keywords*, indem Informationen zu Schlüsselwörtern und Bibliotheksfunktionen abgerufen werden können.

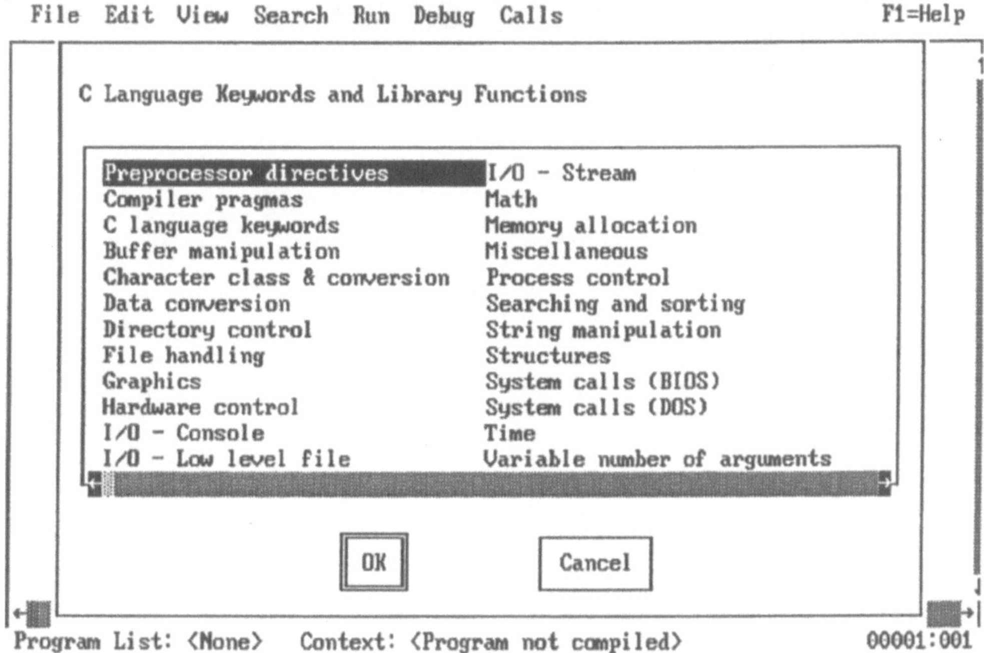

Abb.17.9 Keywords-Untermenü von Help

Nach Auswahl des gesuchten Begriffs wird die Information in einem eigenen
Fenster gleichzeitig mit dem Quellcode gezeigt (vgl. Abb. 17.10). Bei Funktio-
nen wird der vollständige Prototyp mit RETURN-Wert und benötigter Header-
Datei angegeben.

```
   File  Edit  View  Search  Run  Debug  Calls                    F1=Help
Include:      <stdlib.h>              /* ANSI */
              <search.h>

Prototype:  void *bsearch(const void *key, const void *base,
                          size_t num, size_t width,
                          int (*compare)(const void *elem1,
                          const void *elem2));

Returns:    a pointer if successful, or NULL if not.
———————————————————————— C:\MSC\bsearch.c ————————————————————
do{
  printf("Geben Sie ein Zeichen ein! ");
  scanf("%c",&ch);
  ch = toupper(ch);
  p = (char *)bsearch(&ch,alphabet,29,1,(*comp)()
  if (p) printf("%c ist im Alphabet enthalten\n",ch);
  else printf("%c ist nicht im Alphabet enthalten\n",ch);
  }while(p);
}

int comp(char *ch,char *s)

Program List: Bsearch  Context: <Program not running>          00017:078
```

Abb.17.10 Syntax-Hilfe

18 Der Turbo C-Compiler

18.1 Starten des Compilers

Die hier verwendete Version des Turbo C-Compilers ist die englische Version 2.0. Diese Version unterscheidet sich von 1.5 nur durch den zusätzlich eingebauten Debugger. Ab der Version 1.5 unterstützt der Compiler auch die Graphik.

Den Turbo-Compiler gibt es wie Quick C sowohl mit integriertem Editor (Aufruf **tc**) als auch in Kommandozeilen-Ausführung (Aufruf **tcc**). Die allgemeine Form des Aufrufs des tc-Compilers ist

```
tc /option test.c
```

Mögliche Optionen sind:

```
/c        lädt Konfigurations-Datei config

/b        bewirkt das Neucompilieren aller Dateien im zugehörigen Pro-
          jekt-File und Rückkehr zum Betriebsystem

/m        wie Option /b; die Programme werden jedoch nur teilweise neu
          compiliert

/d        ermöglicht den Dual-Modus; d.h. das Arbeiten mit zwei Moni-
          toren
```

Gleichzeitig kann auch noch ein Programm, hier z.B. test.c, geladen werden. Alle weiteren Optionen werden mit Hilfe der Pull-Down-Menüs festgelegt.

Der Kommandozeilen-Compiler tcc wird aufgerufen durch die Zeile

```
tcc -option -option .. file.c file.obj
```

Mögliche Optionen sind:

```
-1        generiert Code für 80186 bzw. 80286
-A        nur ANSI C-Schlüsselwörter
-C        erlaubt verschachtelte Kommentare
-c        nur Compilieren
-Dname    definiert Konstante name
-f        emuliert math. Coprozessor
-f87      verwendet math. Coprozessor
-G        Optimierung bezüglich Laufzeit
-K        setzt Default unsigned char
-M        erzeugen eines Map-Files (zum Debuggen)
-mc       Speichermodell compact
-mh       Speichermodell huge
-ml       Speichermodell large
-mm       Speichermodell medium
-ms       Speichermodell small
```

```
-mt     Speichermodell tiny
-N      Stackprüfung
-r      ermöglicht Register-Variablen
-w      Anzeigen der Compiler-Warnungen
-y      erzeugt Zeilennumerierung
-Z      Register-Optimierung
```

Da der Turbo C-Compiler keine Maus unterstützt, müssen alle Menüs über die Tastatur aufgerufen werden. Die Menüs sind Pull-down-Menüs, deren Menüpunkte durch Hinauf- und Herunterfahren mit dem Cursor ausgewählt werden. Nach dem Starten des Compilers zeigt sich das Hauptmenü (vgl. Abb. 18.1)

- File

- Edit

- Run

- Compile

- Project

- Options

- Debug

- Break/watch

Alle Hauptmenüpunkte werden durch Drücken der Alt-Taste und den ersten Buchstaben des Menü-Namens aufgerufen; z.B. File mittels Alt-F.

```
      File    Edit    Run    Compile    Project    Options    Debug    Break/watch
 ┌──────────────────────────────────── Edit ─────────────────────────────────────┐
 │      Line 1      Col 1     Insert Indent Tab Fill Unindent    C:EPIDEMIE.C      │
 │ /* epidemie.c */                                                               │
 │                                                                                │
 │ main()                                                                         │
 │ {                                                                              │
 │ unsigned int p,infizierte,gesamt,                                              │
 │         gesunde=997,kranke=3,immune=0;                                         │
 │ float infektionsrate = 0.0005,immunitaetsrate = 0.1;                           │
 │                                                                                │
 │ gesamt = gesunde+kranke+immune;                                                │
 │ printf("Periode  Gesunde     Kranke      Immune\n");                           │
 │ printf("----------------------------------------\n");                          │
 │                                                                                │
 │ for (p=1; p<=50; p++)                                                          │
 │         {                                                                      │
 │         printf("%5d %8u %8u %8u\n",p,gesunde,kranke,immune);                   │
 │         infizierte = infektionsrate*gesunde*kranke;                            │
 │         gesunde -= infizierte;                                                 │
 │         immune += immunitaetsrate*kranke;                                      │
 │ ──────────────────────────────── Watch ────────────────────────────────       │
 │                                                                                │
 └────────────────────────────────────────────────────────────────────────────────┘
  F1-Help  F5-Zoom  F6-Switch  F7-Trace  F8-Step  F9-Make  F10-Menu
```

Abb.18.1 Die Hauptmenüs von Turbo C 2.0

18.2 Das File-Menü

Das File-Menü hat die Punkte:

- Load

- New

- Save

- Write to

- Directory

- Change dir

- OS Shell

- Quit

Der Punkt *Load* (Taste F3) erlaubt die Eingabe eines Dateinamens. Durch Eingabe von "*.c" erscheint das aktuelle Verzeichnis aller C-Programme (siehe Abb. 18.2). Mit *Pick* (Taste Alt F3) kann eines der 8 zuletzt bearbeiteten Programme geladen werden.

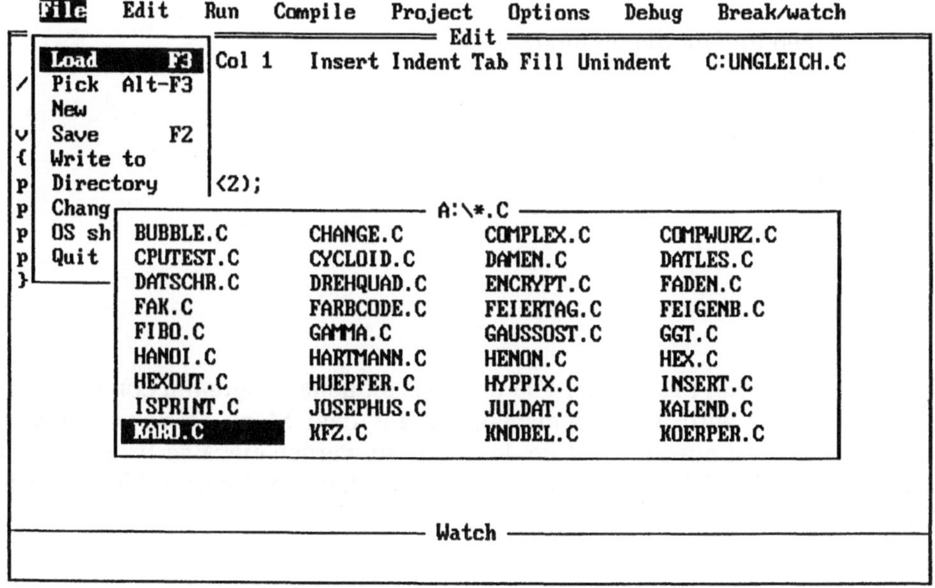

Abb. 18.2 Laden eines Programm im File-Menü

New löscht das Programm im Editor und setzt den aktuellen Programm-Namen auf "noname.c". *Save* (Taste F2) speichert das aktuelle Programm unter dem eingebenen Namen. Der Name der Datei kann mit *Write to* geändert werden. Da das File-Menü keine Druck-Option hat, ist es wichtig zu wissen, daß Write to auch eine Umleitung in MS-DOS unterstützt. Durch Eingabe von "PRN" kann die Datei an den Drucker umgeleitet werden.

Der Menüpunkt *Directory* zeigt den Inhalt des aktuellen Verzeichnisses. *Change dir* erlaubt das Umschalten in ein anderes Verzeichnis. Durch Wählen der *OS Shell*-Option kann der tc-Compiler zeitweilig verlassen und ins Betriebsystem gegangen werden. Dieses wird durch Eingabe von *exit* wieder verlassen. Der letzte Menüpunkt *Quit* wird der tc-Compiler verlassen . Alle Optionen im File-Menü können auch durch Eingabe ihres ersten Buchstaben aufgerufen werden.

18.3 Das Edit-Menü

Im *Edit*-Menü kann der Editor aufgerufen werden. Durch Drücken der Funktionstaste F10 gelangt man wieder ins Hauptmenü.

18.4 Das Run-Menü

Das Run-Menü umfaßt die 6 Punkte:

- Run
- Program reset
- Go to cursor
- Trace into
- Step over
- User screen

Mit der Option *Run* (Taste Ctrl F9) wird das aktuelle Programm compiliert und gestartet. Dabei wird die Kommandozeile aus dem Menü *Options/Arguments* berücksichtigt. Ist ein Project-File definiert, so werden einzelne Programmteile aktualisiert. Falls Fehler auftreten, erscheinen diese im Fenster *Message* (vgl. Abb. 18.3)

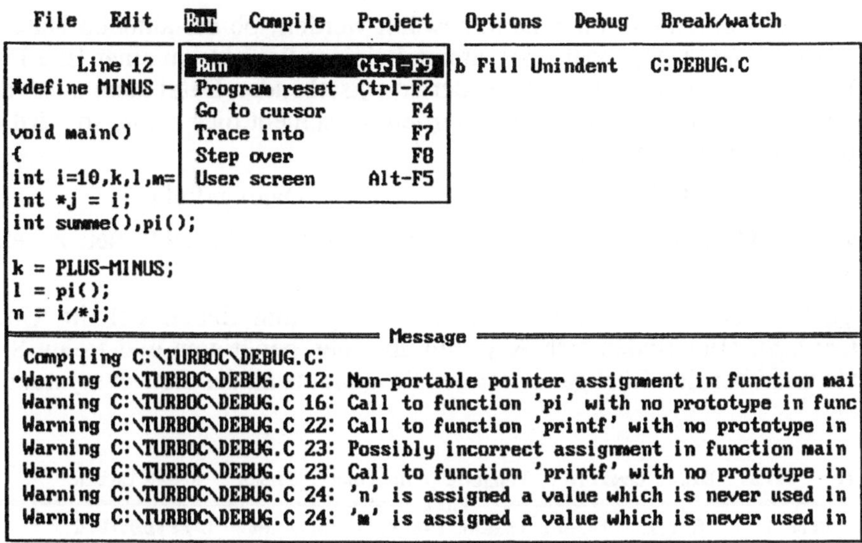

Abb.18.3 Fehlermeldungen nach Compilieren mit Run

Mit dem Punkt *Program Reset* (Taste Ctrl F2) wird der Debug-Modus unterbrochen und das Programm in den Anfangsstatus zurückgesetzt.

Die Option *Go to Cursor* (Taste F4) bewirkt im Debug-Modus, daß das Programm von der zuletzt ausgeführten Zeile bis zur Cursorzeile abläuft. Diese Möglichkeit wird man benutzen, um die Fehlersuche, z.B. in einer Funktion, fortzusetzen. Der Menüpunkt *Trace into* (Taste F7) läßt das Programm im Debug-Modus bis zur nächsten ausführbaren Anweisung fortschreiten.

Die Option *Step over* (Taste F8) führt die nächste Anweisung in einer Funktion aus, die eine Debugger-Information enthält.

18.5 Das Compile-Menü

Das Compile-Menü enthält die 6 Punkte

- Compile to OBJ

- Make EXE file

- Link EXE file

- Build all

- Primary C file:

- Get info

Mit den ersten beiden Optionen kann gewählt werden, ob die aktuelle Datei zu einem Objekt-File (*.obj) oder Programmteile eines Projekts zu einer Exe-Datei (*.exe) compiliert werden. Der Name der so entstehenden Datei kann unter dem Menüpunkt *Primary C file:* eingeben werden. Geschieht dies nicht, so wird der Name der aktuellen Datei gewählt.

Durch Wahl der *Link EXE* Option wird die aktuelle Datei gelinkt.

Die *Build all*-Option compiliert alle Programme eines Projekts neu zu einer Exe-Datei.

Wichtige Information über das ausgeführte Programm finden sich im Unter-menü *Get Info*. Hier finden sich Angaben über den benötigten und freien Speicherplatz und über den Rückgabewert des Programms an das Betriebssystem.

```
   File    Edit    Run    Compile    Project    Options    Debug    Break/watch
 ╔════════════════════════════════ Edit ════════════════════════════════╗
 ║       Line 1       Col 1     Insert Indent Tab Fill Unindent    C:EPIDEMIE.C
 ║ /* epide╔══════════════════════ Information ══════════════════════╗
 ║         ║
 ║ main()  ║   Current directory : C:\TURBOC
 ║ {       ║   Current file      : C:\TURBOC\EPIDEMIE.C
 ║ unsigned║   File size         : 555 (Max: 64607)
 ║         ║   EMS usage         : OK
 ║ float in║
 ║         ║   Lines compiled: 23          Program terminated.
 ║ gesamt =║   Total warnings: 4           Program exit code    41
 ║ printf(" ║   Total errors  : 0           Available memory: 99K
 ║ printf(" ║
 ║         ║             Press any key
 ║ for (p=1╚════════════════════════════════════════════════════════╝
 ║         {
 ║         printf("%5d %8u %8u %8u\n",p,gesunde,kranke,immune);
 ║         infizierte = infektionsrate*gesunde*kranke;
 ║         gesunde -= infizierte;
 ║         immune += immunitaetsrate*kranke;
 ╠══════════════════════════════ Watch ═══════════════════════════════╣
 ║
 ╚════════════════════════════════════════════════════════════════════╝
  F1-Help  F5-Zoom  F6-Switch  F7-Trace  F8-Step  F9-Make  F10-Menu
```

Abb.18.4 Untermenü Get Info in Compile

18.6 Das Project-Menü

Analog zu den MAKE-Dateien von Quick C können Programmdateien und Object-Codes, die zusammen compiliert und gelinkt werden sollen, als Projekt zusammen gefaßt werden (siehe Abb. 1.2).

Der Name des Projekts kann im Menüpunkt *Project name* festgelegt werden. Der Abbruch des Compiliervorgang kann gesteuert werden: entweder nach dem Auftreten von Warnungen, Fehlern und schweren Fehlern (fatal Errors) oder vor dem Linken.

Mit der Option *Auto dependencies* kann die automatische Überprüfung des MAKE- bzw. PROJ-Files ein- und ausgeschaltet werden. Ist einer der OBJ-Files jünger als einer der Quellcodes, so wird letzterer automatisch neu compiliert.

Mit den Optionen

- Clear Project
- Remove Messages

können Projekte beendet bzw. Fehlermeldungen gelöscht werden.

18.7 Das Options-Menü

Mit dem *Options*-Menü können alle möglichen Voreinstellungen von Compiler, Linker, Environment und Verzeichnisse getätigt werden. Die Menüpunkte sind:

- Compiler
 - Linker
 - Environment
 - Directories
 - Arguments
 - Save options
 - Retrieve options

Als Compiler-Optionen sind wählbar:

- Model (Speichermodell)
 - Defines (Definieren von Konstanten)
 - Code generation (vgl. Abb.18.6)
 - Optimization (z.B. Laufzeit oder Register)
 - Source (Bezeichnerlänge, ANSI C-Schlüsselwörter)
 - Errors (Fehler, vgl. Abb. 18.8)
 - Names

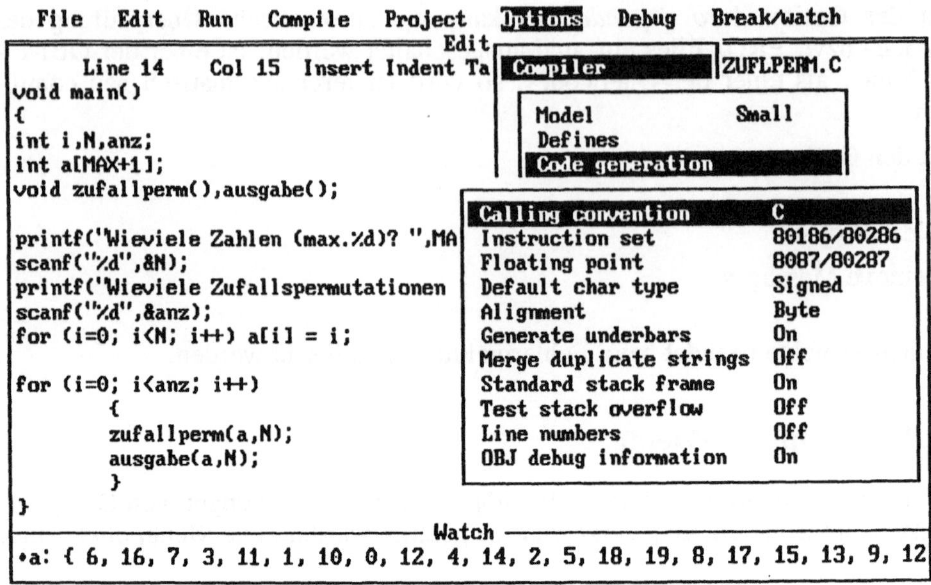

Abb.18.5 Untermenü Code generation

Im *Directories*-Untermenü können die Verzeichnisse festgelegt werden, in denen der Compiler Dateien sucht bzw. ablegt:

- Include directories
- Library Directories
- Output directory
- Turbo C directory
- Pick file name
- Current pick file

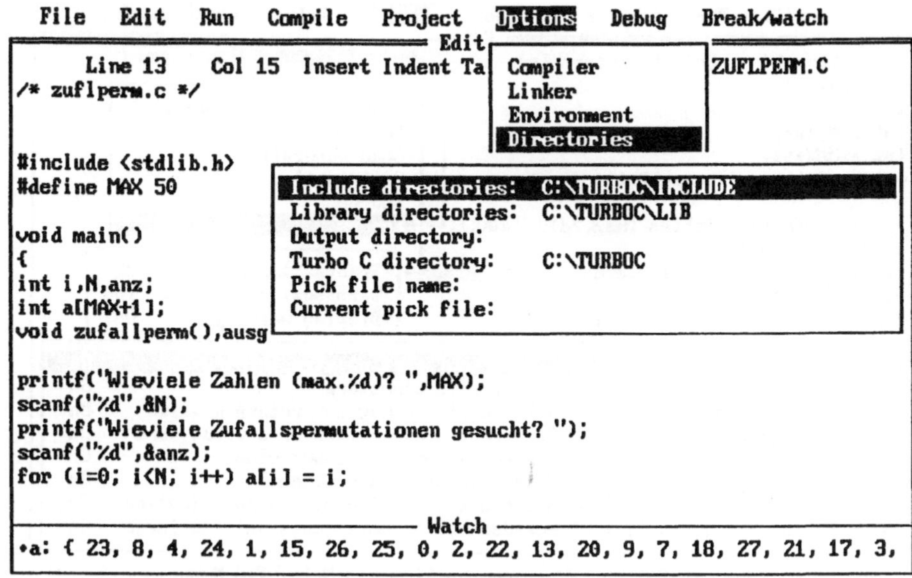

Abb.18.6 Untermenü Directories

Als Environment-Optionen sind wählbar:

- Message Tracking (Meldungen)

- Keep messages

- Config auto save (on/off)

- Edit auto save

- Backup file (autom. Backup-Dateien)

- Tab size (Tabulator Default 8)

- Zoomed windows (Größe des Fensters)

- Screen lines (25 /43 bzw.50 Zeilen)

Folgende Optionen stehen Error-Menü zur Auswahl:

- Errors : stop after (Default 25)

- Warnings : stop after (Default 100)

- Display warnings (Warnungen einschalten)

- Portability warnings

- ANSI violations (vgl. Abb. 18.7)

- Common errors (Häufige Fehler)

- Less common errors (Seltene Fehler)

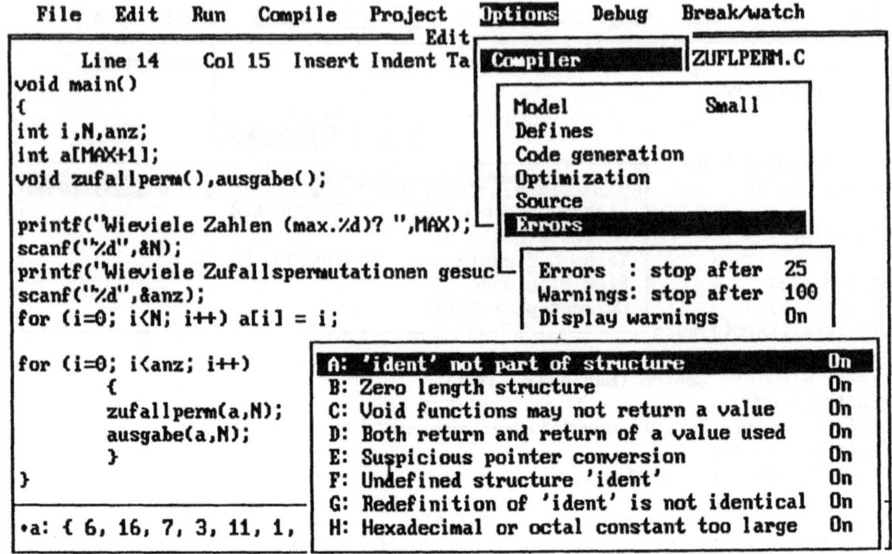

Abb.18.7 Untermenü ANSI violations

18.8 Das Debug-Menü

Das Debug-Menü besteht aus den Punkten:

- Evaluate

- Call stack

- Find function

- Refresh display

- Display swapping

- Source debugging

Mit der *Option evaluate* (Taste Ctrl F4) kann im Debug-Modus jeder Ausdruck in C, der keinen Funktions- oder Macro-Aufruf beinhaltet, ausgewertet werden. Lokale Variablen können natürlich nur innerhalb der jeweiligen Funktion erkannt werden.

Call stack zeigt die Abhängigkeit der Funktionen untereinander: die obere Funktion wird jeweils von der unteren aufgerufen. Falls das Editor-Fenster aus irgendeinem Grund überschrieben wurde, kann die Anzeige mit *Refresh display* wiederhergestellt werden.

Die Option *Display Swapping* kann auf drei Werte gesetzt werden:

- Smart (Defaultwert)

- Always (Immer Bildschirm umschalten)

- None (Bildschirm nicht umschalten)

Im Debug-Modus kann damit entweder wenn nötig, oder immer oder niemals auf den Ausgabe-Bildschirm umgeschaltet werden.

18.9 Das Break/watch-Menü

Mit dem *Break/watch*-Menü (vgl. Abb 18.8) kann die Ausgabe von Watch-Variablen und das Setzen von Breakpunkten gesteuert werden. Im Menüpunkt *Add watch* (Taste Ctrl F7) können Variable eingeben werden, deren Werte im Verlauf der Fehlersuche beobachtet werden sollen.

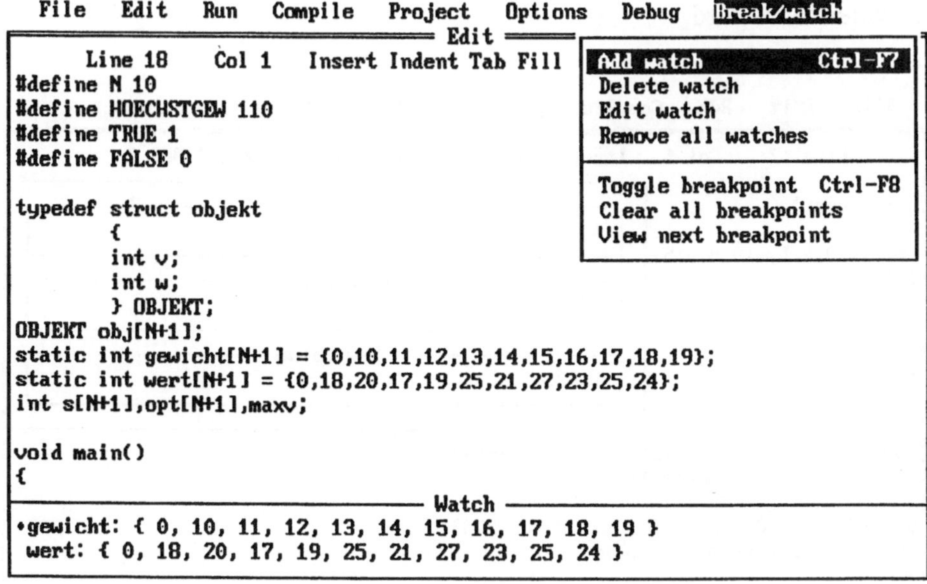

Abb.18.8 Break/watch-Menü

Die Werte der Variablen werden im Watch-Fenster angezeigt und während des
Debuggens an jedem Breakpunkt aktualisiert. Mit den Menüpunkten *Delete
watch* und *Remove all watches* können die jeweils letzte bzw. alle Watchvariablen wieder entfernt werden. Das Editieren einer Watchvariablen ist nützlich,
wenn man sehen möchte, wie das Programm in Anhängigkeit einer bestimmten
Variablen abläuft. Dies kann mit dem Menüpunkt *Edit watch* erfolgen. Nach
der Eingabe der Variablen im oberen Teil des Fensters, erscheint in der Mitte
der aktuelle Wert. Im unteren Teil kann dann der gewünschte neue Wert eingegeben werden. Für die Werte einer Watch-Variablen gelten dieselben Einschränkungen wie für die Option *Evaluate* im Debug-Menü. Zusätzlich müssen
noch Seiteneffekte wie bei (i + +) ausgeschlossen werden.

Für Breakpunkte sind drei Optionen vorgesehen. Im Menüpunkt *Toggle break-
point* (Taste Crtl F8) können Breakpunkte gesetzt bzw. gelöscht werden. Der
Menü-Befehl *Clear all breakpoints* löscht alle Breakpunkte. Sehr nützlich ist
die Option *View next breakpoint*. Sie setzt nämlich den Cursor auf den nächsten
Breakpunkt. Dann kann z.B. der Menübefehl *Go to cursor* angewandt werden.
Zu beachten ist, daß die Reihenfolge der Breakpunkte durch die Eingabe festgelegt wird und nicht etwa durch Anordnung im Programm. Damit verfügt
Turbo C ebenfalls über vielfältige Debug-Befehle, so daß die Fehlersuche nun
stark vereinfacht wird.

```
   File    Edit    Run   Compile   Project   Options   Debug   Break/watch
========================================= Edit ==============================
       Line 17      Col 1     Insert Indent Tab Fill Unindent * C:DEBUG.C

void main()                ┌──────────────── Evaluate ────────────┐
{                          │                                       │
int i=10,k,l,m=0,n,p=5;    │  *j                                   │
int *j = i;                └──────────────── Result ──────────────┘
int summe(),pi();          │                                       │
                           │  8259                                 │
k = PLUS-MINUS;            └──────────────── New value ───────────┘
l = pi();                  │                                       │
n = i/*j;                  │  10000                                │
                           └───────────────────────────────────────┘
for (m=-2; m<=3; printf("m = %d\n",m++))
        /* leere Schleife */;

printf("k = %d , j = %d , n = %d\n",k,j);
if (p=1) printf("p = %d\n",p);
}

─────────────────────────────────── Watch ──────────────────────────────────

 F1-Help  F7-Trace  F8-Step  F10-Menu  TAB-Cycle  <─┘-Modify
```

Abb.18.9 Edit watch im Break- Menü

19 Die wichtigsten ANSI C-Neuerungen

Neue Schlüsselwörter **void, const, volatile, signed, enum** werden eingeführt. Das Schlüsselwort **entry** wurde getilgt.

Jeder Bezeichner kann maximal **12 Modifikatoren** tragen.

Jeder Bezeichner hat **31 signifikante Zeichen,** jede (externe) Funktion 6.

Der Compiler muß **127 Klammerebenen** unterstützen.

Der Compiler muß **127 lokale** Variable je Block unterstützen.

Der Compiler muß **1024 Macros** je Programm unterstützen.

Der Compiler muß **511 externe Variable** je Programm unterstützen.

Eine Funktion oder ein Macro kann höchstens **31 Parameter** haben.

Ein String darf maximal **509 Zeichen** enthalten.

Eine SWITCH-Anweisung kann höchsten **256 CASE**-Marken haben.

Der Ausdruck und die CASE-Marken einer SWITCH-Anweisung können von jedem **ganzzahligen Typ** sein (int, char, enum usw.).

Neue Präprozessor-Direktiven wie **#elif, #error, #line und #pragma** werden eingeführt. Unbekannte #pragma-Anweisungen dürfen nicht zu Fehlermeldungen führen.

Die Macros _FILE_,_STDC_,_TIME_,_DATE_ sind vordefiniert.

Die **bedingten** Direktiven wie #if dürfen **6-fach** verschachtelt sein.

Die **Include**-Anweisungen #include dürfen **8-fach** verschachtelt sein.

Die Operatoren # bzw. ## in Macros definieren das **Stringizing und Token Pasting** von Zeichenketten.

Neue **ESC-Sequenzen** \a und \v sind definiert.

Die **Suffixe U bzw. F** kennzeichnen unsigned bzw. float-Konstanten.

Nebeneinander stehende Zeichenketten werden **verkettet**.

Characters können als **unsigned** definiert werden.

Sonderzeichen können durch die sog. **Trigraphen** ersetzt werden.

Der Datentyp **const** wurde aus C++ übernommen.

Der (leere) Datentyp **void** wurde für Pointer und Prozeduren geschaffen. Das Casting (void) auf void ist erlaubt.

Die Header-Dateien **limits.h** und **float.h** geben die Zahlbereiche der einzelnen Implementationen an. DBL_DIG muß mindestens 10 sein.

Die Header-Datei **stddef.h** enthält die Typen size_t usw.

Die Header-Datei **stdio.h** unterstützt alle Formate vpn printf() bzw.scanf(). Wird stdio.h mehrmals eingebunden, darf das nicht zum Fehler führen. Konstanten wie FOPEN_MAX müssen definiert sein.

Die Header-Datei **errno.h** enthält die Nummern der Standard-Fehlermeldungen.

Die Header-Datei **math.h** enthält alle mathematischen Standardfunktionen und liefert die Fehlernummern der Ausnahmefälle.

Die Header-Dateien **ctype.h** und **string.h** enthalten die Zeichen- bzw. String-Funktionen. Die Funktionen memset() und strcmp() müssen unterstützt werden.

Die Header-Datei **setjmp.h** enthält Routinen zum Sprung aus sich wechselseitig aufrufenden Funktionen.

Die Header-Datei **assert.h** enthält die Funktion assert(), mit der im Debug-Modus gewisse Zusicherungen überprüft werden können.

Die Header-Datei **signal.h** enthält Routinen, die im Störungsfall gezielte Fehlermeldungen abgegeben.

Die Header-Datei **stdarg.h** enthält Routinen, die den Aufruf von Funktionen mit variabler Parameterliste ermöglichen.

Mit Hilfe der Header-Datei **locale.h** können Dezimalzeichen und Formate für Datum und Uhrzeit definiert werden.

Die Header-Datei **time.h** enthält die Datums- und Zeit-Routinen. Die Funktionen difftime() und strftime() müssen unterstützt werden.

Der **enum**-Datentyp wird nun voll unterstützt.

Die **alte Form** der arithmetischen Ausdrücke der Form " = +" wurde abgeschafft.

Der **einstellige** Operator " + " wurde analog zu "-" geschaffen.

Ein **Pointer** auf eine Funktion (*fkt)() kann auch in der Form fkt() geschrieben werden.

Strukturen können an Funktionen übergeben und zurückgegeben werden.

Der Adreßoperator auf **Felder** ist erlaubt; das Resultat ist ein Pointer auf das Feld.

Der **sizeof**-Operator trägt den Typ size_t.

Der Adreßoperator darf nicht auf **register**-Variable angewandt werden.

Es wurde die Speicherklasse **volatile** geschaffen. Variablen dieser Klasse behalten ihren Wert nach setjmp.

Der Typ eines **Shift**-Ausdrucks ist der der linken Seite.

Das Funktions-**Prototyping** wurde von C++ übernommen. Die alte Form wird eingeschränkt noch akzeptiert.

Leere Deklarationen, die weder eine Variable noch eine Datentyp deklararieren, sind verboten.

Varianten (UNIONS) können initialisiert werden.

Automatische Datentypen wie Strukturen, Varianten und Felder können initialisiert werden.

Char-Felder können durch einen String initialisiert werden. Das Schlußzeichen "\0" wird eliminiert.

20 Hinweise zu den Übungen

Kapitel 3

Übung (3.1)

```
/* kreis.c */

#define PI 3.14159265

void main()
{
float radius,flaeche,umfang;

printf("Geben Sie den Radius ein! ");
scanf("%f",&radius);
flaeche = PI*radius*radius;
umfang = 2.0*PI*radius;
printf("Fläche = %f\n",flaeche);
printf("Umfang = %f\n",umfang);
}
```

Übung (3.2)

```
/* zins.c */

void main()
{
int tage;
float kapital,zinsfuss,zins;

printf("Eingabe des Kapitals in DM ");
scanf("%f",&kapital);
printf("Eingabe des Zinsfusses in %%M ");
scanf("%f",&zinsfuss);
printf("Anzahl der Tage? ");
scanf("%d",&tage);

zins = kapital*zinsfuss*tage/36000.0;
printf("Der Zins beträgt %8.2f DM\n",zins);
}
```

Übung (3.3)

```
/* teiler.c */

void main()
{
int t,x;
```

```
printf("Geben Sie eine ganze Zahl ein! ");
scanf("%d",&x);
printf("Teiler von %d sind:\n",x);
for (t=1; t*t<=x; t++)
 if (x % t ==0) printf("%d %d\n",t,x/t);
}
```

Übung (3.4)

```
/* hextab.c */

void main()
{
int a,b;

printf("Ein-mal-Eins im Hexadezimalsystem\n");
for (a=1; a<16; a++)
  {
  for (b=1; b<16; b++)
    printf("%4X",a*b);
  printf("\n");
  }
}
```

Übung (3.5)

```
/* octtab.c */

void main()
{
int a,b;

printf("Ein-mal-Eins im Oktalsystem\n");
for (a=1; a<8; a++)
  {
  for (b=1; b<8; b++)
    printf("%5o",a*b);
  printf("\n");
  }
}
```

Übung (3.6)

```
/* quadrat.c */

#define GRENZE 200

void main()
{
int i=1,quadrat = i;

while (i<=GRENZE)
  {
  printf("%8d",quadrat);
  i +=2;
  quadrat += i;
  }
printf("\n");
}
```

Kapitel 4

Übung (4.1)

Es wird eine Endlosschleife erzeugt, da der Ausdruck printf(" %c",'B');
niemals falsch wird. Die Ausgabe ist daher ABCBCBC...

Übung (4.2)

```
/* karo.c */

#include "stdio.h"

void main()
{
register int i,j;
for (i=1; i<9; i++)
    {
    for (j=1; j<9; j++)
    ((i+j)%2==0) ? printf("\xDB\xDB") : printf("  ");
    puts("");
    }
}
```

Übung (4.3)

```
/* aegypt.c */

void main()
{
int a,b,sum =0;

printf("Eingabe 1.Faktor 2.Faktor! ");
scanf("%d %d",&a,&b);
while (a)
    {
    printf("%6d %6d\n",a,b);
    if (a%2) sum += b;
    a /= 2 ;
    b *= 2 ;
    }
printf("Produkt = %d\n",sum);
}
```

Übung (4.4)

```
/* sieben.c */

void main()
{
int x;

for (x=1; x<=250; x++)
  {
  if (x%7==0 || x%10==7 || (x/10)%10==7) continue;
  printf("%5d",x);
  }
printf("\n");
}
```

Übung (4.5)

```
/* binom.c */

void main()
{
long int i,binom = 1L;
int n,k;

printf("Berechnung von k aus n\n");
printf("Eingabe k n! ");
scanf("%d %d",&k,&n);

if (n) for (i=1 ; i<=n ; i++)
        binom *= (k-i+1)/i;
printf("%d aus %d = %ld\n",k,n,binom);
}
```

Übung (4.6)

```
/* ulam.c */

void main()
{
long int x;

printf("Gib natuerliche Zahl ein! ");
scanf("%ld",&x);
while(printf("%8d",x),x>1)
    if (x % 2) x = 3*x+1; else x /= 2;
}
```

Kapitel 5

Übung (5.1)

```
/* quers.c */

#include <string.h>

void main()
{
char z[255];
int i,quers=0;

printf("Gib positive ganze Zahl ein! ");
scanf("%s",z);
for (i=0; i<strlen(z); i++)
    quers += z[i]-'0';
printf("Quersumme von %s = %d\n",z,quers);
}
```

Übung (5.2)

```
/* polygon.c */

#include "math.h"
#define MAX 25

void main()
{
int i,j,n;
double x[MAX],y[MAX];
double flaeche=0.;

printf("Wieviele Eckpunkte hat das Polygon? ");
scanf("%d",&n);
printf("Eingabe der Eckpunkte im math.Drehsinn:\n");
for (i=0 ; i<n ; i++)
    scanf("%lf %lf",&x[i],&y[i]);
for (i= 0; i<n; i++)
    {
    j = (i+1) % n;
    flaeche += (x[i]+x[j])*(y[i]-y[j]);
    }
if (flaeche<0) flaeche = -flaeche;
flaeche = flaeche*0.5;
printf("\nFlaeche = %12.6f\n",flaeche);
}
```

Übung (5.3)

```
/* wurf3.c */

int augen[19] = {0};

main()
{
int i,sum,wurf1,wurf2,wurf3;

for (wurf1=1; wurf1<=6; wurf1++)
 for (wurf2=1; wurf2<=6; wurf2++)
   for (wurf3=1; wurf3<=6; wurf3++)
   augen[wurf1+wurf2+wurf3]++;
for (sum=3; sum<=18; sum++)
   {
   printf("%2d ",sum);
   for (i=0; i<augen[sum]; i++) printf("*");
   printf("\n");
   }
}
```

Übung (5.4)

```
/* roem.c */

#include <string.h>

void main()
{
int naechst,i,letzt=0,wert=0;
char zahl[256];
char ziffer;
printf("Geben Sie eine gültige römische Zahl ein! ");
scanf("%s",zahl);

for (i = 1; i <= strlen(zahl); i++)
{
ziffer = toupper(zahl[i-1]);
switch (ziffer)
 {case 'M': naechst = 1000; break;
  case 'D': naechst = 500; break;
  case 'C': naechst = 100; break;
  case 'L': naechst = 50; break;
  case 'X': naechst = 10; break;
  case 'V': naechst = 5; break;
  case 'I': naechst = 1; break;
  default: {
        printf("Eingabefehler!\n");
        return; }
 }
if (letzt < naechst) wert -= letzt;
else wert += letzt;
letzt = naechst;
}
wert += letzt;
printf("%s = %d\n",zahl,wert);
}
```

Übung (5.5)

```c
/* dauer.c  */

/* Dauerkalender in Tabellenform  */

int tabelle[28][12] = {
  {4, 0, 0, 3, 5, 1, 3, 6, 2, 4, 0, 2},
          {5, 1, 1, 4, 6, 2, 4, 0, 3, 5, 1, 3},
          {6, 2, 2, 5, 0, 3, 5, 1, 4, 6, 2, 4},
          {0, 3, 4, 0, 2, 5, 0, 3, 6, 1, 4, 6},
          {2, 5, 5, 1, 3, 6, 1, 4, 0, 2, 5, 0},
          {3, 6, 6, 2, 4, 0, 2, 5, 1, 3, 6, 1},
          {4, 0, 0, 3, 5, 1, 3, 6, 2, 4, 0, 2},
          {5, 1, 2, 5, 0, 3, 5, 1, 4, 6, 2, 4},
          {0, 3, 3, 6, 1, 4, 6, 2, 5, 0, 3, 5},
          {1, 4, 4, 0, 2, 5, 0, 3, 6, 1, 4, 6},
          {2, 5, 5, 1, 3, 6, 1, 4, 0, 2, 5, 0},
          {3, 6, 0, 3, 5, 1, 3, 6, 2, 4, 0, 2},
          {5, 1, 1, 4, 6, 2, 4, 0, 3, 5, 1, 3},
          {6, 2, 2, 5, 0, 3, 5, 1, 4, 6, 2, 4},
          {0, 3, 3, 6, 1, 4, 6, 2, 5, 0, 3, 5},
          {1, 4, 5, 1, 3, 6, 1, 4, 0, 2, 5, 0},
          {3, 6, 6, 2, 4, 0, 2, 5, 1, 3, 6, 1},
          {4, 0, 0, 3, 5, 1, 3, 6, 2, 4, 0, 2},
          {5, 1, 1, 4, 6, 2, 4, 0, 3, 5, 1, 3},
          {6, 2, 3, 6, 1, 4, 6, 2, 5, 0, 3, 5},
          {1, 4, 4, 0, 2, 5, 0, 3, 6, 1, 4, 6},
          {2, 5, 5, 1, 3, 6, 1, 4, 0, 2, 5, 0},
          {3, 6, 6, 2, 4, 0, 2, 5, 1, 3, 6, 1},
          {4, 0, 1, 4, 6, 2, 4, 0, 3, 5, 1, 3},
          {6, 2, 2, 5, 0, 3, 5, 1, 4, 6, 2, 4},
          {0, 3, 3, 6, 1, 4, 6, 2, 5, 0, 3, 5},
          {1, 4, 4, 0, 2, 5, 0, 3, 6, 1, 4, 6},
  {2, 5, 6, 2, 4, 0, 2, 5, 1, 3, 6, 1}
  };

void main()
{
int tag,monat,jahr,j,schluessel,wochtag;

printf("Eingabe des Datums in der Form TT.MM.JJJJ! ");
scanf("%d.%d.%d",&tag,&monat,&jahr);
j = (jahr-1897) % 28;
schluessel = tabelle[j][monat-1];
wochtag = (schluessel+tag) % 7;
printf("\nDer %2d.%2d.%2d ist ein ",tag,monat,jahr);
switch (wochtag)
        {
        case 0: printf("Samstag\n");break;
        case 1: printf("Sonntag\n");break;
        case 2: printf("Montag\n");break;
        case 3: printf("Dienstag\n");break;
        case 4: printf("Mittwoch\n");break;
        case 5: printf("Donnerstag\n");break;
        case 6: printf("Freitag\n");
        }
}
```

Kapitel 6

Übung (6.1)

Die Ausgabe ist 7 10 7 7.

Übung (6.2)

Alle Zuweisungen sind definiert außer f) (*&)j;

Übung (6.3)

Da der Pointer das ganze Feld durchläuft, ist die Ausgabe 1 2 3 4 5 6.

Übung (6.4)

Alle Ausdrücke sind gleichwertig mit a[i][j].

Übung (6.5)

Nicht definiert ist (3). Die Ausgabe ist:

R

111

Romeo&Julia

o

omeo&Julia

m

Übung (6.6)

Die Ausgabe ist:

Sonntag

Montag

Dienstag

Mittwoch

Donnerstag

Freitag

Samstag

Kapitel 7

Übung (7.1)

```
/* potenz.c */

void main()
{
int n;
double x,potenz(double,int);

printf("Welche Zahl soll so potenziert werden? ");
scanf("%lf",&x);
printf("Welche (ganzzahlige) Potenz? ");
scanf("%d",&n);
printf("%lf hoch %d = %lf\n",x,n,potenz(x,n));
}

double potenz(double x,int n)
{
int i,m=n;
double p=1.0;
if (m<0) m =-m;
for (i=1;i<=m; i++)
  p *= x;
return((n>=0) ? p : 1.0/p;
}
```

Übung (7.2)

Die Prozedur errate liefert das Produkt der Zahlen x und y nach der
Methode der ägyptischen Bauernmultiplikation (vgl. Übung 4.3).

Übung (7.3)

```
/* tagesnr.c */

typedef int BOOLEAN;

void main()
{
int t,m,j;
int tagesnr(int,int,int);

printf("Gib Tag Monat Jahr im Format TT.MM.JJJJ ein! ");
scanf("%d.%d.%d",&t,&m,&j);
printf("Nummer des Tages im Jahr = %d\n",tagesnr(t,m,j));
}

BOOLEAN schaltjahr(int jhr)
{
return(!(jhr % 4) && (jhr % 100) || !(jhr % 400));
}
```

```
int tagesnr(int tg,int mon,int jhr)
{
int  m,t,s=0;
BOOLEAN schaltjahr(int);
for (m = 1; m<= mon-1; m++)
   {
   switch(m)
   {       case  1 :
  case  3 :
  case  5 :
  case  7 :
  case  8 :
  case 10 :
  case 12 : t = 31; break;
  case  4 :
  case  6 :
  case  9 :
  case 11 : t = 30; break;
  case  2 : t = schaltjahr(jhr) ? 29 : 28;}
    s += t;
    }
return(s+tg);
}
```

Übung (7.4)

Fehler 1: *j=i

Fehler 2: k=PLUS-MINUS (fehlende Klammer)

Fehler 3: In der printf-Anweisung fehlt das 3. Argument

Fehler 4: if (p==1)

Fehler 5: Returnwert von pi() ist vom Typ float

Fehler 6: Funktion summe wird nicht aufgerufen

Problematisch ist die Zuordnung n = i/*j. Sie bewirkt, daß der Compiler die Zeichen /* als Anfang eines Kommentars liest. Daher wird auch die FOR-Schleife für m nicht ausgeführt.

Übung (7.5)

Der Seiteneffekt besteht darin, daß bei jedem Aufruf der Funktion f der Wert der globalen Variablen z um 10 erhöht wird. Man erhält so die Ausgabe (von rechts nach links lesen!).

10	10	0
20	40	10

Kapitel 9

Übung (9.1)

(a)   Bewerten liefert $(0<(1<2))$. Dies ist gleichbedeutend mit $(0 < \text{wahr})$; d.h. wahr = 1

(b)   Bewerten liefert $(1<(2<3))$. Dies ist gleichbedeutend mit $(1 < \text{wahr})$; d.h. falsch = 0

Übung (9.2)

(a)   Bewerten ergibt $(z\ +\ =\ (0<1)\ ?\ 2++\ :\ 1++)$ oder $(z\ +\ =\ 2++)$ oder $z = 2$

(b)   Bewerten ergibt $((++x\ |\ (!y))\ \&\&\ ++z)$ oder $((3\ |\ (!1))\ \&\&\ 1)$ oder $((3\ |\ 0)\ \&\&\ 1)$ oder $(3\ \&\&\ 1)$ bzw $(\text{wahr}\ \&\&\ \text{wahr})$ mit dem Wert 1.

(c)   Bewerten liefert $(2\ ||\ ((!1)\ \&\&\ 0))$ oder $(2\ ||\ (0\ \&\&\ 0))$ oder $(2\ ||\ 0)$ bzw. $(\text{wahr}\ ||\ \text{falsch})$ mit dem Wert wahr$=1$.

Übung (9.3)

(a)   bis (c) können nur für Zahlen ohne Vorzeichenbit gelten; d.h. für unsigned int.

(d)   ist falsch. So gilt $(1\ \&\ 2)=0$, aber $(1\ \%\ 3)=1$.

Übung (9.4)

```c
int hextobin(int x)
{
int i,bit;
unsigned int mask = 0x8000; /* binär 1000000 */

for (i=0; i<16; i++)
  {
  bit = (mask & x) ? 1 : 0;
  printf("%d",bit);
  if (i==7) printf(" ");
  mask >>= 1;
  }
}
```

Übung (9.5)

Es kommen B und D.

```
/* party.c */

#define TRUE 1
#define FALSE 0
#define IMP(x,y) (!(x)||(y)) /* logische Implikation */
#define EQV(x,y) ((x)==(y))  /* logische Äquivalenz */
#define XOR(x,y) ((x)!=(y))  /* auschließendes Oder */
#define PRINTBOOL(x)   printf("%7s",(x) ? "TRUE": "FALSE")
typedef int BOOLEAN;

void main()
{
BOOLEAN a,b,c,d,e;
for (a=FALSE; a<= TRUE; a++)
 for (b=FALSE; b<= TRUE; b++)
   for (c=FALSE; c<= TRUE; c++)
     for (d=FALSE; d<= TRUE; d++)
         for (e=FALSE; e<= TRUE; e++)
         if
         (
         IMP(!a,d)                  /* Bedingung 1 */
         && EQV(b,d)        /* Bedingung 2 */
         && IMP(a,c && d)   /* Bedingung 3 */
         && IMP(c,e)        /* Bedingung 4 */
         && XOR(b,e)        /* Bedingung 5 */
         )
         {
         PRINTBOOL(a); PRINTBOOL(b); PRINTBOOL(c);
         PRINTBOOL(d); PRINTBOOL(e); printf("\n");
         }
}
```

Kapitel 10

Übung (10.1)

```
/* quers_rek.c */

void main()
{
long int x;
int quers();

printf("Gib positive ganze Zahl ein! ");
scanf("%ld",&x);
if (x<0) x =-x;
printf("Quersumme von %ld = %d\n",x,quersumme(x));
}

int quersumme(long int x)
{
return((x<10) ? x : quersumme(x/10)+x%10);
}
```

Übung (10.2)

```
/* ulam_rek.c */

void main()
{
long int x,y,ulam();

printf("Geben Sie eine natürliche Zahl ein! ");
scanf("%ld",&x);
printf("%ld\n",ulam(x));
}

long int ulam(long int x)
{
if (x<=1) return(1);
else
return (printf("%8ld",x),(x%2) ? ulam(3*x+1) : ulam(x/2));
}
```

Übung (10.3)

```
/* binomrek.c */

void main()
{
int k,n;
long int binom(int,int);

printf("Berechnung von k aus n\n");
printf("Eingabe k n! ");
scanf("%d %d",&k,&n);
printf("%d aus %d = %ld\n",k,n,binom(n,k));
}

long int binom(int k,int n)
{
return((k==0 || k==n) ? 1: binom(k,n-1)+binom(k-1,n-1));
}
```

Übung (10.4)

```
/* summerek.c */

#define GRENZE 500

void main()
{
long int summe(int);

printf("Die Summe von 1 bis %d = %ld\n",GRENZE,summe(GRENZE));
}

long int summe(int n)
{
return((n==0) ? 0: n+summe(n-1));
}
```

21 Literaturverzeichnis

[1]   **Ammeraal,L.** : C for Programmers : Wiley Chicester-New York 1986

[2]   **ANSI-C Commitee** : Draft Proposed American National Standard for Information   Systems - Programming Language C : Washington DC 1987

[3]   **Banahan,M.** : The C Book : Addison Wesley Wokingham-Reading-Menlo Park 1988

[4]   **Borland** Turbo-C 2.0 Reference Guide : Borland International Scott Valley CA 1988

[5]   **Daubach,G./Hancock,L./Krieger,M.** : C-Programmierung : IWT Vaterstetten 1984

[6]   **Feuer,A.R.** : C-Puzzle-Buch : Hanser München-Wien 1985

[7]   **Freibel,W.** : Using Quick C : McGraw Hill Berkeley 1988

[8]   **Herrmann,D.** : Probleme und Lösungen mit Turbo-Prolog : Vieweg Wiesbaden 1987

[9]   **Herold,H./Unger,K.** : Das C-Buch : tewi München 1986

[10] **Horowitz,E./Sahni,S.** : Algorithmen : Springer Berlin-Heidelberg-New York 1981

[11] **Herold,H./Unger,W.** : Das C-Buch : tewi München 1986

[12] **Jamsa,K.** : The C Library : McGraw-Hill Berkeley 1985

[13] **Jamsa,K.** : DOS - Power Users Guide : McGraw-Hill Berkeley 1988

[14] **Jones,R./Stewart,I.** : The Art of C Programming : Springer New York-Berlin-Heidelberg 1987

[15] **Kelley,A./Pohl,I.** : C Grundlagen und Anwendungen : Addison-Wesley Bonn-Reading 1987

[16] **Kießling,I./Lowes,M./Paulik,A.** : Genaue Rechnerarithmetik - Intervallrechnung und Programmieren mit PASCAL-SC : Teubner Stuttgart 1988

[17] **Kerninghan,B./Ritchie,D.** : Programmieren in C : Hanser München-Wien 1983

[18] **Kerninghan,B./Ritchie,D.** : The C Programming Language : Prentice Hall New Jersey 1988 (Second Edition)

[19] **Lipschutz,S.** : Datenstrukturen : McGraw-Hill Hamburg-New York 1987

[20]   **Microport** UNIX System V/386 Software Development System I,II
         Scotts Valley CA   1987

[21]   **Microsoft** Optimizing C Compiler 5.0 Language Reference : Micro-
         soft Corporation : Redmont WA 1987

[22]   **Norton,P.** : Programmierhandbuch für den IBM-PC : Vieweg/Micro-
         soft Press   Wiesbaden 1986

[23]   **Plum,T.** : Das C-Lernbuch : Hanser München-Wien 1985

[24]   **Schildt,H.** : Using Turbo C : Osborne-McGraw-Hill Berkeley CA
         1987

[25]   **Schildt,H.** : C - The Complete Reference : Osborne-McGraw-Hill
         Berkeley CA 1987

[26]   **Schildt,H.** : Advanced C : Osborne-McGraw-Hill Berkeley CA 1986

[27]   **Schirmer,C.** : Die Programmiersprache C : Hanser München-Wien
         1985

[28]   **Schostak,S.** : Variationen in C : ViewegMicrosoft Press Wiesbaden
         1987

[29]   **Tondo,C.L./Gimpel,S.E.** : Das C-Lösungsbuch zu Kerningham &
         Ritchie: Hanser München-Wien 1987

[30]   **Wirth,N.** : Algorithmen und Datenstrukturen mit Modula-2 : Teubner
         Stuttgart 1986

Sachwortverzeichnis

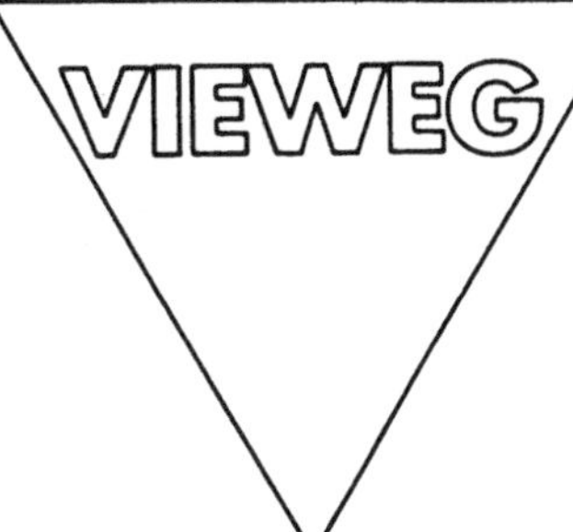

Dietmar Hermann

Probleme und Lösungen mit Turbo Prolog

Logikaufgaben, Sortierprogramme, Auswerfen von Datenbanken, Variationen von Bäumen.

1988. VIII, 195 Seiten mit 20 Abbildungen und 60 Programmen. 16,2 x 22,9 cm. (Programmieren von Mikrocomputern, Band 28.) Kartoniert.

Der Autor versteht es, ohne große Umschweife den Leser auf die wesentlichen Grundbegriffe und Prinzipien von Turbo Prolog vorzubereiten, um dann durch gezielt angeordnete Programme den sinnvollen Einsatz dieser Sprachelemente zu demonstrieren. Bemerkenswert ist hierbei die Vielseitigkeit der ausgewählten Programmbeispiele, die das gängige Bild von den Möglichkeiten Turbo Prologs korrigieren: Nicht nur das Auswerten von Datenbanken und das Lösen von Logikaufgaben wird vorgeführt, sondern auch Leckerbissen wie graphische Variationen von Bäumen und fraktalen Kurven, Sortierprogramme, Mengenoperationen, numerische Behandlung eines Integrals nach der Simpson-Formel, der Wegsuche in einem Labyrinth und die Klassifikation von Edelsteinen als eigentliches „Expertensystem".

Die Software zum Buch:
5 1/4"-Diskette für den IBM PC und Kompatible unter MS-DOS mit Turbo-Prolog.

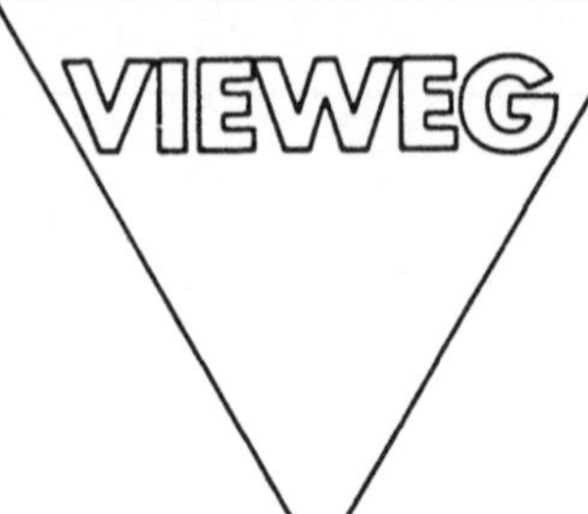

Konrad Justen

Turbo Prolog – Einführung in die Anwendung

1988. VIII, 95 Seiten. 16,2 x 22,9 cm. (Programmieren von Mikrocomputern, Band 29.) Kartoniert.

Inhalt: Automatisches Beweisen – Grundelemente von Prolog – Grundelemente von Turbo Prolog – Turbo Prolog – Ein Expertensystem mit Turbo Prolog.

Das Buch ist als einführendes Lehrbuch für den Turbo Prolog-Benutzer geschrieben. Es soll den Leser in die Lage versetzen, das zur Problemlösung notwendige Wissen in die Programmiersprache umzusetzen. Darüber hinaus zeigt der Autor, wie aus dem Wissen die Lösung abgeleitet wird. So zeichnet sich das Buch dadurch aus, daß es nicht einfach Handlungsanweisungen aufreiht, sondern Verständnis für das Programmieren mit Turbo Prolog vermittelt. Auf diese Weise wird sichergestellt, daß der Turbo Prolog-Benutzer auch bei schwierigen Aufgaben nicht kapitulieren muß.